刘邦全传

林若初 著

华中科技大学出版社
http://www.hustp.com
中国·武汉

图书在版编目（CIP）数据

刘邦全传 / 林若初著. — 武汉：华中科技大学出版社，2018.9（2022.3重印）
ISBN 978-7-5680-4489-9

Ⅰ.①刘… Ⅱ.①林… Ⅲ.①汉高祖（前 256-前 195）-传记
Ⅳ.①K827=341

中国版本图书馆 CIP 数据核字(2018)第 188286 号

刘邦全传
Liubang Quanzhuan

林若初　著

策划编辑：亢博剑
责任编辑：康　艳
封面设计：刘红刚
责任校对：李　琴
责任监印：朱　玢

出版发行：华中科技大学出版社(中国·武汉)　　电　话：(027) 81321913
　　　　　武汉市东湖新技术开发区华工科技园　　邮　编：430223
印　　刷：天津中印联印务有限公司
开　　本：710mm×1000mm　1/16
印　　张：18
字　　数：347 千字
版　　次：2018 年 9 月第 1 版第 1 次印刷　2022 年 3 月第 1 版第 6 次印刷
定　　价：39.80 元

本书若有印装质量问题，请向出版社营销中心调换
全国免费服务热线：400-6679-118　竭诚为您服务
版权所有　侵权必究

【序言】

他是一个放荡不羁的市井小民，在天下大乱、英雄辈出的秦朝末年脱颖而出，击败一个又一个强劲的对手，最终在垓下战胜楚国贵族、被誉为天生战神的强劲对手项羽，成为楚汉相争的胜利者，完成了一统天下的重大历史使命，创建了存续400多年的汉朝。他，就是汉高祖刘邦，也是一介布衣逆袭皇权之巅的杰出代表。

刘邦出身农家，早年不喜读书，不爱劳作，嗜酒如命，是人们眼中的"无赖之徒"，但他性格开朗、宽厚仁爱、不拘小节，人缘很好，这也成了他后来举事的基础。公元前209年，陈胜、吴广在大泽乡起义，很快攻下了陈郡，建立了"张楚"政权。刘邦顺从民意，竖起大旗，宣布起兵反秦，并派樊哙、萧何、曹参等人分头招兵买马，队伍很快发展到几千人。这一年，刘邦48岁（一说为39岁）。

为了谋求更大的发展空间，刘邦投奔项梁。由于刘邦为人仗义、礼贤下士、爱兵如子，楚怀王（项梁拥立）安排他攻取关中。公元前207年，刘邦率军进驻灞上，秦王子婴投降，秦王朝就此灭亡。刘邦随即废除秦朝苛法，与关中父老约法三章，封存府库，对百姓秋毫无犯，深得民心，后被项羽封为汉王，统治巴蜀地区及汉中一带。

在楚汉战争前期，刘邦屡屡败北，只得屈居南郑，暗中积蓄力量。经萧何推荐，刘邦拜善于用兵的韩信为大将，决意出关与项羽一争高下。公元前206年，刘邦命萧何留守巴蜀，与韩信亲率大军暗度陈仓，迅速占领整个关中，楚汉战争正式爆发。

在楚汉之争期间，刘邦知人善任，从谏如流，既充分发挥部下的才能，又注意联合各地反对项羽的力量，最终在垓下以四面楚歌之计瓦解楚军军心，使项羽走投无路，自刎于乌江边。历时近5年的楚汉战争，以项羽自杀宣告结束。

公元前202年，刘邦即皇帝位，定都长安。他裂土分封韩信、彭越、英布等人为异姓诸侯王，随后又将他们一一消灭，改封一众同姓宗族为王，并立下"白马之盟"，规定"非刘氏而王者，天下共击之"。刘邦在位期间，注重休养生息，轻徭薄赋，促进了经济的恢复。后因讨伐举兵叛乱的英布，刘邦不幸被流矢射中，之后病重不治，于公元前195年逝世。

出身农家的刘邦究竟是凭借什么崛起于乱世，力挫群雄，四年鏖战，五载争锋，推翻暴秦，打败项羽，成为中国历史上首位布衣天子的呢？毫无疑问，刘邦能夺得天下绝非偶然，他的身上有许多过人之处及优良品质，非常值得后人思考和学习。

一是志存高远。当年的刘邦曾任泗水亭长，有一次他押送刑徒到咸阳服役，途中遇到秦始皇浩浩荡荡的出巡队伍，远远望着气宇轩昂、威风八面的秦始皇，他不由得脱口而出："大丈夫就应该像这样！"这也成为他后来的奋斗目标。

当刘邦一路过关斩将，攻进关中，沉迷于秦宫的奢华时，樊哙、张良及时提醒他："是只想当这坐享其成的关中王还是要成为天下霸主？"刘邦幡然醒悟，立即搬出阿房宫，还军灞上。可以说，刘邦正是因为时刻不忘初衷，才得以成就伟业。

二是知人善任，人尽其才。韩信不得项羽重用，而刘邦不但重用韩信，而且韩信要多少兵就给多少兵；韩国落难贵族张良投奔刘邦后，在制定治国方针、部署战略战术时，刘邦无不依计而行；对待秦时县吏萧何，刘邦也是信任无比，钱要怎么花、怎么用，全由萧何说了算。此外，陈平是游士、樊哙是屠夫、灌婴是布贩、娄敬是车夫、彭越是强盗、周勃是吹鼓手……但刘邦都能知人善任，唯才是举。就是这样一支"杂牌军"，帮助刘邦推翻了暴秦，打败了项羽，夺取了天下。

三是险中求胜，勇于担当。楚怀王的将士们都想入主关中，成为关中王，但他们也知道咸阳的秦军全是精锐之师，攻破秦关困难重重，担心自己性命不保，畏怯不敢出征。在这种情况下，楚怀王将率先西入秦关的机会给了刘邦。刘邦抱着"胜在险中求"的信念与勇于担当的精神，最终不辱使命，逼降秦王子婴，结束了秦王朝的统治。

有人说刘邦是真命天子，有人说刘邦是狡猾的狐狸，也有人说刘邦运气太好。历史告诉我们，这是统一战胜分裂的结果，与市井或英雄无关。

刘邦统一全国，建立汉朝，开创了中国历史上一个辉煌灿烂的时代。英国历史学家约瑟夫·汤因比评价刘邦时说："人类历史上最有远见、对后世影响最大的两位政治人物，一位是开创罗马帝国的恺撒，另一位便是创建大汉文明的汉高祖刘邦。恺撒未能目睹罗马帝国的建立以及文明的兴起，便不幸遇刺身亡，而刘邦却亲手缔造了一个昌盛的时期，并以其极富远见的领导才能，为人类历史开创了新纪元！"

本书以史料为依据，力求正本清源，还原历史事实，再现特定时期、特殊背景下那一幅幅波澜壮阔的历史画面，为读者奉上一段传奇、一篇史诗。

目 录
Contents

第一章　草根心有鸿鹄志 / 1

一、"龙种"降世 / 1

二、混迹乡里 / 6

三、心怀偶像 / 10

四、广交朋友 / 14

五、联姻佳话 / 17

六、鸿鹄之志 / 21

第二章　小吏掀起大风浪 / 25

一、秦末暴政 / 25

二、大泽风云 / 28

三、张楚覆灭 / 32

四、剑斩白蛇 / 38

五、逼上梁山 / 44

第三章　草莽入关灭强秦 / 47

一、艰难创业 / 47

二、巧遇张良 / 50

三、投奔项梁 / 52

四、初识项羽 / 55

五、怀王之约 / 60

六、项羽北伐 / 64

七、沛公西征 / 69

八、入关灭秦 / 75

第四章　英雄对决屡败北 / 81

一、项羽入关 / 81

二、鸿门脱险 / 84

三、受封汉王 / 88

四、筑坛拜将 / 92

五、还定三秦 / 96

六、喜得陈平 / 99

七、兵败彭城 / 105

八、扎根荥阳 / 109

九、策反黥布 / 112

十、韩信北伐 / 115

第五章　英雄末路乌江畔 / 121

一、施行反间 / 121

二、荥阳失利 / 126

三、韩信伐齐 / 129

四、楚汉对峙 / 135
　　五、垓下之战 / 142
　　六、乌江悲歌 / 147

第六章　称帝封侯抚功臣 / 151

　　一、筑坛称帝 / 151
　　二、分封诸侯 / 154
　　三、南宫置酒 / 157
　　四、消除隐患 / 160
　　五、迁都长安 / 164
　　六、论功行赏 / 167
　　七、分封宗室 / 171
　　八、发展生产 / 174

第七章　建章立制固皇权 / 178

　　一、制定朝仪 / 178
　　二、汉承秦制 / 183
　　三、汉律兵法 / 186
　　四、历法章程 / 188
　　五、陆氏《新语》 / 190
　　六、迁徙豪强 / 193

第八章　深谋远虑定边疆 / 196

　　一、匈奴崛起 / 196
　　二、白登之围 / 198
　　三、公主和亲 / 203

四、贯高谋刺 / 205
五、南越归汉 / 208

第九章　君臣猜忌叛乱起 / 213

一、计擒韩信 / 213
二、北伐陈豨 / 217
三、剿灭彭越 / 220
四、捕杀韩信 / 223
五、东征黥布 / 225
六、北破卢绾 / 232

第十章　晚年悲唱《大风歌》/ 237

一、易储风波 / 237
二、萧何下狱 / 243
三、樊哙见疑 / 247
四、衣锦还乡 / 249
五、病榻绸缪 / 252

第十一章　开国帝王身后事 / 255

一、吕后专权 / 255
二、张良隐逸 / 260
三、萧规曹随 / 262
四、大封诸吕 / 266
五、计诛吕党 / 271

第一章　草根心有鸿鹄志

一、"龙种"降世

俗话说，一方水土养一方人，在讲刘邦之前，我们有必要先来看一看他的家乡——沛县。

沛县地处淮北平原，大约在今天江苏省北部的丰县一带，是在秦朝时建立的县制，属泗水郡。汉朝以后，泗水改称为沛郡，原先的沛县则称为小沛，是徐州非常重要的粮食贮存中心。

沛有水源充沛之意。由于位于长江流域，这里气候温暖湿润，物产丰富。沛原本是一个小村落，后来到这里定居的人多了，逐渐发展成为一个小城镇，但是相比发达地区仍然显得荒凉、落后。不过，这个地方的地理位置很特殊，东临微山、昭阳两湖，北、西接鲁南，西南是安徽省的西北犄角，属于南北交界之地。春秋时期，沛地属于宋国，相传尧帝兴起于成阳（今山东菏泽境内），舜曾在宋之雷泽（今山东菏泽境内）捕鱼为生，商汤在亳地（今河南商丘）停留过，所以宋地百姓颇有先王贵风，厚道重理多君子。春秋战国时期，沛又先后为吴、越之地，但更多时候归属于楚。楚庄王称霸，疆土一直扩张，西达河南南阳，北部覆盖山东南部，沛地自然也包括在内。后来楚国被秦国打败，先后迁都陈（今河南淮阳）、寿春（今安徽寿县西南），两地均离沛地不远。沛县丰邑（今江苏丰县）被席卷在历代大楚雄风之中，风土人情受楚国风俗的影响浸润，颇具楚人风范。

楚地富川泽山林之饶，刀耕火种尚不足奇，瓜果蠃蛤，遍地为食，饮则足矣，并不思积蓄，不忧冻饿，也不思千金，所以楚民多豪气，勇狠好斗，生气十足。到刘邦出生时，沛、丰已受楚文化熏陶一百多年，所以楚人急疾尚武、不拘泥之气自然也影响了他。加上战国后期，魏王室东迁，丰邑曾成为魏国的国都，魏国既有原河东地区先王遗教，又有河内地区纣之遗风，民风刚烈，多豪杰侵夺，不重恩义，不讲礼仪，父母尚在，兄弟就分家分产。

刘邦的祖先起先并没有在沛县居住。据相关史料记载，刘邦的祖先是华夏始祖黄帝的第五世孙帝尧。帝尧原本姓祁，号"陶唐氏"，生子源明。源明被封于刘地（今河北唐县），以国为氏，称刘氏。刘源明即刘姓的始祖，所以刘邦在名分上属于黄帝后裔。

当夏朝的国君孔甲执政时，刘氏家族出了一个做官的人，叫刘累。刘累被夏王封为"御龙氏"，职责就是为国君孔甲养龙。至于这个龙是什么动物，史书并未记载。然而，成也养龙，败也养龙，后来刘累因为养龙而得罪了夏王，被迫带着家人逃亡，迁徙到今河南鲁山县一带。春秋时期，刘累的后人成了晋国的臣民，这时刘氏家族又出了一个当官的，名字不详，据说是担任士师①。于是，刘氏又改以官名为姓——士，此后不久，士家出了一位能征善战的大将军，名叫士会，封邑于范（今河南范县），所以，士会在历史上又叫范会或范武子。

周襄王三十三年（前619），士会在与政敌的斗争中失败，为躲避灾祸，他带着族人从晋国逃到秦国。周顷王五年（前614），士会受到晋国的相国赵盾②召见，重新返回晋国，并担任了官职。此时，士会家族中有一部分族人厌倦了公卿豪门钩心斗角、相互倾轧的生活，甘心过贫穷却快乐的农耕日子，于是留在秦国务农。士会走后，这些留下来的

---

① 士师：古代官名，掌禁令、狱讼、刑罚之事，古代对执法官员的通称。
② 赵盾：即赵宣子，嬴姓赵氏，名盾，谥号"宣"，时人尊称为赵孟或宣孟。春秋中前期晋国卿大夫，赵衰之子，赵氏孤儿赵武的祖父，杰出的政治家、战略家。晋文公之后，晋国出现的第一位权臣，集军政大权于一身，担任执政，号称正卿，法治晋国。一生侍奉数朝，维护了晋文公开创的霸业。

族人先是以"留"为姓氏,后来又恢复了刘氏祖姓,他们的做法带有与士会划清界限并怀念祖先的意思。后来,韩、赵、魏三家分晋,历史进入战国时期,晋国不复存在,士氏也随之成为魏国的臣民。此后,士氏慢慢衰落,为了避免招致宿敌的报复,惹来不必要的灾祸和麻烦,士氏家族恢复了刘氏祖姓。

战国时期,魏国日渐强盛,魏惠王自安邑(今山西夏县)迁都大梁(今河南开封)。许多百姓也随之迁到大梁,包括刘氏族人。周赧王二十九年(前286),魏国联合齐国、楚国消灭宋国,瓜分了宋国的土地,原属宋国的沛地从此纳入楚国的版图。这次战争结束后,刘邦的祖父丰公从魏国大梁迁到楚国沛地的丰邑安家落户。

由于刘氏迁居沛地的时间不长,史书上对刘邦祖先的记载并不多,《汉书》称刘氏留在丰邑的坟墓极少,《史记》甚至没有记载丰公的名字。《汉书·高帝纪》称丰公为太公之父,因定居丰邑,所以号"丰公"。当年三家分晋后,楚国出于休养生息的国策需要,以优惠政策从邻国招募移民。而在春秋时期,人们没有什么国籍概念,于是丰公带着家人从魏国来到楚国沛地的丰邑,在这里过上了日出而作、日落而息的自给自足的农耕生活。

刘邦的父母也是普通的农民,同样在史册中没有留下名字,司马迁在《史记·高祖本纪》中称他们为"太公""刘媪",说白了就是"刘老爷子""刘婆婆"。刘太公夫妇在沛县丰邑的中阳里生儿育女,过着平凡的庄户人家生活,生有4个儿子:长子刘伯,次子刘仲,三子刘邦,还有一个小儿子刘交。谁也没有想到,这对老实巴交的农民夫妻会生出一个叱咤风云的天下共主。

刘邦出生于秦昭襄王五十一年(前256)[①]。关于他的出生有个极富传奇色彩的传说,说是某天刘邦的母亲在大堤上的一棵柳树下休息,不知不觉就睡着了。半睡半醒之间,她看见一个金甲神人向她走来,此时

---

① 一说公元前247年。

天突然下起了瓢泼大雨，天空中雷电交加。来找妻子的刘公看到有一条赤色蛟龙在妻子身上腾跃。从这天起，刘氏就有了身孕，10个月后，生下了刘邦。

这个故事十分离奇，但司马迁在《史记》里却有记载：

"高祖，沛丰邑中阳里人，姓刘氏，字季。父曰太公，母曰刘媪，其先刘媪尝息大泽之陂，梦与神遇，是时雷电晦冥，太公往视，则见蛟龙于其上。已而有身，遂产高祖。"

这一说法显然是后人附会的。古代帝王为了使自己成为真正的"天子"，总会神化自己的出生，比如商人宣称他们的祖先是吞玄鸟的卵而降生的。《诗·商颂·玄鸟》中说："天命玄鸟，降而生商。"所以，商人灭夏被视为上天的旨意。周人灭商后也宣称：有邰氏之女姜嫄，在野外踩了"巨人"的脚印，便怀了身孕，生下了弃，也就是周人的祖先。所以，周人灭商也是上天的意志。这些无非是各朝代对自己统治的一种神化手段，统治者企图以此引导舆论，使自己的统治正统化。而"龙"历来都是权力的象征，刘邦将自己与"龙"拉上关系，在一定程度上淡化了他的卑微出身，同时也渲染了皇权神授的色彩。在那个时代的人看来，这也许是对刘邦成功的最好解释。

不过，刘太公显然不怎么看好这个刚出生的儿子，也没特意给他起个名字，而是让他随两个哥哥刘伯、刘仲之后，叫刘季，他在当上皇帝后才给自己改名"刘邦"。

刘邦出生这天，同村有户卢姓人家也生了个男孩，这个男孩就是日后与刘邦一同打天下的卢绾①。两家平日里就走得很近，又在同一天添了男丁，所以两个孩子"百日"的时候，两家大摆筵席，以示庆贺。刘邦和卢绾从小一起长大，后来又在同一先生门下学习，彼此结下了深厚的友谊。刘邦有领导风范，处处争强好胜；而卢绾则性情温和，忠厚

---

① 卢绾：沛县丰邑（今江苏丰县）人。楚汉战争时官至侍中、太尉，刘邦建立汉朝后被封为燕王。后因伙同陈豨和匈奴叛乱，招致攻击，被迫逃亡匈奴，被封为东胡卢王，死于该地。

老实。他们早年的友情,为日后共同打拼奠定了坚实的基础。卢绾在战场上虽然没有立过什么大功,战绩平平,但是刘邦还是封他为长安侯,后来又晋封他为燕王,这不能不说是友谊起的作用。

刘邦自小就长得很英俊、体面,《史记·高祖本纪》上说:"高祖为人,隆准而龙颜,美须髯,左股有七十二黑子。""隆准"的意思是鼻子高挺,两颊端正,的确是标准的美男子长相。那么,"龙颜"又是怎么回事呢?文颖在《史记集解》中诠释道:"高祖感龙而生,故其颜貌似龙,长颈而高鼻。"也就是说,刘邦除了鼻子高之外,脖子也长。脖子长的人一般长得比较高,但刘邦究竟有多高,正史上并无正式记载。张守节在《史记正义》上记载:"帝刘季口角戴胜、斗胸、龟背、龙股,长七尺八寸。"

古代的七尺八寸,约为176~180厘米,刘邦的身高相较于古代的南方人来说,算是很高了。

斗胸指胸部挺直,龟背指背脊硬朗,龙股则表示手脚长而有力,这几个因素加起来,的确是精神抖擞、意气风发的样子。胡须更是美男子相貌的重点。古代男子大多留有胡须,胡须长得又长又好看的,通常有"美髯公"之称,可见胡须对古代男子的重要性。美须髯,不但可以让刘邦显得更高贵,而且看上去比较成熟,容易使人产生信赖感。

刘邦最具特色的是左腿上长有72颗黑子,黑子就是黑痣。刘邦长有黑痣的确有可能,但是究竟是多少颗就无从查证了,这些黑痣有可能是一堆胎记,加上几颗黑痣。

刘邦的出生和身体的某些特征虽然颇具神话色彩,《史记》中也有记载,但也只是后人的猜测而已。出生的异象根本找不到合理的事实依据,身体的异象虽然可能存在,但也不免有些夸大其词。刘邦从一介布衣变为汉朝的开国皇帝,绝对不是"神授",而是通过自己努力打拼才赢得了天下。你可以觉得刘邦是幸运的,他的"幸运"也许是生在了乱世,是那个时代造就了他,但是,反秦起义的人那么多,为什么最终只有他成功地统一了天下呢?他的身上必定具备成为帝王的素质,这不是单单一个"皇权神授"能说清的。"皇权神授"放在世袭皇帝身上还贴切一些,因为其比较幸运地出生在了帝王之家,而放在刘邦这个开国皇帝身上,不免抹杀了他自身顽强拼搏的因素。天上从来不会掉馅饼,成功也需要运气,但是运气绝不是成功的决定性因素,一切成就还是取决于自身的努力。

二、混迹乡里

在丰邑中阳里,刘家算是中等户,有房有地,日子过得还算可以。刘邦的出生虽然使家里的负担有所加重,但刘太公还是很高兴,人丁兴旺,就意味着家业兴旺。作为一个庄稼户,刘太公有着朴实而简单的想法,那就是多置产业,发家致富,吃穿不愁,颐养天年。

刘邦出生在这样的家庭,日子自然不会过得太苦,而且他从小聪明伶俐,一对黑溜溜的眼珠一转一个主意,就连大人也比不过他,因而赢得了父母的疼爱与娇纵。在充满爱的环境中长大的孩子,通常会比较宽容和自信,善于交际;但纵容过度的孩子,也可能会自认为"天之骄子"而浪荡成性,好嬉游且懒得工作,不太负责任。刘邦的性格中确实有这些特点。

许多史料上说,刘邦出身农家,而且天性懒惰、好玩,所以很多人把他定位为一个不学无术的社会小混混、小文盲。其实,刘邦是受过教育的,据《史记·韩信卢绾列传》记载:"卢绾者,丰人也,与高祖同里。卢绾亲(指家人)与高祖太上皇(指刘邦父亲)相爱,及生男,高祖、卢绾同日生,里中持羊酒贺两家。及高祖、卢绾壮,俱学书,又相爱也。"

刘邦和卢绾,家庭经济情况也还可以,两家长辈便送他们一起去接受教育。我们很难查证刘邦到底受了多少教育,但从他日后的表现可以看出,他绝不是不学无术的文盲。不过,在学堂里,他是一个令先生头疼的捣蛋鬼,不但自己不好好学习,还带着别的学生和先生"斗法"。

但他为人豁达，一方面他要拔尖儿，称王称霸；另一方面他又特别能忍让，不计较小事。有好吃的、好喝的，他可以自己不吃不喝，全拿出来给别的孩子。所以，很多人都说他心眼儿好、仁义，都愿意跟随他，认他当"老大"。

父兄们对刘邦的这些行为虽有些埋怨，担心他长大后会成为好吃懒做的"浪荡儿"，而经常责备他，但他终究是家中的小儿，又是家中唯一有些学问的人，干不干活也没有太大关系。在当时的农村，有学问已经算是"大人物"了，何况他还是左腿有七十二颗黑子的异相呢。

被娇宠的孩子通常有两种：一种是变成软弱而缺乏独立能力的"温室花朵"；另一种则正好相反，成为天不怕地不怕、不太计较，什么都不在乎的"浪荡儿"。而刘邦个性的发展显然属于后者。

长大一些后，刘邦身上又添了许多特点，如好酒、好色、好歌舞、好交游，以及不肯从事家庭生产劳动，正如《史记》中所说："仁而爱人，喜施，意豁如也。常有大度，不事家人生产作业。"

刘邦为人慷慨大度，有钱时出手特别大方，从不算计小钱找头；而没钱时，他也不会局促不安。根据史书记载，他经常去的酒馆有两家，为王媪、武负二人所开。到这两家酒馆喝酒的几乎都是泗水附近有头有脸的人，所以吃完喝完记账不给现钱是常有的事。对于刘邦赊账，老板从不在乎，因为他一来，酒店的生意就特别好，能比平常多卖出好几倍的酒，别说赊账了，就是不给钱，酒馆照样能赚钱。所以，王媪、武负等人都将刘邦奉为上宾，到年底结账时，常常当着刘邦的面把他的欠据撕掉，大方地一笔勾销。

刘邦能豪饮，有时喝醉了倒头就睡，根本不择时地。他喝酒常常是伴着歌舞的。秦朝时，沛县属楚地，楚人好歌舞，喝了酒更是边歌边舞，痛快淋漓。刘邦读书不多，但似乎天生就能即兴起舞、作歌，自吟自唱。好酒、好歌舞的爱好，刘邦保持了一生。

刘邦还很好色。他精力旺盛，时常出入酒肆歌坊、娼寮妓馆。女人于他而言就在一个"色"字，并不涉及感情。当时的人对感情并不过于拘泥，何况是刘邦这种又实际又无赖的人呢。

稍长几岁后，刘邦开始不满足于中阳这个小天地，他先是在家乡丰邑，后来又跑遍沛县全境，尽情游逛交际玩耍。集市上屠狗宰羊、沽酒卖饼、制陶织席的……三教九流之人，他都混得很熟，比如屠狗的樊哙①、看监狱的小狱卒们，都是他的酒肉朋友。

刘邦年纪小时贪玩捣蛋，不务正业，家里还能容忍。他渐渐长大后仍然如此，家人就无法容忍了，父兄还好说，嫂子们的脸色可就难看了，时不时会说些"出力养懒汉""坐吃山空"之类的话。刘太公是个明白人，知道"树大要分杈，儿大要分家"的道理，在多次劝说无效后，他索性和儿子们分了家，想以此教育刘邦。但刘邦"恶习"难改，对父亲的话总是左耳进右耳出，我行我素。

有一天，刘太公看着流里流气、浑身酒气的刘邦，又开始了教育工作："老三，你不能这样整天东游西逛、无所事事、不务正业，吃饭是人生第一大事！"

刘邦说："什么是正业？您说的是种庄稼的事？"

"不种庄稼哪里有粮食？没有粮食你吃什么？我一把年纪了，还养得了你几年？"刘太公忧虑地说。

刘邦听了，呵呵一笑道："您老人家放心好了，不要看我现在这个样子，等到有一天我肯定会叫您吃香的、喝辣的，享尽荣华富贵！"说完，他转身又出去了，气得刘太公吹胡子瞪眼，却拿他没有一点儿办法。

分了家后，刘邦没有了经济来源，便经常到朋友家混吃混喝，或是到哥嫂家打秋风。嫂子虽然不欢迎，但刘邦毕竟是小叔子，碍于情面不好说什么，大不了就甩甩脸子。

不久，刘邦的长兄刘伯病故，留下刘邦的大嫂和侄儿，孤儿寡母，

---

① 樊哙：沛人，西汉开国元勋，军事统帅，先后任左丞相、相国。吕后的妹夫，深得刘邦和吕后信任。跟随刘邦平定臧荼、卢绾、陈豨、韩王信等人，是刘邦麾下最勇猛的战将之一。他生身寒微，早年以屠狗为业，曾在鸿门宴时出面营救刘邦。封舞阳侯，谥号为武。

日子过得甚为艰难。然而，刘邦一向大大咧咧，根本体察不到大嫂的艰辛，仍然时常到大嫂家混吃混喝。他一个人去也就罢了，还时不时呼朋唤友，把兄嫂家当成自己家，作为对朋友哥们平日请吃的一种回请。大嫂起初还能以礼相待，时间一长难免厌烦。

史书记载了这么一件事。一天，刘邦又约了几个朋友到大嫂家吃饭，大嫂的脸色顿时就不好看了，走到灶房里拿起铲勺猛刮锅底，故意将锅弄得咣当乱响，意在暗示饭菜都没有了，这种做法等于对客人下逐客令。至今民间仍有一些妇女沿用此法，以表示对来客的不欢迎。刘邦的朋友们听见后，都后悔来晚了，人家已经吃完饭了，只好尴尬地相继离去。朋友们走后，刘邦到灶前一看，锅里分明还剩了许多食物，他十分生气，从此在心里记下了大嫂的这笔账。

刘邦当了皇帝后，大封功臣，封二哥刘仲为代王、堂兄刘贾①为荆王、小弟刘交为楚王，就连早已去世的大哥刘伯也追谥为"武哀侯"，只有刘伯的儿子刘信被晾在一边。当时刘信已长大成人，后来又参加过数次平叛战争，在征讨韩王信②时，还凭战功当上了中郎将，但是一直未被册封。刘太公看不过去了，出面为孙子说话。刘邦余恨未消地抱怨说："我怎么会忘记此事呢，只是他母亲当年做事太过分，我至今气愤不过。"之后，刘信封爵之事仍毫无动静，直到汉高祖八年（前199），在刘邦公布的第七批封侯名单中，刘信才榜上有名，被封为"羹颉侯"。"羹颉"就是用铲勺刮锅底的意思，由此可知刘邦用"羹颉"一词作为侄儿封号的真正用意。

刘邦无赖、浪荡、豪侠的作风，在当时被父辈乡里认为是不务正业，然而，在那个动荡混乱的时代，这些性格特征反而成为他日后成功

---

① 刘贾：丰邑（今江苏丰县）人，西汉诸侯王，与刘邦同为一族。淮南王英布反叛后，刘贾与他交战，未胜败走富陵，被英布乱军杀害。

② 韩王信：本名韩信，西汉初年异姓诸侯王，战国时期韩襄王姬仓庶孙，为避免与同名的名将韩信相混，史书多称其为韩王信。韩国被灭后一直在韩国故地生活，后随张良入关任将军之职，不久又任韩国太尉，领兵攻取韩国故地。韩国平定之后受封韩王，并随刘邦击败项羽平定天下。后起兵反叛，投靠匈奴，在一次带兵攻汉之时被将军柴武斩杀。

的一些因素。有的人认为刘邦是个性情中人，因他学识浅薄，所以更注重实际；他的欲望与普通百姓的欲望相通，所以能得到多数人的支持，打下了比较坚实的群众基础。

三、心怀偶像

刘邦早年无所事事，不务正业，虽然没有什么成就，但他也有自己崇拜的英雄。

战国时期，社会长期处于战乱纷争之中，加上秦王朝实行军功爵制，在一定程度上打破了"世卿世禄"制度，普通老百姓只要有能力、有机会，同样可以改变自己的社会地位。到秦始皇末年，社会局势的动荡不安激起了底层百姓的反抗之意，也激发了普通人想要成为王侯将相的进取之心。

渐渐地，刘邦显现出了与生俱来的领袖气质，无形之中也有了一些野心。其实，他本来就胸怀大志，只是当时还没有被激发出来，但是他内心的志向一直在萌动。有了大志，当然要有个可以模仿的名人偶像。凭着读过一点书，有些历史概念，刘邦总在思考，自己最像哪位"知名人物"，他最值得自己去崇拜模仿呢。

战国末期到秦帝国统一期间，最让市井人物感动的名人，是以养士闻名的战国四公子。这些勇于打破阶级观念、敬重有才能之人的贵族领袖，在民间有着很多脍炙人口的传闻。

战国四公子指的是齐国的孟尝君、魏国的信陵君、赵国的平原君和楚国的春申君。他们作为贵族，身居高位，一向以爱才、用才而闻名。其中以孟尝君的声望最高，但最爱惜人才并广纳人才的当属魏国的信陵君。

信陵君是魏国公子无忌的封号，他是魏昭王的小儿子，也是魏安釐王同父异母的弟弟。信陵君为人乐善好施，礼贤下士，只要是有真才实学的人，即使身份卑微，他都以礼相待，从不自恃傲人。因此，投入他门下的食客有三千多人，他们之间的故事让处于社会底层的老百姓非常感动。刘邦经常在别人面前说，他最尊敬的就是信陵君。

所谓"食客"，即"门客"。战国时期群雄并立，诸侯争霸，王公贵胄为了国家的利益，盛行招纳门客的风气，而门客一般能言善辩，或有一技之长，但更多是一些鸡鸣狗盗、三教九流之辈。不过，这些人在关键时刻的确能派上用场，他们在历史上曾经演绎出许多脍炙人口的故事。比如，平原君赵胜的门客毛遂自荐借楚兵、孟尝君靠门客"鸡鸣狗盗"的伎俩逃回齐国等。信陵君的三千食客也不是白吃饭的，在那个诸侯连年混战、群雄相互攻伐的年代，数十年间各国都不敢侵犯魏国，就是因为信陵君门客众多、奇才云集，甚至连强大的秦国也投鼠忌器，不敢轻易招惹魏国。司马迁在《史记·魏公子列传》中这样称赞信陵君："当是时，公子威振天下！"由于信陵君影响了秦国称霸天下的节奏，秦王嬴政想出了一条计策，派使者携万金前往魏国，找人在魏王面前挑拨离间。昏庸的魏王果然中计，不再信任信陵君，并收回了他的兵权。信陵君非常苦恼，于是以酒浇愁，整日沉浸在温柔乡里。几年后，信陵君因饮酒致病而死。信陵君死后，秦国立即攻打魏国，不久魏国便灭亡了。

信陵君的故事令包括刘邦在内的六国青少年无比崇敬。刘邦公开表示："孟尝君是位了不起的人物，但四公子中最应受尊敬的还是信陵君啊！"刘邦当上皇帝后，每次经过大梁，都要祭祀魏公子，并令当地官员选派五户人家为信陵君守墓，世世代代进行祭祀。由此可见，刘邦对这位心中偶像的崇敬之情是多么强烈。

在信陵君广为流传的故事中，最让刘邦感动的是信陵君和侯嬴、朱亥之间的故事。

当时有个隐士，名叫侯嬴，魏国京都大梁人，因家境贫寒，虽已年过古稀，仍在夷门守门。

信陵君的一位宾客了解侯嬴是一个很有学问的人，便向信陵君推荐："夷门的守门员侯生，才华杰出，隐其才而置于市廛中，公子求才若渴，应不耻下交吧！"

信陵君听了，爽快地说："此人虽有才学，但不好名利，我怎么会嫌弃呢，或许他并不愿意指教我啊。明天我便去拜访他！"

于是第二天，信陵君穿戴整齐，带着礼物亲自去拜访侯嬴。侯嬴见了，心中颇为感动，但他到底不是贪图富贵之徒，所以仍再三推辞，"在下修身洁行已数十年，所以到现在还在守门，为了坚持我的原则，实在不能接受公子的厚礼，希望公子不要再来打扰我的清修。"

信陵君虽然遭到了拒绝，但并没有放弃，仍然想方设法招揽侯嬴。

没过多久，信陵君邀请许多达官贵族来他的府邸，参加盛大的酒宴。但是大家都到齐了，却不知道主人宴请的主客是哪位。等宾客都就座后，信陵君并没有开席，而是坐上马车，空出左边较为尊贵的座位，亲自驾车出门了。

车骑直奔夷门下，信陵君下车向侯嬴说明来意，请他赴宴作自己的上宾。

这一次侯嬴没有拒绝，而是大方地坐上信陵君马车的左边位置，毫不辞让。他暗中观察信陵君的神色，只见信陵君非但毫无愠色，而且神色更为恭顺，一路朝府邸慢慢驶去。

马车走了一会儿，侯嬴突然对信陵君说："臣有位朋友，就住在市场里，请公子绕过去一趟，臣想顺道去拜访他！"俨然一副命令的口气。信陵君毫不在意，马上驾车向市场驶去。

侯嬴想去拜访的朋友，名叫朱亥，虽然是一介市井屠夫，但剑术高明，力大无比，而且颇有谋略。

到了市场，侯嬴径自下车与朱亥说话，留下信陵君在车上。侯嬴与朱亥两个人在市场中闲聊了起来，似乎忘掉了信陵君和府邸里等待他们回去的贵宾们。

其实，侯嬴并没有忘记信陵君，他这样做正是为了试探信陵君的气度与诚意。因此，他一边与朱亥说话，一边用眼角余光观察信陵君的反应与周围的气氛。

市场上人来人往,大家都惊讶不已,觉得侯嬴实在太失礼了,竟然如此对待信陵君,就连信陵君的随从也面露厌烦之色,纷纷低声责备侯嬴和朱亥。只有在车上独坐的信陵君始终和颜悦色,安然自若,手执马鞭,微笑着注视着在场的人。

这时候,侯嬴才转过身来,对信陵君说:"这位就是我做屠夫的朋友朱亥!"

侯嬴的这一举动更没有礼貌了,但信陵君非但没有生气,反而走下车来,郑重地向朱亥施礼,并邀请他共同赴宴。然而,对于信陵君的谦恭,朱亥既没答应,也没推辞,只是把头扭向了一边,不理不睬。

一旁的侯嬴也没出言解围,而是自顾自地与朱亥告别,然后登上信陵君的车,前往府邸参加宴会。回到酒宴之上,信陵君隆重向宾客们介绍了侯嬴。谁也没想到今天的主客是这么一个卑贱的老守门人,全都惊呆了。信陵君更是邀请在场宾客,共同举杯向侯嬴祝福,给足了这位老隐士面子。

宴会结束后,侯嬴对信陵君说:"公子,我已经回报了您今天的盛情。我侯嬴不过是个卑贱的守门人,公子竟驾车迎我于众人广场中,这种作为已经太过分了。而且我还故意转到市场去和朱亥闲聊,让公子等候。然而,公子不但不以为忤,反而更加恭敬。我之所以这样做,只是想成就公子的盛名。市场上的人们看到这种情形,一定会更加赞扬公子的礼贤下士,对我这个老头反而会痛加责难。这就是侯嬴对公子盛情的回报。"

侯嬴的确豁达又有智慧,他采取欲扬先抑的策略,使信陵君在各国更负盛名。后来信陵君率大军救赵国,在生死危急的时刻,侯嬴和朱亥舍命相报,使危机得以化解。

刘邦十分欣赏信陵君这种侠义精神和爱惜人才、广纳人才的领袖魅力。他潜意识里把自己比作信陵君,而把身边的朋友比作是侯嬴与朱亥那样的护主忠臣。

偶像的作用就在于为人们树立一个成功的形象,让人们有了努力的方向。刘邦不是单纯地崇拜信陵君,还吸取信陵君身上的优点来提升自己的思想境界。一直努力模仿信陵君的作为、思想和风范,想必是刘邦日后能够取得成功的重要因素之一。

四、广交朋友

俗话说,朋友多了路好走。现实中志同道合的朋友可以让我们的生活和事业受益匪浅。刘邦的豪侠豁达、不拘小节的性格使他赢得了不少人的追随,人脉越来越广。他的朋友不仅有发小、邻里,还有黑道大哥,更有官场小吏,可以说是"黑白通吃"。

刘邦的"黑道"朋友是王陵[1]和雍齿[2]。王陵和雍齿都是丰邑人,他们都有自己的"小团队",是沛丰地界上颇为出名的两股势力。据史料记载,刘邦出道之初只是一个带着几个小兄弟小打小闹的小混混,当时他只听说过王陵和雍齿的名字,但并不认识他们。后来一次偶然的机会,刘邦结识了王陵,拜其为大哥,成为王陵麾下的一个小喽啰。王陵很欣赏这个聪明伶俐的小兄弟,时常留他在自己家里吃饭。由于刘邦机灵油滑、能说会道,相貌长得也不错,连王陵的母亲都对他印象很好。

雍齿是一位孔武有力的人物,在沛县也相当有名。刘邦和雍齿可谓不打不相识。有一次,刘邦与雍齿手下的弟兄发生冲突,雍齿非常生气,放出狠话,要好好收拾刘邦。这时,王陵站出来替刘邦说和,从中调停,双方才握手言和,化干戈为玉帛。就这样,刘邦又认识了一位"黑道"大哥。

樊哙是一个杀狗卖狗肉的屠夫,为人直率豪爽,重情重义。他和刘

---

[1] 王陵:战国末年沛县(今江苏沛县)人,地方豪族。西汉初年大臣,被封为安国侯,官至右丞相、太傅。安国侯传至王陵玄孙因酎金事件断绝。

[2] 雍齿:秦末汉初泗水郡沛县(今江苏沛县)人,原为沛县豪族。曾背叛刘邦,后来再降刘邦。刘邦称帝后,恩赏功臣,听说有人不服,于是问计于张良,张良说陛下最恨谁就厚赏谁,这样让所有人都有得赏的希望。于是,刘邦封雍齿为什邡侯。

邦不仅是同乡，还是连襟，两人感情很好。樊哙身强力壮，力大无穷，是位剑术高手。他性格刚毅果断，胆大心细，平时虽沉默寡言，却很有见识。刘邦朋友很多，可能也经常帮助樊哙，帮衬他的狗肉生意。因此，樊哙十分尊敬刘邦，将他视为兄长，只要刘邦有求于他，他便赴汤蹈火，在所不辞。

经樊哙介绍，刘邦认识了周勃。周勃是个乐师，祖籍河南卷县（今河南原阳境内），后来从河南迁到了沛县。周勃身份低微，连田产都没有，平时以编织养蚕的器具为生。为了养家糊口，他还给办丧事的人家做吹鼓手。周勃个性木讷，少言寡语，为人忠厚朴实，看上去有点儿不好相处，所以朋友不多。而刘邦却很欣赏周勃的个性，经常对他表示关心和信任，周勃十分感动，对刘邦忠心耿耿。

夏侯婴比较特殊，他不是刘邦的"市井兄弟"，但也不是上层社会的人物，他是沛县衙门的马车夫。夏侯婴聪明伶俐，足智多谋，与刘邦个性相像，热情开朗，喜欢开玩笑，两人很合得来。有一次，沛县官府选县吏，夏侯婴入选了，他十分高兴，就去找刘邦庆祝，两人对剑嬉戏，刘邦不小心伤了夏侯婴，后来这件事被人告发了。按秦律，伤人要受处罚，而且刘邦身为亭长，罪加一等。审问案情时，刘邦否认自己伤了夏侯婴。传讯夏侯婴，他也说不是刘邦弄伤自己的。结果，夏侯婴因为包庇罪入狱一年，其间被严刑拷打数百次，但他始终咬紧牙关，就是不承认刘邦伤了他。由于证据不足，两人都被释放了。此后，两人成了生死之交。刘邦起事后，夏侯婴一直跟随刘邦左右，还经常帮刘邦驾车，并好几次救刘邦于水火之中。

纪信是一个穷苦的孤儿，丰邑人，刘邦在沛县时便待他如同兄弟。刘邦成为亭长之前经常接济纪信，当上亭长以后，刘邦的应酬越来越多，只要有机会，他就带上纪信一起。由于刘邦长期不求回报地对待纪信，使得纪信将刘邦视为自己的再生父母，他在人世间所得的一点儿温暖，全是刘邦所给。后来，纪信在荥阳城危时，假装刘邦的样貌向西楚诈降被俘。刘邦称帝后追封纪信，但纪信没有妻子儿女和兄弟姐妹，甚至连需要刘邦代尽赡养责任的父母或其他长辈都没有。刘邦最终还是封其为"纪信侯"了却心愿。用某人的姓名作为侯爵封号，在刘邦的封爵名单中只此一例，由此可见刘邦对纪信的特殊情义。实际受封纪信侯的人叫陈仓，也是沛县人，生前与纪信是至交，和纪信沾亲带故，于是刘邦让他担负起祭奠纪信的责任。

奚涓也是沛县人，穷苦人家出身，自小与老母亲相依为命。刘邦青年时代就极为赞赏奚涓孝敬母亲的行为，对他格外看重。无论奚涓生活上有什么困难，刘邦都尽力帮助他渡过难关。后来，他们成了出生入死的兄弟。刘邦年近四旬起义，奚涓光棍一条随他奔赴疆场，打进咸阳时已是郎中，再杀出汉中时已成将军，其间始终无暇娶妻生子，死心塌地为刘邦效命，最终在追随刘邦夺取天下时战死疆场，奖赏战功时位列第七。《史记》说他"功比舞阳侯"樊哙，后追封鲁侯，食邑四千八百户。代替奚涓受爵的是他的老母亲，老太太享受了五年也离开了人世。

单父圣与刘邦是至交，曾在刘邦最危急的时刻帮助过他。当年刘邦犯事被通缉，想赶紧逃走，急需一匹马，但他那时很穷困，根本买不起马，于是单父圣给了他一匹马。后来单父圣跟随刘邦起义，一直没立下什么大功，直到跟随刘邦讨伐英布时才立了功。滴水之恩当涌泉相报，刘邦对单父圣早年的鼎力相助一直记在心里，称帝后封他为侯。

说起刘邦的朋友，不能不提和他同年同月同日生的卢绾。两人从小一起读书，形影不离。刘邦犯事在外避难时，卢绾总是跟着他，担心他的安危。刘邦举事以后，经常和卢绾密谋商议要事，可见卢绾在刘邦心目中的位置。

刘邦生性豁达，在年轻一代中颇有威信，所以沛县的各级官吏也很喜欢和他打交道，其中包括对刘邦的事业有着重大影响的萧何和曹参。

萧何也是沛县丰邑乡人，文化水平较高，在沛县衙门里当主吏掾，是县令的直接助手，在沛县算得上是有头有脸的人物。萧何个性温和，忠厚老实，谦逊低调，善于思考，具有极高的政治眼光。

虽然萧何与刘邦的性格差异很大，但他深为刘邦的不拘小节、豪迈热情所吸引，觉得刘邦身上有一种说不出的大将风范。刘邦平时浪荡惯了，免不了干一些违法乱纪的事情，萧何利用职权给了刘邦不少帮助，为他摆平纠纷。

曹参是沛县狱掾，即管理监狱的小吏。他和刘邦的性格比较相似，个性爽朗，但粗中有细。他和刘邦、萧何很是投缘，尤其欣赏刘邦乐于助人、对朋友一视同仁的个性。举事之后，曹参得到刘邦的重用，屡立战功。

萧何虽然喜欢刘邦身上的那股豪气，但喜欢归喜欢，他见刘邦整天无所事事地混迹于沛县，觉得非常可惜，便开始规劝刘邦为自己的前途多多考虑。在萧何与曹参的推荐、安排下，刘邦终于得到了平生第一份工作，担任沛县泗水亭的亭长。这时刘邦已经30多岁了。有了这份还算有前途与地位的小差事，刘邦正式结束了混日子的生活。

后来，刘邦要到咸阳送徭役，按照当地习俗，同事们要为他送行，大家都送刘邦三百钱，唯有萧何给了他五百钱。更让刘邦感动的是，萧何为了能经常和刘邦在一起，放弃了到京城做官的大好机会，继续在沛县做主吏掾。

跟着刘邦打天下的同乡朋友还有很多，这些朋友都死心塌地跟随他，愿意为他赴汤蹈火，不得不说刘邦确实有人格魅力。一个布衣出身的人想要干出一番惊天动地的事业，单打独斗是很难成功的。学会打造良好的人际关系对一个人的发展而言至关重要，刘邦在这方面可称典范。

五、联姻佳话

刘邦相貌堂堂，而且人缘也不错，可是他三十好几了，仍然是光棍一条。有人推测可能是姑娘们嫌弃他过于懒散，不是踏实过日子的人，也有人猜测是他本人不愿意过早地被家庭束缚。不过，刘邦虽然单身，但他从未缺过女人，其中一个曹姓女子一直与他保持着来往，还为他生了一个孩子，即刘肥①，后来被封为齐王。

后来与吕雉的联姻，才使刘邦真正地步入婚姻。

吕雉，字娥姁，她有两个哥哥、一个姐姐和一个妹妹。她的哥哥吕泽和吕释之都曾追随刘邦平定天下，立下战功。姐姐早亡，留下一个儿子，后改随母姓叫吕平。妹妹名吕媭，嫁给了刘邦的老友樊哙。吕氏一门真正应了"一人得道，鸡犬升天"那句老话。

吕雉和刘邦的婚姻是吕雉的父亲吕公一手促成的，这在历史上可以说是一段脍炙人口的佳话。吕公，字叔平，单父（今山东单县）人，是当地的一个富翁，一个有头有脸的人物。吕公还精通占卜、看相等方术。

后来吕公在单父与人结下仇怨，因为害怕遭到仇人报复，便举家迁往沛县，投奔自己的故交——沛县县令。沛县县令按当地风俗，大摆筵席为好友吕公接风洗尘。

先秦时期，官场有一个潜规则：某人在某地当官，如果有落难的亲友前来投靠，东道主一般会周济对方一些财物，以博取"仁爱"的美誉。因此，该官员通常会以为亲友接风洗尘的名义宴请当地名流及下属。受邀之人也很清楚长官的意思，在赴宴时往往会奉上钱财作为给客人的见面礼。这样一来，落难的客人就有了一笔可观的礼金收入，长官有了情面与名声，官民之间的感情距离也因此得以拉近，可谓一举多得，皆大欢喜。

县令要为贵客设宴接风的消息传出后，沛县地界上得了台面的人物——县令下属、地方豪强、当地名流等，纷纷备礼前来祝贺。主持宴会的是此时身为县衙主簿②的萧何，当天的收支接待、座席位置的安排

---

① 刘肥：沛郡丰邑（今江苏丰县）人，刘邦的庶长子，汉惠帝刘盈的异母兄，其母曹氏是刘邦的情妇。刘邦称帝后，他受封齐王，建立齐国，定都临淄，统辖七十三城，成为西汉最大的诸侯国。

② 主簿：古官名，各级主官属下掌管文书的官吏。

等事宜均由他打点。由于前来祝贺的人很多,萧何定下规矩:宾客送礼金不足千钱者坐在堂下,超过千钱者坐在堂上。据《史记·货殖列传》记载:"谷物,每钟二百钱;酒,每瓮二百钱;桑竹,每亩二百钱;鱼,每石二百钱;猪,每头八百钱;牛,每头约一千二百钱;马,每匹四千钱。"按这个标准推算,在生产力低下、物资匮乏的秦汉时代,千钱大概相当于现在的五千元人民币。

刘邦当时只是沛县泗水亭亭长,职位很低,月俸自然也不多,按说他算不上什么名流,但是他特别会来事儿,在三教九流中都吃得开,在当地也算得上是个人物。县令请客,他自然不会错过这个露脸的机会。他兴冲冲地来到吕公的新宅门前,只见来客送礼的金额都一一写在名册上,负责接待的谒者[1]则高声唱说礼钱多少、席位上下,他想自己空手而来,估计连个下堂位也不会有。这时,他看到是好友萧何在主事,顿时有了主意,毫不客气地在一张白纸上写下"刘季,奉礼金万钱"。对于这件事,《史记》记载如下:"绐为谒曰'贺钱万',实不持一钱。"这里的"谒",是一种木简,长约20厘米,宽约3.5厘米,厚约1厘米,正面写上持谒人的姓名、官爵、地址等,又叫"刺",相当于现在的名片。"绐"是欺骗的意思,刘邦不持一钱,却递上一个"贺钱万"的名帖,显然是一种欺骗行为。

萧何很清楚刘邦的情况,接过拜帖时便知道这只是一句空话,但是碍于兄弟情谊,他只能传了进去。当谒者喊出刘邦的大名时,众人皆大惊,吕公闻报也吃惊不已,赶紧起身,亲自来到门外迎接。刘邦倒也毫不客气,登堂入室,位居高座。

刘邦在主陪座位上谈笑风生,豪气干云,吕公则在一旁细细打量他,见他高鼻宽脸,须髯飘逸,骨骼奇异,觉得此人不是等闲之辈。萧何看到这一幕,心中暗暗叫苦,眼见刘邦在递给吕公的名帖上写着"贺钱万",而吕公对刘邦又如此重视。县令和沛公让他主持这次宴会,是

---

[1] 谒者,古代泛指传达、通报的奴仆。——编者注

看得起他，如果宴会之后人家持礼单来和他对账，他拿什么来应对呢？萧何越想越怕，赶紧走上前去，附在吕公耳边，以开玩笑的口吻说："刘季这人向来惯于空口说大话，很少能够办成几件实事！"谁知吕公听了，只是笑了笑说："不妨，不妨，他也算是够诚意的了。"

吕公见刘邦虚报贺礼坐了上席，毫无自责不安之意，而且酒席间谈笑自若，取笑客人，"颐指气使"，俨然一副上宾贵客的情态，心中不由暗暗称奇。

席间宾主交谈甚欢，非常投缘。酒喝得尽兴了，吕公使了个眼色请刘邦留下来。待宾客走后，吕公试探着对刘邦说："我从年轻时起就给人看相，阅人无数，但是没有一个人能够比得上你的相貌，你要善自珍重，好好把握自己的前程啊！"

当时的人都非常迷信占卜、相面之类的方术，尤其是楚人。刘邦听了吕公这番话，心中十分高兴，连连点头称谢。随后，吕公道出了自己留下刘邦的真正意图："我有个女儿尚未出阁，你若不嫌弃，愿嫁与你为妻，一辈子侍奉你。"

刘邦为人虽然有些玩世不恭，但是对于重要的事情相当认真，他很感激吕公的看重和期许，当下拜过吕公，并订好了迎亲的日子。

吕公许配给刘邦的是他的三女儿吕雉。吕雉天生仪容秀丽，有贵人相，在吕家备受宠爱，不肯轻易许配给人。这次吕公把她许配给刘邦，在家中引起了一番轩然大波。吕媪想着那么多富贵人家三番五次来求亲，吕公都没有答应，如今，竟然要将女儿许配给浪荡的刘邦，心中大为不快。吕公劝道："刘邦将来必定要大贵，女儿嫁给他是不会有错的，我主意已定，就不会再改变了。"吕媪无奈，只能答应下来。吕雉难违父母之命，就在吕公的一手操持下，嫁给了官职低微的亭长刘邦。

不过，吕公的识人之术的确是高人一筹，他坚信刘邦一定会有飞黄腾达的一天。这件事让冷眼旁观的萧何不得不对刘邦重新评价。

刘邦和吕雉大婚当天很是热闹，作为一名亭长，刘邦在远近算是小有名气，加上他待人仁慈和善，人缘很好，又有县府里的一班同事和朋友,前来参加婚礼的客人很多,就连县令也派人送来了一份贺礼。

成家后的刘邦,并未受惠于岳父的财势。或许吕公认为刘邦仍有待磨炼,也不急着扶持他。吕雉虽然是千金之躯,但嫁夫从夫,她跟随刘邦回老家中阳里,过着朴实的农妇生活,不久便为刘邦生下了一男一女,也就是日后的孝惠皇帝和鲁元公主。

刘邦年过四十,喜得贵子,自然高兴万分。一家人一起安安稳稳地过起日子,家庭和睦对于一个男人的成功所起到的作用是不言而喻的。刘邦在外打拼的时候,吕雉在家一边照顾孩子和老人,一边干着地里的农活,也算得上是一位贤内助。

六、鸿鹄之志

青年时期的刘邦虽然行为放浪,不务农事,但也是个胸怀大志之人。

秦始皇灭掉六国后,不仅创建了中央集权制度、制定法律、统一文字和度量衡,还大兴土木,开始修长城、建皇陵、修驰道、筑阿房宫等诸多宏伟工程。这些工程工期长、规模大,除了动用近百万囚徒服役之外,秦王朝还从全国各地征调大量民夫前去服徭役。刘邦当上亭长后不久,便揽到了一份押送民夫赴国都咸阳的差事。这个差事不仅开阔了他的视野,使他增长了不少见识,更让他确认了心中的目标和理想。

沛县距咸阳数千里之遥,往返一次需要几个月。刘邦每次到咸阳总会多停留几天,到闹市上四处闲逛,感受一下都城咸阳的氛围。

有一次,刘邦又带领民夫队伍溯黄河而上,穿过广袤的中原大地,往咸阳而去。因为服徭役辛苦劳累,民夫们个个垂头丧气,怀着悲伤的心情前行,刘邦的心里也很不是滋味。

途中,刘邦非常警觉,很少一个人独自喝酒。带领本县的几百名民夫前往咸阳,他深知自己身上的担子有多重,责任有多大。同时,他出身普通百姓人家,又在农村长大,自然知道服徭役的艰辛。一路上,他对这些农夫备加关心。临走之前，同事们送给他的那些费用，他都拿来跟大家分享。刘邦的仁爱之心，使得大家对他充满无限敬佩和感激，都很听他的话，很少给他惹麻烦。

路途的艰辛劳累，加上凄凉的心情，使刘邦与平时判若两人。但是，走过函谷关进入关中秦国故地时，他的心情随着路旁的景观逐渐好了起来，也振奋了许多，似乎从另一个世界把自己找回来了。层出不穷的奇景深深地吸引了他，他在内心忍不住赞叹，大秦帝国的发源之地，果然是一块宝地。

刘邦一边欣赏沿途的风景，一边不停地思考着什么。为了在规定的限期内到达咸阳，他们丝毫不敢懈怠，马不停蹄地往前赶。走着走着，他们看到远处露出了离宫别馆的影子。秦朝自建国以来，西起雍都（今陕西凤翔），东至潼关黄河，"东西八百里，离宫别馆相望属"，所谓"关中计宫三百"，说明秦国多年来在渭水两岸建造的庞大宫殿群数不胜数。

看到秦国的离宫别馆，刘邦不由自主地陷入了另一个世界，好像这个世界，只剩下他和离宫别馆。

走完了山路，刘邦一行终于来到了咸阳城的城门前。

咸阳城内的建筑各式各样，街道平整、干净，大街上人来人往，熙熙攘攘，路边的小摊热闹非凡，商品琳琅满目，一派繁华景象。

刘邦在沛县哪里见过这般景象，也正因为如此，这欣欣向荣的景象深深地印在了他的脑海里。他想，咸阳城如此富有，而自己的家乡沛县却贫穷不堪；咸阳城如此繁华，沛县却冷冷清清。

这次办完公事后，刘邦仍像以往那样没有马上动身回家，而是在这个如梦境一般的大城市流连忘返。

有一天，他在街头闲逛，突然看见人们蜂拥着向街心跑去，原来是秦始皇巡行都市。秦始皇车驾出行，一般都戒备森严，禁止老百姓观看。但他心情好时偶尔也允许百姓们观看，任人瞻仰，以此显示皇恩浩荡。刘邦作为一个外地人，有幸赶上这一盛大场面，真是老天赐予的机会。他看见大家都跪在地上，也赶紧跪下，偷偷地张望。当时道路两旁人山人海，刘邦被人流挤到了前面，看到了秦始皇车队经过的全部情形，场面宏伟壮观，极具震撼力。

秦朝皇帝出行，车驾仪式大有讲究，有大驾、法驾和小驾之分。除了皇帝及随行后宫眷属乘坐的"金银车"和"副车"之外，大驾有属车八十一乘，法驾有属车三十六乘，小驾有属车九乘。一般来说，皇帝出关巡游时乘用大驾，平素在京城出行则乘用法驾或小驾。这次秦始皇恩准百姓观瞻，难免有在京城百姓面前显示威仪的用意，所以乘用的应当是法驾。即使如此，加上金银车、副车和卫队，其场面也不容小觑。

刘邦很快便看见秦始皇的车队行驶过来，走在车队前面开道的是高车，四匹清一色的高头大马。车驾上笔直地站立着高大魁梧的卫士，身着盔甲，手持兵器，个个精神抖擞，目光炯炯有神。高车之后是副车，即"安车"，车上有椭圆形车盖，车厢分前后二室，外表装饰华丽，也是四匹清一色的高头大马。副车过后是秦始皇乘坐的更为豪华壮丽的銮驾，即"金银车"，六匹清一色的高头大马，马嚼、马鞍、车辐、车轴等凡有使用金属的地方都用黄金装饰，描龙画凤，壮丽豪华；金银车过后又有副车、兵车驶过。整个车队旌旗猎猎，浩浩荡荡，其威仪自不待言。

当秦始皇的车驾从面前驶过时，低头跪在警戒线之外的百姓，全都屏住呼吸，四周一片静寂，整个街头只有阵阵沉重的马蹄声和清脆的金属铃铛的撞击声。直到秦始皇的车驾走过，警戒线解除后，人群才又重新沸腾起来。

刘邦挤在人群中，伸长脖子呆呆地望着远去的车队，刚刚经历的阵势深深地震撼着他，刺激着他，使他的心头不禁涌起一股豪情壮志，并脱口而出："大丈夫当如此也！"

在众人眼中，秦始皇就是一位暴君，他修驰道，筑长城，修阿房宫，建皇陵；他焚书坑儒，横征暴敛，使无数人死于非命，生灵涂炭。但是在刘邦眼中，这位帝王却是一个伟大的人物。他目睹了秦始皇结束七国连年征战、一统天下的丰功伟绩，并建立了有利于民的郡县制度，所以他由衷地敬仰和感激秦始皇。在他心目中，秦始皇的地位渐渐取代了少年时的偶像信陵君。这次观看秦始皇的车队出行，由于没有看到秦始皇的"龙颜"，他感到非常遗憾，脑海中不停地想象着始皇帝的尊容。他忘不了咸阳的离宫别馆和秦始皇车驾浩浩荡荡从眼前经过的景象，常常沉醉在自己无边的想象和回忆中不能自拔。回到家乡以后，刘邦总是人在沛县，心在咸阳，无时无刻不在向往咸阳的生活。

在旁人眼中，刘邦还是那个刘邦，充其量比过去见识多了一些，吹起牛来更能忽悠人了，但只有刘邦自己知道，他的内心已经发生了变化，心头播下了一颗梦想的种子，一旦机会合适，遇到阳光和水分，它就会生根发芽，并最终长成参天大树，直至撑破秦王朝坚固的"帝国大厦"。

或许是这次的机缘，加上几年来当官的经验，刘邦开始有了窥伺天下的野心。野心和见识更增加了他天生的领袖魅力，让朋友们在不知不觉中对他更为尊敬。

很快，刘邦又恢复了过去嬉笑怒骂的样子，在一次恶作剧中，他和夏侯婴惹出了大麻烦。

当时夏侯婴已升为试补县吏，某日他和刘邦比剑当作游戏，刘邦一个不小心，居然把夏侯婴砍伤了。这件事正好被其他县吏看到，便密告刘邦故意伤害同僚。这可是大事，依照秦法，刘邦不但会被革职，还要以重罪判处。因此，刘邦坚决不承认夏侯婴是他砍伤的。

主事的县令下令彻查，唯一的证人便是夏侯婴自己了。但为了保护刘邦，夏侯婴也坚决不肯吐露是谁伤害了他，结果被以"知情不报，匿护罪犯"之罪名，判处鞭笞的酷刑，并且被打入大牢，判处一年多刑狱。

由于夏侯婴咬紧牙关不招供，加上萧何、曹参从中疏通，刘邦才得以脱罪，保住亭长的职位。

这件事对旁观者萧何的触动很大，使他真正感受到刘邦身上那股可以让人为他卖命牺牲而毫无怨言的领袖魅力，因而更加肯定刘邦的价值，这或许正是他日后拥护刘邦起义的最主要原因。

第二章 小吏掀起大风浪

一、秦末暴政

当刘邦按捺着骚动不安的心在亭长的位置上兢兢业业地工作时,秦王朝正一步步地走向深渊。

秦帝国的缔造者秦始皇嬴政,生于秦昭襄王四十八年(前259),他的祖父秦昭襄王在位56年,是战国时期著名的国君,曾搜罗天下人才,大胆重用了一批贤能的客卿,比如甘茂①、范雎②、白起③等,大胆革新,重点征伐,国力日趋强大,为以后秦始皇横扫六国奠定了坚实的基础。

秦昭襄王五十六年(前251),秦昭襄王驾崩,太子安国君即位,为秦孝文王。秦孝文王是一个短命的君王,仅在位3天就去世了,随后是异人即位,为秦庄襄王。他的命也不长,在位3年后因病去世,之后

---

① 甘茂:下蔡(今安徽境内)人,战国中期秦国名将,曾任左丞相。甘茂曾学百家之说,经张仪、樗里疾引荐给秦惠文王。助左庶长魏章略定汉中地,后遭向寿、公孙奭谗毁,在攻打魏国蒲阪时投向齐国,在齐国任上卿;后为齐国出使楚国,秦王想让楚国送还甘茂,为楚国所拒。

② 范雎:魏国人,著名政治家、军事谋略家,秦国宰相,因封地在应城,又称为"应侯"。主张远交近攻,歼灭列国主力。长平之战时,以反间计使赵国起用无实战经验的赵括代廉颇为将,使得白起大破赵军。

③ 白起:战国时期秦国郿邑(今陕西眉县常兴镇白家村)人,善于用兵,在秦昭襄王时征战六国,为秦国统一六国做出了巨大贡献。曾在伊阙之战大破魏、韩联军,攻陷楚国国都郢城,长平之战重创赵国主力,战功赫赫,被封为武安君。与廉颇、李牧、王翦并称为"战国四大名将"。

嬴政即位。这一年嬴政刚13岁，国政由其母赵太后和相国吕不韦①二人把持。公元前238年，秦王嬴政亲政；公元前223年，秦灭楚国，刘邦正是在这一时期当上了泗水亭亭长。公元前221年，秦始皇扫平六国，创建了中国历史上第一个中央集权制国家——大秦帝国。

秦始皇在统一六国后确实做出了有利于统一的重大业绩：更改国王的名号，号称"皇帝"，并通过一些相关名号及制度上的规定，确立皇帝在国家权力机关中至高无上的地位，集国家权力于一身。他不顾朝中多数大臣的反对，毅然废分封，设郡县，"分天下作三十六郡"，确立了君主专制的中央集权制度。他推行共同的文字，划定共同的地域，促进共同的经济制度、共同的文化、共同的伦理道德，颁布"使黔首自实田"的法令，在全中国确立土地私有制度，使天下民众由过去被贵族奴役的奴隶转变为自由百姓……秦始皇的举措大大有利于统一国家的形成，所以明代学者李贽称赞他为"千古一帝"。

然而，凡事往往具有两面性。秦始皇在君临天下、为统一做出巨大贡献的同时，为了显示胜利者的无上威势，他滥用民力，骄纵放恣，弄得天下鼎沸，民怨不止，加剧了社会矛盾，最终酿成了农民起义运动。

秦始皇当政期间，由于百废待兴，国家徭役原本就很繁重，加上各级官吏的层层盘剥，民夫死难无数，使得新帝国的各项赋役和政策远远超出了百姓的承受极限。据史料记载，秦始皇时期全国总人口约2000万，其中岭南戍边的有50万军士，修筑长城的有30万军士和10万民夫，修筑皇陵和阿房宫常年动用70万刑徒，分散在全国各地的其他军队约60万人，加上为大型工程输送粮草、修筑驰道以及地方郡县官府所征调的徭役，全国每年为国家服役的人数达400多万，约占全国总人数的五分之一。另外，秦帝国每年徭役的役期短则3个月，长则半年、

---

① 吕不韦：卫国濮阳人。战国末年著名商人、政治家、思想家，扶植秦国质子异人进入秦国政治核心，官至丞相。后因嫪毐集团叛乱受到牵连，被迫饮鸩自尽。

一年甚至数年。以此推算，秦国的成年男子，每人每年平均约有3~6个月的时间是在为国家服役，不但服役时间长，而且工地的劳动条件也十分艰苦，监工草菅人命，以致许多民夫累死、病死在工地上。如此一来，秦始皇实施的政策就演变成了暴政。全国各地大量良田荒芜，妇女在代替男人艰辛劳动的同时，还要承受丧夫失子的伤痛。与此同时，为了保障所有革新制度的实施和镇压原六国贵族的反抗，秦始皇还采纳李斯①等人的建议，制定了非常严厉的法律和政治措施，比如焚书坑儒，这更让秦始皇背负上了暴君的骂名。

不过，秦始皇毕竟对中国历史发展做出了重大贡献，虽然他在帝国建立后也施行了一些令人难以承受的暴政，但也不能因此称他为暴君。对于"暴君"这一称号，当之无愧的另有其人，他就是秦二世胡亥。胡亥是秦始皇的一个嫔妃所生的儿子，从小由太监赵高②教授学问。秦始皇三十七年（前210），秦始皇病死在东巡路上，随行的太监赵高和相国李斯合谋，篡改秦始皇遗诏，扶立胡亥登上皇帝的宝座。

胡亥一即位便搞起了恐怖统治，先是阴谋赐死了皇长子扶苏以及镇守北疆的蒙恬③、蒙毅④等人，接着又大肆杀戮宗室皇亲和朝中大臣，一时间"宗室振恐"，群臣人人自危，严重激化了秦帝国统治集团内部的矛盾。

诛杀皇室宗亲和先帝旧臣后，胡亥又在赵高的蛊惑下腰斩了李斯，

---

① 李斯（？—前208）：战国末期楚国上蔡（今河南驻马店上蔡）人，秦代著名政治家、文学家和书法家。协助秦始皇统一天下，极力主张实行郡县制、废除分封制，还参与制定了法律，统一车轨、文字、度量衡制度，奠定了中国2000多年政治制度的基本格局。秦始皇死后，他与赵高合谋，伪造遗诏，立少子胡亥为二世皇帝。后为赵高所忌，被腰斩于咸阳闹市。

② 赵高（？—前207）：赵国人，任中车府令，兼行符玺令事，"管事二十余年"。秦始皇死后，他发动沙丘政变，与丞相李斯合谋伪造诏书，逼秦始皇长子扶苏自杀，另立始皇幼子胡亥为帝，是为秦二世，并自任郎中令，独揽大权，结党营私。后被子婴设计杀掉，诛夷三族。

③ 蒙恬：祖籍齐国，秦朝著名将领。曾驻守九郡十余年，威震匈奴，被誉为"中华第一勇士"。

④ 蒙毅：秦国名将蒙武之子。官拜上卿，深受秦始皇宠信，外出陪秦始皇同乘一车，居内则侍从秦始皇左右。秦二世时，受赵高构陷，被秦二世囚禁杀害。

从此，朝政大权落在赵高一人之手。赵高是一个残酷狠毒的人，而秦二世偏偏对他言听计从。在赵高的主持下，秦帝国的法律比秦始皇当政时更加严苛，无数平民百姓惨遭杀害或沦为刑徒。据史料记载，秦始皇时期，朝廷所征徭役，如果迟到3~5天，押送吏员及民夫、戍卒只受"谇"① 罚。到秦二世时期，民夫、戍卒如果不按期到达，无论什么原因都要处死。这样的法律严酷得毫不近人情，所以秦末才爆发了陈胜、刘邦等人的造反起义。

此外，毫无自知之明的秦二世为了威服天下，还在赵高的鼓动下，效仿秦始皇，大张旗鼓地巡幸天下。东临碣石，南下会稽，转道辽东，然后返回咸阳，其规模几乎和秦始皇最后一次巡幸一样庞大，同时还举办各种刻石及歌功颂德的祭典，在祖先打下的辽阔江山上着实耀武扬威了一番。

秦二世的残暴还不止于此，秦始皇下葬时，他下令将"先帝后宫非有子者"全部陪葬，并将建造陵墓的工匠全部封闭在墓道里窒息而亡；他从全国各地征调更多的民夫外抚四夷，内修皇陵、驰道等未竟工程，以致税收越来越重，徭役没有尽头。

秦二世的倒行逆施，断绝了天下苍生的活路，以致群情怨愤，天下百姓"欲为乱者，十室有五"，人与人为怨，家与家为仇，出现了"群盗满山"的局面，农民暴动一触即发。此时的秦二世浑然不知自己已经睡在了火山口上，还在做着千秋万代的春秋大梦。

二、大泽风云

有压迫就有反抗，秦帝国的暴政终于逼得百姓忍无可忍，纷纷举起了反抗的义旗，其中最具代表性的当数大泽乡陈胜、吴广起义。

陈胜，字涉，秦国阳城人，少时家贫，以替别人佣耕为生。但陈胜

---

① 谇：指的是申斥、训斥、训诫。在秦朝，谇刑是针对有罪的官吏适用的一种轻微的处罚。

是一个胸怀大志、颇有独立思想的人，据说他可能略微识字。有一天，陈胜与一同受雇用的伙伴们耕田，在田埂上休息时，他面带怨恨不平的神色凝视远方，久久无语。伙伴们一起询问他为何如此，他回首激动地说："今后若是有人富贵了，彼此都不要忘了对方。"

众人听了顿时哄笑起来，讥讽他道："你现在是受雇为别人耕田，有什么富贵可言？"

陈胜见伙伴们嘲笑自己，很不服气，愈发激动地说："燕雀安知鸿鹄之志哉！"

秦二世元年（前209）七月，秦二世下诏征发居于闾左①的贫民戍守渔阳（今北京密云）。官府奉诏四处征调，好不容易征得一支900人的戍边队伍，由两名将尉率领前往渔阳。陈胜也在其中，他和阳夏（今河南太康）人吴广被任命为这支队伍的屯长②。

阳城离渔阳有数千里之遥，当这支民夫队伍走到大泽乡（今安徽宿州东南）附近时，碰上了阴雨天气。时值酷夏，暴雨下个不停，大泽乡一带由于地势低洼，早已被雨水淹成一片泽国。队伍无法通行，只得停下来静等天晴水退之后再出发。然而，老天爷似乎是有意与这些不幸之人过不去，一连多日大雨滂沱，丝毫没有停下来的迹象。秦二世颁布的法律规定：戍卒守边误期，不论缘由，一律斩首！在大泽乡耽误的时间一长，大家心里都犯起了嘀咕，纷纷为自己的命运担心起来。

面对即将降临的死亡，陈胜与吴广谋划道："大雨不止，道路不通，我们肯定无法按期到达了，依法都要问斩。如今的形势是，到达渔阳后必死无疑。逃亡是死罪，起义干一番大事业也是死罪，同是一死，为国而死好吗？"吴广听了连连点头表示赞同。

陈胜说："天下百姓苦于秦的暴政已经很久了。我听说二世是始皇帝的小儿子，不应当立为皇帝；应当立为皇帝的是公子扶苏。扶苏因多

---

① 闾左：古代25家为一闾，贫者居于闾左，富者居于闾右。秦代指主要由雇农、佃农等构成的贫苦人民。

② 屯长：指旧时戍边军中的领队。

次劝谏始皇帝,被派到外地去统兵。现在听人说扶苏无罪,却被二世杀害。百姓们都说扶苏贤能,还不知道他已经死去。项燕是楚国的名将,屡立战功,爱惜士卒,楚国人都很爱戴他。有人以为他死了,有人以为他逃亡在外。现在我们冒称公子扶苏、项燕,为天下人带头起义,一定会有很多人响应。"

吴广认为陈胜讲得很对,便按照当时的习俗去找算卦先生占卜吉凶。算卦先生一向擅长察言观色,一眼就看穿了他们的意图,开口说道:"你们的事能成,能立大功,然而你们还是应当向鬼神问卜啊!"

陈胜、吴广听算卦先生这么一讲,马上会意,这是在教我们借助鬼神来树立威信啊。他们高兴地谢过算卦先生,回去后便商量了一个办法。吴广暗中用朱砂在帛上写了"陈胜王"3个字,清晨偷偷塞入刚刚捕捞的鲜鱼腹中。戍卒早上到市集上买鱼,烹食前发现鱼肚中的帛书,上面写有"陈胜王"3个字,感到很奇怪。到了夜晚,陈胜私下派吴广到驻地附近树丛的神祠中点燃篝火,装作狐狸的叫声,呼喊道:"大——楚——兴,陈——胜——王。"

树丛中神祠那边篝火闪闪,狐鸣凄切,民夫们无不感到恐惧,而"大楚兴,陈胜王"6个字,人们也听得清清楚楚。

第二天清晨,民夫们对昨天早晨鱼腹的帛书和夜间的篝火狐鸣议论纷纷。一些认识与不认识陈胜的人,三三两两地指指点点,把视线投向陈胜。

陈胜、吴广见群情骚动,认为时机已经成熟,决定马上采取行动。吴广自从被指派为屯长以来,一向体贴众人,大家都乐意听他的使唤。于是由吴广出面,趁着带领戍卒的将尉喝醉酒的时候,故意多次扬言想要逃亡,以此来激怒将尉,让他当众侮辱自己,以激起众人的愤怒。将尉果然中计,鞭打吴广。当将尉拔剑想要加害吴广时,吴广眼疾手快,一跃而起夺过将尉手中的剑,随即把将尉杀死。吴广夺剑时,陈胜向前佐助,合力将带队的两个将尉当场杀死。戍卒们见将尉先是辱打吴广,接着吴广、陈胜夺剑杀死这两个将尉,无不惊得目瞪口呆。

陈胜、吴广见戍卒骚动，当即召集众人，大声号召道："诸位因途中遇到大雨，不能按期到达。按照秦法，误期的一律杀头。即使不被杀头，戍卒守边而死的从来就十有六七。况且，壮士不死便罢，要死也得留下个大名声。那些个帝王将相，难道一个个天生就是好命、贵种吗！"

众人也都知道不能按期到达难免一死，而且现在陈胜、吴广已把将尉杀死，联想到昨日鱼腹中的帛书和夜间的篝火狐鸣，他们对秦王朝的一腔怒火，被陈胜慷慨激昂的声讨激起，觉得不如跟着陈、吴二人造反，也许能闯出一条生路；即使造反后战死，也值了。所以，众戍卒异口同声地回答："甘愿恭听命令！"

陈胜、吴广见众人诚服，便按照之前的商议，假托公子扶苏和项燕的名义发布檄文，号称"大楚"，令人搭设祭坛，以秦朝两名将尉的人头祭旗。他们率领众人袒露右臂，歃血为盟，宣誓同心协力，兴楚灭秦。

祭祀完毕，陈胜自立为将军，吴广为都尉，"斩木为兵，揭竿为旗"，攻占大泽乡，直指蕲县（今安徽宿州东南），沿途招收人马，并攻占蕲县县城。

占领蕲县后，起义军打开府库补充给养，更换装备，然后出告安民，招兵买马。经过短暂休整后，陈胜令符离（今安徽宿州境内）人葛婴[①]统兵攻占蕲县以东地区。起义军一路攻下铚（今安徽宿州境内）、酂（今河南永城西）、苦（今河南鹿邑东）、柘（今河南柘城县东北）、谯（今安徽亳州）等诸多县城。陈胜、吴广亲率起义大军沿途招兵买马，扩充队伍，很快发展成为一支拥有兵车六七百乘、骑兵千余人、步卒数万人的武装部队，一时声威大振。随着实力的增强，他们决定攻打蕲县以西的陈县（治所在今河南淮阳县）。

---

① 葛婴：符离（今安徽宿州埇桥区符离镇）人，秦末农民起义军领袖之一，陈胜义军首席名将，曾在攻取陈、蕲二县中立下汗马功劳。

陈县物产富庶，城池坚固，春秋时期叫"宛丘"，曾是陈国的国都。楚灭陈国后，宛丘改名为"陈"。秦昭襄王二十八年（前278），秦国大将白起攻下楚都鄢（今湖北宜城）、郢（今湖北江陵西北），楚国被迫迁都于陈。秦王嬴政六年（前241），楚又由陈迁都于寿春。

陈胜大军到达陈县城下时，县令正好因事外出，不在城内。守城的县丞在谯门拼死抵抗，最后兵败被杀，起义军很快攻克陈县。

陈胜率领着起义军在陈稍作休整，当地有名望的三老①和豪杰一起商议政事，三老和豪杰劝陈胜说："将军您身披坚固盔甲，手执锐利兵器，讨伐无道，诛斩暴秦，重新恢复楚国社稷，理应称王。"陈胜假意推辞了一番，后经众人再劝，便顺水推舟地自立为王，国号"张楚"，即取"张大楚国"之意。至此，中国历史上的第一个农民起义政权诞生了，全国各地纷纷响应。

三、张楚覆灭

在张楚政权的号召下，全国各地都开始了反秦的斗争。全国各地的百姓豪杰，对那些平日只知道奴役百姓、搜刮财富的官员进行了惩处，很多贪官污吏在这场全国范围内的农民暴动中丢了性命。形势对刚刚建立的张楚政权异常有利，但就在这时，张楚政权发生了内讧。

由于起义军的势力迅猛发展，为了适应当时的形势，陈胜封吴广为"假王"，让吴广暂时代理王权，他本人则率众向西，攻打军事要地荥阳（今河南荥阳东北）。同时，陈胜命令陈县的武臣②、张耳、陈馀北伐原赵国故地，汝阴（今安徽阜阳）人邓宗去攻取九江郡。

张耳，魏国都城人梁（今河南开封西北）人，原为信陵君的门客，信陵君死后，他逃亡于外黄（今河南民权西北），当地一富豪把女儿嫁

---

① 三老：古代掌教化之官。
② 武臣：陈（今河南淮阳）人，秦末农民起义军将领，陈胜部将，后自立为赵王。被部将李良所杀。

给他，并以厚资使张耳招来远方宾客，以致贤名远播。魏王听说后，便让张耳出任外黄县县令。刘邦早年还时常投奔他以避"吏事"，两人颇有交情。

陈馀也是魏国大梁人，喜好儒学，多次游学于赵国苦陉（今河北定州东南）。一个偶然的机会，陈馀认识了张耳，两人志趣相投，惺惺相惜。因为张耳比陈馀年长，陈馀像对待父辈一样尊敬张耳，二人结为莫逆之交。

秦军灭魏后，因张、陈二人名声很大，秦朝廷视他们为隐患，遂以千金之赏缉拿张耳，同时悬赏五百金索求陈馀。英雄落魄，为了活命，他们只得隐姓埋名，藏于陈县，做了里中的监门①。有一次，里中小吏因为一些芝麻小事鞭打陈馀，陈馀非常愤怒，想奋起反抗，张耳暗中踩了陈馀一脚，暗示他要忍耐。小吏耍完威风后离去，张耳把陈馀拉到一棵大桑树下，厉声批评道："还记得我以前对你说过的话吗？心字头上有把刀，遇事要忍，小不忍则乱大谋。你怎么能因为一点点小事就想跟这号人拼命呢？"陈馀听了连连点头，并向张耳致谢。此后他们行事更加小心谨慎，顺利在陈县隐匿下来。

陈胜的起义军攻占陈县后，陈馀、张耳认为时机已到，便舍弃监门之职，辗转求见陈胜。陈胜素闻这两位英雄的大名，对他们以礼相待，留其在帐下听用。

当初陈县的豪杰父老劝说陈胜称王时，陈胜曾就此事征求张耳、陈馀的意见。两人建言道："暴秦无道，消灭别人的国家，毁坏他国的社稷，断绝他人的后代，耗尽百姓的劳力，掠尽百姓的财产。如今将军您一身胆气，舍生忘死为天下人除害，行为风范令人钦佩。可是，将军刚到陈县就想称王，这等于向天下人昭示一种私欲。希望将军不要称王，急速领兵西进，派人复立六国的后代，替自己树立党羽，给秦国多树敌人。树敌多则秦军兵力分散，党羽众则自己兵力强大。如此则原野上没

---

① 监门：守门人，相当于现代的村庄保安。

有交战，郡县中也会无人替秦守城，诛灭暴秦，据有咸阳而号令诸侯。六国诸侯被秦灭亡后又复而得立为王，以恩德使他们心服，如此称帝于天下的大业可成。今日单单在陈县称王，恐怕天下诸侯都会与您离心离德。"

但是，陈胜没有听从他们的劝告，依旧在陈县自立为王。

陈胜称王没多久，率军东进的葛婴在进兵九江（今安徽寿县）途中，擅自扶立楚国贵族后裔襄强为"楚王"。陈胜得知后怒斥其罪，下令将葛婴斩首示众。诛杀葛婴后，陈胜召集众将商议下一步军事行动，陈馀进言道："大王在魏、楚之地举兵向西，在于进入关（指函谷关）中，顾不上派兵收复黄河以北赵国的地区。臣曾游学于赵国，了解那里的英雄豪杰及地理形势，请大王拨给人马，出奇兵北上攻取赵地。"于是，陈胜派过去和自己要好的武臣为将军，邵骚为护军，负责调节各将领之间的关系；任命张耳、陈馀为职位仅次于将军的左右校尉，拨给其3000多名步兵，北上攻取赵地。

武臣等人奉命离开陈县，从白马津渡过黄河，兵略赵地。武臣采用张、陈二人的谋略，精心准备了一套说辞，沿途游说各郡县的豪杰："暴秦无道，数十年来以乱政酷刑残害百姓，北有长城之役，南有五岭之戍，搞得天下不得安宁；又对百姓横征暴敛以供军需，搞得民不聊生，天下生怨。幸有陈王带头振臂一呼，称王楚地，天下无不为之响应。人们拿起武器或杀县令，或杀郡守，各报其仇。诸位如果不趁此良机成就封侯大业，还算什么英雄豪杰？"这席话的确很具鼓动性，沿途郡县的豪杰们纷纷拉起队伍，诛杀当地官吏。起义大军兵不血刃就攻取了赵地十多个城池，人马也扩充到数万之众。武臣被手下诸将推举为"武信君"。接着，武臣引兵攻打范阳（今河北定兴境内）。

范阳的辩士蒯通①向范阳令表示，诸侯叛秦，势不可当，如果立即

---

① 蒯通：本名蒯彻，因避汉武帝之讳而改为通。他辩才无双，善于陈说利害，曾为韩信谋士，先后献灭齐之策和三分天下之计。韩信死后被刘邦捉拿后释放，成为相国曹参的宾客。

派他面见武臣,或"可转祸为福"。于是,范阳令派蒯通见武臣,蒯通向武臣献"不攻而降城,不战而略地,传檄而千里定"的妙计,指出各县城县令坚守城池,是因为之前10多个县令皆被诛杀,所以不敢投降义军;如果赐给范阳令侯印,使他乘坐装饰富丽堂皇的车辆驱驰燕、赵故地,各地郡守、县令看到首先投降的范阳令受封为侯,定会争相投降。武臣采纳了蒯通的计谋,果然使赵地30余座城池不战而降。

武臣率兵进入邯郸后,张耳、陈馀听说陈胜后来派出的大将周文①已率军攻入关中,驻扎在咸阳城郊外的戏地(今陕西临潼东);又听说某些起义军将领为陈胜攻城略地,之后却因他人的谗言而被诛杀;再联想到当初陈胜不采纳他们"缓称王"的进言等事,不由得心生怨恨,于是极力挑拨武臣与陈胜之间的关系,建议武臣在赵地称王。

武臣采纳张、陈二人的建议,在邯郸自立为赵王,并任命陈馀为大将军、张耳为右丞相、邵骚为左丞相。

随后,武臣派人向陈胜报告称王一事,陈胜大怒,想把武臣留在陈县的家属全部诛杀,发兵攻击武臣。陈胜的相国房君(一说为蔡赐)劝谏说:"秦尚未灭亡而诛杀武臣家属,等于又增加了一个敌人。不如借此向他祝贺,令他急速率大军西向击秦。"陈胜听从房君的劝说,把武臣的家属软禁在宫中,并封张耳的儿子张敖②为成都君。

陈胜派出的使者到达邯郸后,代表陈胜祝贺武臣称王,同时让他率大军西入函谷关击秦。张耳、陈馀对武臣说:"大王称王于赵,并非陈王本意,现在陈王不过是出于权宜之计来表示祝贺。一旦陈王灭秦,必定加兵于赵。愿大王不要西向出兵,而是北上攻占燕、代,向南攻占黄河以北地区以扩大领土,南据河内,北有燕、代,如此即使楚兵灭秦,也不敢制服赵国。"

---

① 周文:即周章,秦末农民起义军将领,陈县人。战国末年曾为项燕军视日,推算时辰吉凶。侍奉过春申君黄歇,自称懂得兵法。陈胜称王后,授其将军印,西向攻秦,东向攻汉。

② 张敖:外黄(今河南民权)人,张耳之子,曾封成都君。后袭爵赵王,娶刘邦长女鲁元公主为妻,其女张嫣为汉惠帝刘盈的皇后。

赵王认为他们言之有理，于是没有发兵向西，而是派韩广①北上攻占燕地、李良出击常山（秦郡名，治所在元氏，今河北石家庄元氏西北）、张黡攻占上党（秦郡名，治所在壶关，今山西长治北）。

短短两个月的时间，以陈胜为首的起义军势力迅速壮大。陈胜向东、西、北三面派出的各路义军，占领了秦帝国东部的大片土地，有的起义军首领还自称为王。

全国上下义军四起，各地的告急文书如雪片般飞入大秦朝廷，而久不理政的秦二世仍不以为然，整天在后宫与众佳丽寻欢作乐，朝中大事皆由权臣赵高决断。赵高对秦二世隐瞒了外界的军情真相，文武百官因畏惧赵高，也都保持缄默。

秦二世元年（前209）初冬，武臣进军赵地，邓宗②兵临九江（治所在今安徽寿县），宋留③进逼武关（今陕西商南县西北），周文对峙咸阳……赵高见起义军的势头越来越猛，众多郡县丢失，六国后裔纷纷复立，这才意识到势态严重，只得上报秦二世。秦二世十分惊诧，慌忙上朝与群臣共议退敌之策。少府章邯④上奏请求赦免骊山工地上的囚徒，组建成军队抵御近敌。秦二世采纳了这一建议，于是大赦天下罪犯，令章邯负责训练。章邯本是帅才，受命之后马上着手训练，仅数日就组建了一支数十万的军队。章邯将之分为前、中、后三军，自己亲率中军，出咸阳东进，向骊山东部的戏水（今陕西临潼东）杀去。

此时，楚将周文正筹划攻打咸阳，没想到秦军从天而降，打得他措手不及，仓皇败退，一直退到函谷关外，部队也损失过半。周文自认打

---

① 韩广：秦朝末年人，原赵国上谷小吏。武臣稳定赵地之后派韩广安抚燕地，结果韩广一到燕地就很受欢迎，被当地贵族立为燕王；后来被臧荼击败并杀害。
② 邓宗：汝阴（安徽阜阳）人，秦末农民起义将领。秦末响应陈胜、吴广起义，被任为将，率兵攻取九江郡，后与陈胜会师，据守九江镇。
③ 宋留：秦末农民起义军领袖陈胜的部将，铚（今安徽濉溪）人。陈胜兵败身死后，他战败降秦，被解至咸阳车裂而死。
④ 章邯：秦朝著名将领，上将军。秦二世时任少府，为秦朝的军事支柱，秦王朝最后一员大将。秦朝灭亡后，被项羽封为雍王，管辖关中西部。与司马欣、董翳三人号称三秦。因与刘邦军屡战不利，退保废丘（今陕西兴平东南），城破后自杀。

不过秦军，忙派人赶回陈县求援，无奈援军迟迟不到，他被章邯大军打得一败再败，无力回天，只得挥剑自刎。

周文本来是受陈胜之命前来协助假王吴广，没想到吴广围着荥阳城，既不攻城，也不救援周文，这才造成周文失望自杀。吴广的部将田臧、李归等人听说周文战死的消息后，深感不安，私下商议道："荥阳城久围不打，现周文军已破，章邯大军很快就会来攻打我们，到时我军腹背受敌，情况堪忧啊！今假王骄横，不懂兵法，难以与其相商，不如设计将其除去，然后留少量兵力围攻荥阳，以主力西向与章邯决战，或许可以取胜。"他们计议已定，便假托陈胜的命令，挥剑将吴广斩杀，然后将其首级送往陈县，奏报陈胜。

陈胜在陈县先是收到周文兵败自杀的噩耗，紧接着又收到吴广的首级，不禁悲从中来。他对田臧等人的作为虽然有所怀疑，但军情急迫，只得让使者带上令尹①印信，连夜赶往荥阳，封田臧为令尹兼上将军，全力攻秦。田臧喜不自胜，当即命李归留少数兵马围城，自率精兵西进迎敌。

田臧率部走到敖仓（今河南郑州西北敖山），与秦军相遇，两军交战，田臧被章邯所杀，义军大败。章邯乘胜追到荥阳城下，与城内李由内外夹击，斩杀了李归，起义军顿时四散溃逃。这时，秦廷又派长史司马欣②、董翳③等人率军前来增援，两军合一，秦军士气更旺。章邯分出一路人马东攻郯县（今山东郯州），自己则率精兵前去攻打张楚王都陈县。

秦军一路势如破竹，很快攻到许城（今河南许昌），许城守将伍徐兵败逃亡，上柱国④房君⑤被秦军所杀。秦军乘胜长驱直入，到达陈县

---

① 令尹：春秋战国时期楚国的最高官衔，是掌握政治事务、发号施令的最高长官，即宰相。

② 司马欣：秦朝长史，秦国夏阳人，陈胜起兵后辅佐章邯作战，在巨鹿之战战败后投降项羽，被封为塞王，管辖关中东部。后来在成皋被汉军击败，与曹咎一同自刎于汜水上。

③ 董翳：秦朝都尉，夏阳龙川人，春秋晋国太史董狐后裔。陈胜起兵后辅佐章邯作战，秦灭亡后，被项羽封为翟王，管辖关中北部。后来在成皋被汉军击败，死于汜水之畔。

④ 上柱国：原为自春秋起为军事武装的高级统帅，引申义为功勋的荣誉称号，战国时楚、赵置为保卫国都之官。位于令尹、相国之下。

⑤ 房君：原名蔡赐，号房君，秦末政治家。陈胜、吴广起义后，建立张楚政权，蔡赐因名望和才学，被陈胜收至帐下，官拜上柱国，是陈胜视为股肱的第一号文臣。

西境，守将张贺急忙派人飞报陈胜，请求支援。此时陈胜身边已无将可派，邓宗、宋留又远在千里，无奈之下只得亲率兵马前去支援张贺。

大军刚到汝阴境内，陈胜便遇见了刚从前线逃回来的散兵，说张贺已经阵亡，所率部队全军覆没。陈胜只得率部返回陈县。行至陈县城郊时，一个名叫庄贾的车夫见陈胜大势已去，产生了弑主投秦的念头。他乘陈胜不备，一刀将其砍死，割下首级带回城中，急修一封降书，令人送往秦营。还没等信使回报，奉陈胜之命赶回来救援的部将吕臣①听说陈胜被害，便从新阳（今安徽界首北）攻入陈县，斩杀了庄贾，并将陈胜的尸首葬于砀山（今安徽境内）。

之前奉陈胜之命南向攻秦的宋留大军本已平定南阳，并打到武关城下，宋留听说陈胜遇害，加上形势严峻，决定率军投秦，但秦军将他押解到咸阳后便处以车裂之刑。至此，轰轰烈烈的大泽乡农民起义彻底失败了。

随着陈胜的灭亡，中国历史上第一个由农民建立的政权如昙花一现般消失了。可是，陈胜"王侯将相，宁有种乎"的豪迈宣言却在无数人心中回荡，经久不息，固若金汤的大秦帝国也在这场暴风骤雨的冲击下，开始摇摇欲坠。

四、剑斩白蛇

当陈胜在大泽乡揭竿而起，轰轰烈烈抗击暴秦的时候，全国各地的豪杰纷纷响应，楚国各地也不例外，其中以项梁②、项羽叔侄起兵会稽，沛县父老拥刘邦自立最为有名。

话说刘邦在沛县做着亭长，拿着大秦的薪俸，有家有口，为什么会

---

① 吕臣：秦末陈胜起义军将领，陈胜死后，他组织苍头军重建张楚政权，并诛杀叛徒庄贾。后与黥布联合抗秦，又先后投奔项梁、刘邦。汉朝建立后，继承其父的新阳侯爵位直到病死。

② 项梁：秦国下相（今江苏宿迁）人，秦末著名起义军首领之一，楚国贵族后代，项燕之子、项羽的叔父。在反秦起义战争中因为轻敌，在定陶被秦将章邯打败，力战身死。

带着那帮穷苦农民扛起反秦大旗呢？这事同样跟押送役徒有关。

秦始皇当政时，押送刑徒、民夫到咸阳服徭役，对刘邦来说是一件美差，使他可以看看外面的世界，到帝都咸阳见识一番。每次顺利完成任务，他不仅能受到上司的褒奖，还能向乡亲父老炫耀一番，给自己增加不少谈资。即便发生误期或是役徒逃亡的事情，也碍不了多大事，大不了挨上司一顿训。但后来世事变了，秦二世当政后，法律变得更加苛酷：役徒逃亡或是误期，一律处斩。在这样的形势下，押送役徒就成了一个苦差事。刘邦时常祈祷这份苦差事千万不要落到自己头上。

然而，怕什么就来什么。秦二世元年（前209）秋，秦二世颁诏，令全国各郡县速遣役徒到骊山服役，继续修建皇陵。诏令传到沛县后，县令指派刘邦负责此事。

队伍出发前，为了防止役徒逃跑，县吏事先将所有役徒的腿用一根绳索系在一起，再由刘邦及其助手押送，前往咸阳。

也不知从何时起，到咸阳服徭役成了一件有去无回的事情，役徒或是累死，或被打死，所以，无论是囚犯还是农家子弟，个个都心怀怨气，对服徭役极为抵触。所以，刘邦的任务执行得非常不顺利，他们一路上磕磕碰碰、磨磨蹭蹭，走了几天才离开县境。夜间宿营时，一些胆大的瞅见机会就解开腿上的绳索悄悄逃跑，弄得刘邦心烦意乱，但又无可奈何。这一天，队伍进入丰邑以西的湖泽地区，这里道路泥泞，遍地苇草，非常不好走。本来就满腹怨念的役徒们更加暴躁了，一边走一边骂。刘邦素有"仁而爱人"的美名，加上年纪大了，不再像早年间那样年轻气盛。这些年他目睹耳闻了很多役徒有去无回，对这些背井离乡的役徒无比同情，所以，他对役徒们的骚动甚至逃跑行为一直是睁一只眼闭一只眼，抱着无奈和默许的态度。

这片湖泽很大，队伍行走多时，仍然没有走出去。天色逐渐暗了下来，刘邦见大家又饥又累，便下令队伍就地宿营。役徒们各怀心事地啃着干粮，刘邦和几名亲信助手也借酒浇愁。夜幕之下，他越喝脑子越清醒，心里盘算着自己的处境：这次刚出县境就有人逃亡，恐怕自己难逃厄运了。这些役徒甘冒杀头的风险而逃亡，说明他们已经豁出去了。沛县到咸阳骊山千里迢迢，途中役徒们还会继续逃跑。就算这些人都能到达骊山，可之前有人逃跑，自己也难逃死罪。而且，这些已将生死置之度外的役徒，沿途随时有可能将矛头对准他，以此发泄心中的怨气。如果是这样，他一个小吏将成为暴秦的替罪羊而白白丧命。壮士不死则已，要死也绝不能死得如此窝囊，起码要在乡里坊间留下个好名声。

经过一番考量权衡，刘邦决定豁出去了，他趁着酒劲吩咐助手将役徒们腿上的绳索解开，然后将大家聚在一起，对他们说："咱们不去骊山了，这个亭长我也不干了，诸位各自谋生路去吧。"听他这么一说，很多役徒议论一番后一哄而散，最后有10多人主动留下来，表示愿意跟他生死与共。本就具有侠义心肠的刘邦见此情景，从行囊中拿出酒肉，招呼大伙一起豪饮。

虽然有了一群追随自己的人，相互之间可以有个照应，但是前路茫茫，又没有任何准备，刘邦心里也不知道下一步该怎么办。所幸他一向乐观，心里虽然有些担心，但是仍然谈笑风生，乘着酒意，带领大家往深山里走去。一方面是为了避免消息走漏后被官府逮到；另一方面，进入山区后，大家会比较容易找到吃的东西，存活的机会也多一些。

就这样，刘邦阴差阳错地有了自己的队伍，成为秦末无数地方起义队伍中的一员。没过多久，消息传到了沛县，刘邦从一介无名小吏变成了一个通缉犯。

刘邦他们所在的地方距离故乡不远，人们对周边的地况比较熟悉，都认为西部的芒砀山是藏身的好地方。于是，一行人簇拥着刘邦踉踉跄跄地朝芒砀山走去。一天夜里，刘邦派一个比较机灵的劳役到前面探路，以免队伍人数太多，被人发现。队伍正行进间，忽然，那个探路之人一脸惊恐地回来报告："不好了，前面有一条巨蛇盘踞在小路上，看情形，我们很难过得去，还是回头找其他出路吧！"

众人顿时议论开了，刘邦瞪着醉醺醺的眼睛大声喝道："壮士行路，有什么可怕的！"说完他又猛喝了几口酒，然后拔出佩剑奋勇向前，行不多远，借着月色，果然看到一条大白蛇盘踞在小路中央。刘邦手起剑落，将大蛇斩成几段，辟开道路，率众人大步而过。再前行数里，刘邦酒意上升，实在支撑不住，便倒头卧在道边，沉沉地睡了过去。

关于刘邦醉斩白蛇的故事，很多史籍中都有记载，刘邦本人及其后世子孙也常引以为豪。刘邦病危时曾说："吾以布衣，提三尺剑取天下。"几百年后，汉献帝曾对臣子们说："朕想高祖提三尺剑，斩蛇起义，平秦灭楚，创造基业，世统相传，四百年矣！"由此可知，刘邦及其后人都把斩蛇看成是一件极具象征意义的事情，它俨然成了刘邦从一个秦王朝的小吏化身为一名与大秦对抗的勇士象征。

刘邦剑斩白蛇后，还发生了更神奇的事情。据《史记》等史料记载：刘邦斩蛇之后率众继续前行，负责断后的人经过斩蛇之处时，看到一位老太婆在月光中哭泣。断后的人好奇地问道："老婆婆，你为什么在这里哭泣呢？"

"我的儿子被人杀了，所以我在此为他痛哭！"

"你的儿子是怎么被杀的呢？"

"我的儿子是白帝之子，今天他化为蛇的原形，横在此路上，想不到却被赤帝之子给杀了，所以我才在这里痛哭呀！"

问话的人认为老太婆胡说八道，正想拿树枝抽打她，老太婆却突然不见了。断后之人觉得此事怪异，赶忙快步追上队伍，把刚才所遇的怪事告诉大家。刘邦听了非常高兴，更加信心满满，而周围的人都据此认为刘邦不同寻常，从此更加敬畏他了。

有些史学家认为这是逃亡期间刘邦的徒众故意编造出的神话，用以宣示刘邦是天生的领袖；还有人认为这是刘邦的朋友萧何为了掩护被通缉的刘邦，帮他建立在沛县父老心目中的重要地位，故意编造出来的神话。不过，当时的刘邦是一个通缉犯，他的徒众和萧何再大胆，也不敢将"帝"字与刘邦连在一起。这种斩白蛇起义的传说应该是刘邦成功之后，为了突显自己是真命天子而制造出来的神话。因为他出身低微，为了稳定汉王朝政权，才煞费苦心为自己的形象造势。

刘邦带领着十几个壮士藏匿在芒砀山。这芒砀山不算太高，荒凉无比。刘邦等人躲在其间，时时迁移，踪迹飘忽，时时提防被人发现行踪，提防官府的追捕。后来，他们找到了一处山谷。这个山谷掩藏在大山深处，人迹罕至，深邃幽静，密林遮蔽，是一个聚众藏匿的好地方。刘邦等人便把这个山谷作为根据地潜伏下来。后世传说芒砀山中有皇藏峪，就是因此而得名。

刘邦一行在深山老林里东躲西藏，境况可想而知，山穷水尽，又缺少物产，日子过得十分艰难，大家吃了上顿没下顿，哪能熬得下去！所以，刘邦常常派人下山刺探，他自己也时不时找机会下山活动，目的是联络过去的朋友，希望他们给予帮助，顺道再弄些吃食用物。

有一次，刘邦亲自下山，潜入沛县地域，不料被官府发现了。官兵们在后面穷追不舍，刘邦在前面仓皇逃窜，眼看就要被追上了，这时，忽然从路边的树丛中闪出一个人，牵着一匹马，口里连连呼喊："快、快，快上马！"匆忙之中，刘邦也顾不得拜谢，抓过马绳，翻身上马，终于逃离险境。这就是前面提及的单父圣赠马之事。刘邦在危难关头受此大恩，感激不已，一直铭记在心。后来刘邦在沛县起事，单父圣跟着刘邦当了一名小兵卒，再后来刘邦位居九五，仍不忘其送马之功，封他为共侯，封地中牟，享2300户。

这一时期，萧何、曹参等人虽然没有与刘邦公开往来，却暗中与他联络，给他一些帮助。一些狱卒小吏更是公开为刘邦鸣冤叫屈，或为他奔走活动，甚至不惜身家性命解救他，比如任敖。任敖是沛郡人，年轻时在沛县监狱做小吏。他很讲义气，为朋友两肋插刀。刘邦受到官府的通缉后，夫人吕雉被牵连逮捕，在狱中受到虐待。任敖向来看重刘邦，得知此事后大怒，打伤了看管吕雉的小吏。

这时，刘邦过去的狐朋狗友也发挥了作用。这些人都是一些流民、侠客，是刘邦多年聚合的帮派中的基础力量。为了帮助刘邦，他们置秦朝惩治官吏的苛法于不顾，大大显示出了战国以来的侠客风度。至于刘邦的密友卢绾、樊哙等人就更不用说了。

那么，刘邦的家人又做何反应呢？刘邦的父兄认为刘邦实在是不务正业，放着好好的亭长不当，却走上了不归路，是自作孽，活该被通缉。刘邦的妻子吕雉则不这么认为，她作为一个大户人家的千金小姐，下嫁给刘邦后，辛勤劳作，哺儿育女，替刘邦支撑门庭。现在竟因为刘邦成了逃犯家属，担惊受怕，还被关进了监狱，遭侮辱，受欺凌，这对一个女人来说实在是有些残酷。但吕雉在此时显示出了她的不平凡，她既没有抱怨，也没有沮丧，在刘邦朋友们的帮助下，从监狱里逃了出来，带着儿女，一路风雨，四方漂泊，辗转寻找自己的丈夫，后来终于在芒砀山深处找到了刘邦。她和一双儿女的到来，无疑给落难的刘邦以巨大的心理安慰和支持。年轻、坚强的吕雉以她的见识和刚毅赢得了刘邦的敬重。不过，刘邦享受了一番家庭温暖后，马上就把妻儿打发走了，毕竟带着女人和孩子逃命不太方便。自此以后，吕雉经常去找刘邦，带粮带物，给了丈夫极大的理解与支持。

关于吕雉寻夫还有一段传奇故事：据说在芒砀山方圆几十里的水泽深处、乱石嶙峋的深山里，她和别人一起去找刘邦，别人漫山遍野乱寻乱撞，常常无功而返；而她从不走冤枉路，一找一个准。刘邦也感到非常奇怪，问她是怎么找到自己的。吕雉回答道："你住的地方，天上总飘浮着五彩云气，我就看准云气来找，一准儿能找到你。"刘邦听了心里非常高兴。

这"云气"正是帝王之兆。秦始皇曾经让方士给他望四方之气，方士说："东南方有天子之气。"所以秦始皇多次东巡，以验天子气。刘邦早就听说过此事，现在从妻子口中听到，他就更加确信了，认为自己将来必定要成就大业。不过他心里也有些恐惧，如果官府的人知道这"天子气"的存在，自己就小命不保了，还能成就什么大业呢？他担心事情泄露，赶紧藏到更隐秘的地方去了。

但是好景不长，吕雉凭头顶上的云气找到刘邦的事情还是传开了，一时间，沛县一带传得沸沸扬扬，人心浮动，尤其是那些豪侠青年，听说此事后都想依附刘邦，刘邦的队伍由此越来越壮大了。

五、逼上梁山

当刘邦藏匿在芒砀山当山大王的时候，各地的农民起义正闹得风生水起，很多地方豪杰揭竿而起，带领愤怒的农民杀县令，斩郡守。随着张楚政权的建立，许多起义军首领也依葫芦画瓢，相继自立为王，甚至秦王朝的地方官吏也动了造反之心，秦王朝岌岌可危。

秦二世元年（前209）秋，陈胜率大军攻克蕲县，兵锋直指沛县。面对大军压境，县令慌了神，害怕自己被造反大军斩杀，急忙召集下属商议，打算献城投降，响应陈胜，以便争取主动。萧何、曹参认为这是为刘邦脱罪的好机会，于是向县令献计道："您是秦朝廷任命的官吏，如今率领沛县子弟起兵背叛朝廷，名不正言不顺，恐怕难以号令众人。不如将潜逃在外的亡命之徒找回来，可得数百人之多。您先赦免这些人的罪行，然后再利用这支力量来威慑沛中子弟，众人就不敢不服从您了。"

对这个召集"诸亡外者"打头阵的建议，县令觉得挺有道理，心中自然想起了逃亡在外的刘邦。他认为自己平日对这位属下并不算太差，就连刘邦这次犯下弥天大罪，他也没有将这个案子呈报上级，刘邦对自己理应存些感恩之心，这次召回刘邦将对自己有利，于是便采纳了萧、曹二人的建议。这时，萧何和曹参顺势将樊哙推荐给县令，声称只有这个人才能找到刘邦。县令一一依允，遂命樊哙前往芒砀山找回刘邦。

此时刘邦在朋友们的帮助下，已聚集100多名部下，并不时打发樊哙潜回沛县打探消息。令刘邦兴奋的是，这一次樊哙竟然带回了一封县令邀请他回去入伙造反的书信。刘邦知道这肯定是萧、曹二人的谋划，心中十分高兴，当下让众人收拾行装，与樊哙一同回沛县复命。

行至中途，他们遇到萧何、曹参二人正狼狈地奔往山中。刘邦非常吃惊，忙问出了什么事。原来，县令发出召唤刘邦回沛县的书信后，很快又心生悔意；他深知刘邦的无赖本性和江湖做派，加上萧、曹二人又是刘邦的朋友，这三人长期在他手下当差，难免有得罪之处。现在天下大乱，自己召回刘邦等亡命之徒与萧、曹搅和在一起，岂不是引狼入室！他越想越怕，于是改变主意，趁刘邦还未回城之际，下令关闭城门。为了防止萧、曹二人生出事端，又打算诛杀二人。萧何、曹参听到风声，赶紧翻越城墙，逃出城外，总算捡回条命。

刘邦听了事情的原委，拿出酒来为两位好友压惊，大家边吃边商议对策。萧何劝刘邦返回山中，但刘邦只是微笑点头，吃饱喝足后示意队伍继续前进。

此前刘邦已经让樊哙先回城，与留居城中的党羽煽动城中父老策动兵变，既然县城主要官员萧何等人均已站到自己的阵营，自己便掌握绝对优势了。

萧何见刘邦经过这几年的历练，颇有大将风范，心中大为高兴，更加坚定了追随刘邦的信心。

当他们来到城门下时，只见城门紧闭，戒备森严。萧何建议刘邦亲自书写信件数十封，绑在箭上射入城内，以起到政治喊话的效果。这些书信大多由守城兵士截获，交由县令处理，但仍有数封辗转至城中父老之手，信中写道："天下之人受苦于秦国的苛政已久，现在父老虽与县令共负守城之责，但各路诸侯皆已起兵抗秦，兵锋所至，恐沛县将遭屠城之难。父老们不如响应义军，擒杀县令，选沛城子弟可为领袖者共同尊奉之，和各路诸侯站在同一阵线，这才是保家卫城之道！不然，父老与子弟们可能会同归于尽，这是很不值得的。"

这封信件的主要用意，是制造县令和沛城父老们的矛盾。果然，城中父老获此书信后，认为刘邦说得有道理，于是发动众子弟将县令杀死，然后打开城门迎接刘邦的队伍入城。

刘邦入城后，大家聚在一起开会，商议善后之事。众人都推举刘邦做县令，刘邦辞让道："如今天下大乱，群雄并起，如果置主不善，很有可能会一败涂地。我不是不愿意挑起这个担子，只是担心自己才疏学浅，不能胜任保全一城父老兄弟的重任，望诸位另外推选贤德之士担任。"

在沛县民众心目中，萧何和曹参的地位虽然高于刘邦，但他们都是文吏，对指挥作战毫无经验，万一失败，依秦律是要满门抄斩的，因此大家都全力拥护刘邦，希望由他出面领导。诸父老直言道："从小时候起，您就有很多令人惊讶的珍怪异相，注定要成为贵人。依前日卜筮的结果，卜中指示刘季为领袖最是大吉，您还是不要客气了，沛县的安危从今天起全在您的手中了。"

刘邦在数度谦让后，最终接受了众人的诚意，勇敢地承担起了领导责任。但此前刘邦最高的官位只是个小亭长，如今一举成为全县领导人，应该如何称呼他呢？萧何经过深思后，向大家表示："就改称为'沛公'吧！既可以表示是沛地的领袖，又有贵族气派，而且也颇具亲切感，对外表尊贵、个性随和的刘季来说再合适不过了。"于是，刘邦从此有了"沛公"的称号。

随后，刘邦下令在县衙设立祭坛，祷告黄帝，以象征志在恢复天下秩序，并在广场祭祀战神蚩尤。黄帝是上古时期的五帝之首，是华夏民族的始祖，同时也是刘邦的始祖；蚩尤是南方部族的首领，也是传说中的赤帝之后，勇猛善战，被后人誉为战神。中国古代每有起兵者，一般都要按旧制礼仪祭祀这两位传说中的人物。祭祀完毕，刘邦又重新整编人马，以原先的追随者为基础，重新编入沛城的子弟兵，总共有两三千人。

刘邦以萧何、曹参为主要参谋，卢绾为侍从官，夏侯婴、任敖、周勃、灌婴①为部将，又以英勇善战的樊哙为先锋。

就这样，经过一番波折，受了不少苦难，刘邦以"时势造英雄"的姿态，成了秦末起义队伍中相当特殊的一支农民军的领袖。

---

① 灌婴：东周末至西汉初睢阳（今河南商丘境内）人，汉朝开国功臣，随刘邦平秦灭楚、大破黥布，以骁勇著称，受封颍阴侯。后以车骑将军相继参加平定臧荼、韩王信、陈豨、黥布叛汉的作战。吕后死后，他与周勃等人因拥立文帝有功，官至太尉、丞相。

第三章 草莽入关灭强秦

一、艰难创业

在秦末诸多起义队伍中，刘邦手下的两三千人马，只能算是一支毫不显眼的部队。带着这支小队伍，他踏上了艰难创业的历程。

刘邦首先把目光投向了沛县北面的胡陵、方与两个县城，但是攻打并不顺利，这两个县城都是城门紧闭，拒不出战，以刘邦的这点人马根本无力攻克。

双方正僵持不下之时，刘邦听说，泗水郡郡监带领大军来讨伐丰邑，很快就要到了。刘邦慌忙撤军，带领队伍日夜兼程，抢在郡监之前赶回丰邑。他们刚关上城门，就见远方烟尘滚滚，紧接着秦军来到丰邑城下，把它围了个严严实实。

秦军兵临城下，丰邑城内气氛十分紧张。"秦"字大旗在风中猎猎作响，秦军全身铠甲，刀枪闪闪。刘邦的部下则衣衫褴褛，装备不齐，有的手里拿着种地的锄头、铁铲，有的甚至拿着木棒，而且队伍不整，毫无打仗的样子。这样的队伍怎能与训练有素的秦军开战？但此时要投降吗？讲和吗？这是刘邦最不愿意看到的事情，大丈夫既然已经举起义旗，理当拼尽全力，岂有不战而降之理？他下定决心，不成功便成仁！

其实，泗水郡郡监表面上气势汹汹，实际上底气并不足。他只是秦朝廷派来负责监察的，根本没有带兵的经验，而且他的军队人数也不多。第一天，城里没有动静，他没敢下令攻城；第二天，城里还是静寂一片，他依然不敢下达进攻的命令。秦军就这样围了两天，泗水郡郡监正犹豫不决，没想到半夜时，营帐突然起了火，火光冲天，这时，刘邦突然率兵杀出城来，犹如一股无法阻挡的洪水，从邑门奔涌而出，一时杀声四起，吼声震天。秦军睡梦中遭此变故，迷糊中都想夺路逃命，不想刘邦的人马像从地下冒出来一样，突然出现在面前，长枪短剑、锄头木棒一齐打杀过来，直杀得秦军人仰马翻，鬼哭狼嚎。泗水郡郡监仓皇之下，带着残部落荒而逃。

这一仗打得实在漂亮，刘邦的部下个个欢欣鼓舞，一片欢腾。秦二世二年（前208）十一月，刘邦命将军雍齿守卫丰邑，他亲自率兵，攻打薛城（今属山东枣庄）。

薛城东距沛县六十余里，曾是战国四公子之一孟尝君田文的封地，在"孟尝君招致天下任侠"时期，这里涌来了三教九流的人物，豪杰子弟众多，手工业相当发达。薛城与沛县之间隔着一片湖泊（今微山湖），刘邦率兵绕陆路长途跋涉来到薛城城下，派人叫阵挑战，城内的豪杰少年趁机反叛。在此驻扎的泗水郡郡守见形势不妙，慌忙率部出城逃窜，结果在县城西郊与曹参、樊哙等人相遇，两军对战，秦军惨败。曹无伤①奉命追击，到戚县（今山东微山境内）城下时手起刀落，砍杀了泗水郡郡守。刘邦大获全胜，随后准备攻打亢父（今山东济宁南），他刚率部来到方与城下，恰逢陈胜原来的部将周市②率兵前来攻打方与，争夺地盘。

原来，周市曾奉陈胜之命攻略魏地，在占领魏地大片土地后，他拥立魏国后裔公子咎为魏王，自任魏相，独揽实权。周市见刘邦势头正盛，知道方与城不可强攻，便使出反间计，派人到丰邑离间雍齿，对雍齿说："丰邑原本就是魏国的陪都，现在魏国复国，已攻克数十座城市，

---

① 曹无伤：刘邦部将，官至左司马。他是导致鸿门宴事件发生的人物之一，也因此被刘邦处死。

② 周市：秦末农民起义将领，陈胜的部下，奉命收复魏国旧地，被秦将章邯打败并杀死。

雍将军如果愿意归顺，我可以向魏王保荐，封你为侯，仍旧由你驻守丰邑；如果你不肯归顺，等魏王攻下丰邑之后，鸡犬不留。"

雍齿原本是刘邦故交、沛县豪强，在当地也算得上是有头有脸的人物。沛县父老拥立刘邦为沛公，他只是顺应民情而归于其下，可是，他一直看不惯刘邦那小人得志的样子，更无法忍受刘邦对自己颐使气指，专横跋扈，所以一直存有二心。现在听了魏国使者的一席话，他立马投降了，成为周市手下的一个守城大将。

刘邦万万没有料到雍齿会给他来这么一手。丰邑是他的故乡，更是他的根据地，这个地方怎能失去？因此，他急忙率军攻打丰邑，企图夺回这个立足之地，而这正是周市的声东击西之计。待刘邦率军离开方与，周市趁机攻下了方与、胡陵二城。此时，薛城的豪杰少年见刘邦陷入困境，也趁机将其留守部队赶出城去。

刘邦回军攻打丰邑，雍齿以逸待劳，致使刘邦屡攻不下。丰邑百姓受到雍齿的裹挟，又害怕魏国军队屠城，只得随同雍齿依附魏国，背叛了刘邦。

眼见攻打丰邑屡不得手，而盘踞在附近的周市大军又虎视眈眈，刘邦心情十分抑郁，加上长途跋涉作战，劳累困顿，他一下子病倒了。萧何、曹参等人纷纷劝他罢兵。刘邦万般无奈，只好下撤军令，然后拖着虚弱的身体退回沛县。

在沛县休息多日后，刘邦病情有所好转。他想想眼前的处境，可谓危机四伏、险象环生。好不容易建立的根据地落入叛贼之手，而且雍齿很有可能联合周市反过来攻打沛县，如此一来，沛县也不可久留了。经与属下商议，他决定去投靠景驹，顺便借兵攻打丰邑。

景驹原是楚国贵族后裔，陈胜被害后，陵县人秦嘉①为了扩大自己的影响力，在留县（今江苏沛县东南微山湖湖区内）另立景驹为假楚

---

① 秦嘉：秦末人物，在陈胜起义自立为楚王后，不服陈胜号令，自立为大司马。——编者注

王,实力虽然不强,却有个"假楚王"的名号,暂可偏安。刘邦打定主意后,命萧何留守沛县,然后亲自率领众将及数千人马出城向留县方向而去。

二、巧遇张良

古人云,塞翁失马,焉知非福。刘邦遭雍齿背叛,丢失了根据地丰邑,可谓倒霉至极,不得不去投靠景驹,没想到此行竟因祸得福,遇到一名良将,也就是刘邦终身敬重的谋士——张良。

张良,字子房,与萧何、韩信并称"兴汉三杰",历史上有"兴周八百年之姜之牙,开汉四百年之张子房"的说法,他在中国历史上是个家喻户晓的人物。

张良原是韩国贵族,姬姓,因躲避秦朝的追捕而改姓张。他的祖父曾连任韩昭侯、韩宣惠王、韩襄哀王的丞相。父亲姬平也连任韩釐王、韩悼惠王的丞相。悼惠王二十三年(前250),姬平去世。20年后,即秦王嬴政十七年(前230),秦灭韩国。当时张良尚年少,未在韩国担任官职。韩国破亡时,张良家中尚有奴仆300人,很是富有。但他一心为韩国报仇,以至于弟死不葬,变卖全部家产,寻求刺客刺杀秦王。五世相韩的贵族血统与家族荣誉,是他向强秦复仇的根本原因。

张良曾到淮阳学习典章制度,东游见过隐士仓海君。后来寻得一名大力士,造了一个120斤(相当今天60余斤)重的大铁锤,做好了刺杀秦始皇的准备。

秦始皇二十九年(前218),秦始皇东游途经阳武县博浪沙(今河南原阳东南)。张良和大力士暗中埋伏在此,当秦始皇的车队到来时,大力士猛地跳出,甩出大铁锤。但铁锤击中的是一辆随从副车,秦始皇死里逃生,惊骇莫名,龙颜震怒,"大索天下,求贼甚急",令天下大搜捕十天,捉拿刺客。张良侥幸逃脱后,隐姓埋名,躲到下邳(今江苏睢宁西北)。

张良一锤成名,震撼全国。而他在下邳避祸期间发生的一件事,又给他的身上镀了一层金。据说有一天,张良正悠闲地漫步在一座小桥上,一位身穿褐色粗布短衣的老者走到他面前,故意将鞋掉到桥下,对他说:"小子,下去把我的鞋捡上来!"张良目睹老人故意把鞋掉到桥下,又听见老人命他到桥下取鞋,感到很惊讶,本想上去揍老人一顿,但见老人年事已高,于是忍气吞声,走到桥下把鞋取了上来。谁知他把鞋取上来后,老人又命令说:"替我穿上!"张良有些恼怒,但转念间心想,既然已经把鞋取上来了,穿就穿吧,于是忍气跪在地上替老人穿鞋。老人伸出脚让张良把鞋穿好,随即含笑扬长而去。

老人的言行举止令张良大为惊讶,他注视着老人离去的背影,百思不得其解。老人走出约有一里路的光景,又转身回来对张良喊道:"你这后生还可以教诲,5天后的拂晓,到此与我相会。"张良虽感到十分奇怪,但还是跪下回答道:"是!"

5天后的拂晓,张良按时赴约前往,他到达时,老人早已站立在桥上。不容张良开口,老人面带怒容地说:"与老人家约会,而晚到达,是何道理?"说罢转身离去。他刚走几步,又转头对张良说:"5天后的早上再会。"

又过了5天,天还没亮,张良早早来到桥头,但老人又先到了。他再次生气地说:"又是晚到达,是何道理?"不待张良分辩,老人又转身离去,边走边扔下一句话:"5天后早晨再来。"

张良两次按时或提前赴约,都被老人抢先到达,他觉得这位老人可能别有用意,于是第三次干脆半夜就来到桥上。不一会儿,老人也来了,他高兴地对张良说:"小伙子,这样做才对。"说着,老人取出一本书来,告诫张良:"读这本书,日后可以做帝王的老师,10年后可以发迹。13年后你到济北(济水的北面)来见我,谷城山(今山东东阿东北)下的那块黄石就是我。"老人说完便走了,没有留下别的话。天明后，张良发现老人送给他的这本书，正是《太公兵法》①。他知道这是一部奇书，于是"常习诵读之"，有得于心。但他从此再也没有见到过那位老人。

在下邳隐匿期间，张良从一个只知道复仇的热血汉子，变成了一个行侠仗义之人。项羽的叔父项伯②曾经杀人，被官吏追捕，后来投奔张良避难。

陈胜等人举兵反秦，张良也聚集了百余名少年。景驹被立为假楚王后，张良想投奔景驹，这才有了与刘邦的相遇。他和刘邦互相通报姓名之后，两人都对对方有所耳闻，再谈及眼下的打算，竟然是去投靠同一个人。两人顿时备感亲切，于是并骑而行，边走边谈。阅人无数的张良很快发现刘邦不仅胸怀大志，而且机变灵活、从善如流，于是又试着和刘邦谈起《太公兵法》中的内容。以前张良曾和别人讨论过《太公兵法》中的精妙处世之术，可是那些人大多听不懂其中的道理，更谈不上应用。刘邦却听得津津有味，对其中的道理触类旁通，张良因此感慨道："沛公大概是天赋的奇才！"他决定跟随刘邦，不再去投奔景驹。刘邦当即任命张良为"厩将"③，将他安排在自己身边，以便随时讨教。得此良将，从此，刘邦的王霸事业将翻开崭新的一页。

三、投奔项梁

刘邦率军到达留县后，拜见了景驹及实际的掌权者秦嘉。他正想提出借兵之事，突然听说秦军大将章邯派别将司马夷率兵来犯，并已攻下

---

① 《太公兵法》：指《六韬》，最早收录于《隋书·经籍志》，据传为周初太公望著，一般认为成书于战国时期。——编者注

② 项伯：名缠，字伯，战国末期的楚国贵族。项梁起事后，立熊心为楚怀王，项伯为左尹。后随项羽一起北上，然后进入关中。曾在鸿门宴中保护刘邦。刘邦称帝后，封他为射阳侯，赐刘姓。

③ 厩将：官名，负责车马后勤方面工作的将领。——编著注

之前被起义军占领的相县（今安徽濉溪西北），兵锋直指砀郡。

眼看局势万分危急，秦嘉急令大将魏速和刘邦一起迎战司马夷。双方在萧城（今安徽北端）之西展开激战，结果刘邦、魏速战败，二人只得退守留县，砀郡落入司马夷之手。

刘邦休整了一段时间，又联合魏速再战司马夷。这次形势有了好转，起义军仅用3天就攻克了砀郡，使秦军五六千人投降。曹参、樊哙、周勃等人在此战中都立下了战功。樊哙一人斩首十五级；曹参率兵连下狐父（今河南永城芒砀山北）、善置、下邑（今安徽砀山）和虞城；在攻打下邑时，周勃第一个登上城墙。此战使刘邦的部队得到了很好的锻炼，丰富了作战经验，也建立了威望。刘邦见部队实力大增，决定向雍齿报一箭之仇。

秦二世二年（前208）三月，刘邦下令再次攻打丰邑。丰邑百姓全力支持雍齿固守城池，任凭刘邦军攻打，丰邑城始终岿然不动。刘邦无奈，只得屯兵于丰邑城下，另想他法。

就在刘邦率部攻打丰邑的时候，周遭形势又发生了变化。陈胜失败被杀，赵王武臣被部下李良杀死。张耳、陈馀收拾残兵败卒，集结数万人攻打李良。李良战败，投降了章邯。张耳、陈馀到第二年正月拥立赵国后裔赵歇为赵王。

这个时候，只有项梁的队伍自会稽（今浙江绍兴境内）起兵后迅速发展，短短两个月时间，江东大片土地都被项梁占有。陈胜死后，屯兵会稽的广陵人召平假托陈王的命令，封项梁为上柱国，让他引兵西向攻秦。于是，项梁与项羽率领8000子弟渡江西进。渡江后，项梁自知力量有限，听说陈婴①已占据东阳，就想联合陈婴，共同对抗东进的秦军。

陈婴原本是东阳县狱吏，因为比较关心百姓疾苦，所以在县里很有

---

① 陈婴：秦末东海郡东阳县人，初任县令史，为人诚实而谨慎。先率众投奔项梁，共立熊心为楚怀王，担任上柱国；后又投靠刘邦，获封堂邑侯。

威信。东阳的年轻人杀了东阳县令，聚集了数千人，但推选不出领导人。他们觉得陈婴很有威信，就想让他来当起义首领。陈婴表示自己没有领导大家的才能，请他们另找高人。但大家不管陈婴同不同意，强推他为起义军的领袖，这支起义军很快就发展到了20000余人。

陈婴听说项梁率义军渡过长江，对部下说："项家世世代代为楚国的大将，很有名望。要想取得反秦的胜利，只有让项梁来领导我们。"陈婴的部下接受了他的意见，这支起义军随即归顺项梁。项梁和陈婴合军后，接着又渡过淮河。正在淮河流域反秦的由黥布①、蒲将军率领的一支起义军，也加入到项梁的军队中，项梁的部队很快就扩充到六七万人，占领下邳作为据点。

黥布是六县（今安徽六安）人，从小生活贫苦，青年时犯秦法而受黥刑，后来被派到骊山修陵墓。他联络一批在骊山修墓而不满秦王朝压迫的人，逃出来聚集在淮河一带进行反秦活动。陈胜被叛徒杀害后，其部将吕臣组织剩余力量，与北上抗秦的黥布军联合起来，反抗秦军，重新占领了陈县。黥布听说项梁与陈婴的义军联合了起来，声势浩大，就与蒲将军②主动率军投靠了项梁。

项梁大军集聚下邳，准备向秦军发起攻势。占据彭城的秦嘉感到项梁对自己是个威胁，于是积极备战，企图趁其立足未稳之际除掉这个隐患。

同为反秦义军，项梁见秦嘉不攻秦，反倒把算盘打到自己头上，不禁大怒，他慷慨激昂地对将士们说："陈王首起义兵，战事失利，生死尚未知晓。如今秦嘉背叛陈王，竟敢擅立景驹为楚王！此等大逆不道之徒，诸君与我共诛之！"说完下令进攻。两军交战，秦嘉大败，率领残兵一直败退到胡陵。

项梁大军追到胡陵，秦嘉回军再战，当场阵亡，其麾下兵士全部投

---

① 黥布：秦末汉初名将。本名英布，因受秦律被黥，又称黥布。初属项梁，之后成为项羽部将，封九江王，后来叛楚归汉，封淮南王，与韩信、彭越并称汉初三大名将，因起兵反汉而被杀。

② 蒲将军：名字不详，生卒年不详，秦末起义军将领。秦二世元年与黥布同投项羽，与秦将章邯作战中屡立战功。后来与项羽、黥布一起坑杀秦降卒20万，留下千古骂名。

降了项梁；假楚王景驹逃到旧魏国国都大梁附近时，也被人杀死。项梁军声威益壮，于是进驻胡陵。这时，秦朝大将章邯趁义军内讧之际，亲率大军星夜奔袭而来。项梁命偏将朱鸡石、余樊君二人领兵抗敌。两军大战于栗县（今河南夏邑），起义军不敌秦军，余樊君阵亡，朱鸡石败归胡陵。项梁怒杀朱鸡石以正军纪，而后自引大军东向攻占薛县（今山东滕州境内）。

此时刘邦正率军围困丰邑，久攻难下，忽闻项梁杀掉秦嘉，兵进薛县，便与诸将商议对策。张良等人认为，当前的斗争形势是，景驹、秦嘉这座靠山已倒，沛公前有丰邑不拔之困，后有章邯进逼之忧，项梁实力强大，应趁其初来之际主动拜访，以示归附，并向其借兵攻打丰邑。刘邦认为有道理，于是让张良继续围城，自己率数百名随从到薛县拜见项梁。项梁之前也听说过刘邦的大名，今见他主动来投，心中欢喜，当下慷慨地借给刘邦5000人马，助其攻打丰邑。

借得兵马后，刘邦军士气大振，昼夜攻城，3天后，丰邑城被攻下，雍齿带着亲信徒属逃往魏地。刘邦入城之后训诫城中父老乡亲，犒劳将士，然后将所借兵马送回薛县，并且向项梁报捷。

丰邑北面是齐国，西面是魏国，南面是楚国，距离三国的国都都很近，是一个战略要地。刘邦军队里的很多将士都是这一带的人，起兵后，他们长时间转战于丰、沛一带，丰邑就是他们的根据地，一天不收回，沛县则一天不得安宁。所以，攻占丰邑，对于刘邦军队的发展具有重大意义；而刘邦本人，也终于出了一口恶气，报了雍齿背叛之仇。

四、初识项羽

刘邦向项梁借兵收回根据地丰邑后，从此开始了与项梁、项羽叔侄共同战斗的岁月。

项羽是泗水郡下相（今江苏宿迁）人，名籍，字羽，是项梁的侄子，项燕的孙子，出生于秦王嬴政十五年（前232）。据史料记载，项羽是一个奇人。身高八尺有余，力能扛鼎，气可拔山，每只眼睛生有两个瞳仁，即所谓"重瞳"，和传说中的舜帝一样。

项氏世代为楚将，封地于项（今河南沈丘），以封地为姓。项羽的父亲随项燕在抗秦战争中阵亡，项羽自幼跟随叔父项梁生活。小时候，叔父让他去读书，他读不进去；又让他去学剑，他也不好好学。项羽认为："读书，只要能认识自己的姓名就行了，学多了没用；剑学好了，只能和一个敌人对战。这些本事都不值得花太多时间去学，只有那种能敌万人的本领才值得学。"项梁觉得侄子的想法很奇怪，但也有道理，于是就教他学习能敌万人的兵法，但项羽也只是学了个大概，不肯深究兵法的精髓。

项羽长大后，有一次叔侄犯了案，被关进栎阳（今陕西临潼东北）的大牢，家人托蕲县的狱掾曹咎施救。曹咎写信给栎阳大牢的狱掾司马欣，请他帮忙。司马欣设法将项梁叔侄营救出狱。不久，项梁因杀人再次犯案，无法在家乡立足，只得带着项羽一同逃到吴中（今江苏苏州），隐名埋姓居住下来。数年后，项梁不仅在吴中立住了脚，而且贤名远播，吴中每有大事，人们都托请他主办。胸怀大志的项梁便趁此机会实践兵法理论，掌握众人的才略情况。

秦始皇晚年东巡郡县，过浙江，游会稽，来到吴中，项梁叔侄混杂在人群中看热闹。当圣驾从眼前经过时，旌旗招展，仪仗连绵，人们无不惊叹。年轻的项羽却不屑地说："彼可取而代也！"一旁的项梁赶紧用手掩住项羽的嘴巴，制止道："不要胡说，这是灭族的大罪！"不过，项梁从此以后对项羽刮目相看，认为侄子是个当世罕有的奇才。

秦二世元年（前209）七月，陈胜首倡起义，天下大乱，这时项羽已经成年，身材高大，力能扛鼎，吴中少年个个都惧怕他。项梁见侄儿如此英武，甚是欣慰，于是私造兵器，暗结党羽，准备伺机起事。

同年九月，陈胜派大将邓宗率军南下，一路势如破竹，直达九江。会稽郡守殷通与项梁一向关系友善，见天下大乱，忙将项梁请到郡衙，共商应对之策。殷通说："如今江西（指长江以北地区）都反了，这是上天要亡秦啊！俗话说，先发制人，后发则为人所制。我想兴兵反秦，令你与桓楚为将，你认为怎样？"

桓楚也是吴中奇士，因犯案正在亡命奔逃之中。项梁素有反秦复楚之志，认为此乃天赐良机，但他又不甘屈居殷通之下，于是心生一计，对殷通说："桓楚此时正在逃命，只有小侄项羽知道他的下落，待我向小侄打听一下他的情况再说。"

殷通应允，项梁回去见到项羽，对他叮嘱一番后，又返回郡衙面见殷通，说："项羽正在门外等候，请您召见小侄，让他当面受命，以召桓楚前来商议大事。"殷通不疑有他，忙召项羽入堂。项梁寻了个机会，朝项羽使以眼色，下令道："动手吧！"项羽闻声上前，手起剑落，斩下了殷通的首级。

项梁见事已成，遂取来郡守的印绶佩戴在身上，并将殷通的首级提在手中。殷通手下的官兵见状，不由大惊失色，持兵器将项梁叔侄团团围住。项羽大喝一声，挥剑迎击，转眼间就斩杀数十人。众人见项羽如此神勇，都吓得丢掉兵器，乖乖投降。

慑服众人后，项梁召集郡府中熟悉的官吏议事，并向大家声明：杀死郡守只是为了起兵反秦，和众人没有关系。会稽官吏们明哲保身，一致表示愿意听从号令，项梁于是调集吴中兵马，攻占郡内所属各县，共得精兵8000人。

就这样，项梁叔侄带着江东8000子弟不断攻城略地，队伍很快发展壮大起来。

且说项梁击败秦嘉，据守薛城后，听说陈胜已亡，便召集各路起义军首领会集薛城，共同分析形势，协调力量，商量反秦的各项事宜。刘邦也参加了这次会议，并结识了项羽，此时的项羽更是声名大噪，因为他刚刚屠戮了秦军重镇襄城。原来，项梁在派朱鸡石、余樊君二人抵抗章邯的同时，还派项羽率另一支军队进攻襄城，从侧翼牵制秦军主力。由于襄城守军坚守不降，项羽久久未能攻下。当他最后将襄城攻陷时，为了报复，就将守军全部活埋了。自此以后，项羽生性残暴的恶名便传扬开来。

项梁见众首领聚齐，开门见山地说："陈王确实已亡，国不可一日无君，诸位以为何人可立为楚王？"众人听了议论纷纷，一些谄媚之人趁机称项梁为名将之后，文韬武略，当为楚王。项梁只是笑了笑，不置可否。座中有位名叫范增①的老者，年逾七十，为人多谋善断，富有奇计，不久前刚投到项梁麾下，担任重要谋士。他对项梁说："陈王失败理所当然，原因是秦灭六国，楚国最是无辜，自从楚怀王入秦被扣押，死在秦国以后，楚人至今仍在怀念他，楚国的南公因此还曾说过'楚虽三户，亡秦必楚'的话。陈胜首倡起义，不扶立楚王后代，却自立为王，当然不会长久。今将军起兵于江东，楚地蜂拥而起的将领都争相归附您，是因为您家世代为楚国将领，大家都认为您能重新扶立楚王后代的缘故啊！"

项梁虽然很想自立为楚王，但不得不赞同范增的观点，当即下令寻找楚国王室后裔。楚怀王有个孙子名叫熊心，流落在民间替人放牧。几经周折，熊心被项梁所派之人找到。秦二世二年（前208）六月，项梁扶立熊心为楚王，仍号楚怀王，以此唤起民众对故国的感情，都盱眙；同时任命陈婴为上柱国，赐封五县；项梁自号为武信君，执掌实权。

拥立楚怀王，表明起义军由分散又趋向集中，并汇成一股大的洪流，农民起义战争又由低谷进入了一个新的高潮。

薛城会议之后，项梁军经过一番休整后北上，攻打亢父。他刚要开打，天却下起了连绵大雨，几个昼夜不停歇，军队只得暂停攻势。双方相持之中，传来了一连串的坏消息：秦军大将章邯降魏破齐，魏王魏咎②投降自焚，齐王田儋③阵亡。现在章邯正率军将齐军围在东阿，齐、

---

① 范增（前277—前204）：居鄛人（今安徽桐城南）。秦末农民战争中为项羽主要谋士，被项羽尊为"亚父"。后来刘邦采用陈平之计离间他和项羽的关系，范增只能辞官归故里，病死途中。

② 魏咎：战国时期魏国公子，魏豹之兄。魏国灭亡后，被流放废为庶民。陈胜起义称王后，派周市夺取魏国故地，拥立魏咎为魏王。

③ 田儋：战国时期齐国王族，齐国灭亡后移居狄县（今山东高青东南），在当地势力雄厚，家族强盛，颇得人心。陈胜、吴广起义后，田儋也举兵起义，自立为齐王，攻取平定齐国故地。

魏岌岌可危。唇亡齿寒，魏齐如果覆灭，楚国也难以维系。项梁马上下令全军北上救援东阿被围的齐军。

兵临东阿城下，项梁军全然不顾疾行200余里的疲劳，与章邯军展开了激战。章邯军一路凯歌，势头正盛；楚军则是国恨家仇，积怨在胸，而且这是项羽首次与章邯相遇，正如下山猛虎，势不可当。两军在大雨、泥泞中展开了惨烈的肉搏战。战场上，武器的激烈撞击声、人的哀号声、马的嘶鸣声混成一片，血水、汗水、雨水、泥水流在一起。楚人个个不畏生死，专往中间处拼杀，无人能挡。英气逼人的项羽冲在最前面，如一头猛虎杀得秦军连连后退。最后秦军不敌，败下阵来。章邯仓皇间率领溃败的军队向西逃去。

东阿之战，刘邦只是一个普通的参与者，他目睹了项氏叔侄的英明神勇，心中暗暗叫绝，也就愈发卖力地作战，以期立下战功，赢得他人的关注。

大军继续北进之际，项梁派项羽、刘邦率军向南进攻城阳（今山东菏泽北），这是刘邦与项羽首次合作，二人配合得很好。由于城阳守军顽强抵抗，破城后，项羽屠杀城中百姓，全城浸在一片火海、血河之中。

血洗城阳后，项、刘大军继续西进，在濮阳城东，项、刘大军与秦军展开了激烈的战斗。秦军不敌楚军的猛烈攻势，丢盔弃甲，大败而逃，逃进濮阳城内紧闭城门，拒不出战。章邯一面集结部队，坚守不战；一面派人环城墙外挖沟渠，决河引水，以阻挠楚军进攻。项羽、刘邦见状，又引兵向东南方面进军，去攻打定陶。定陶地处要冲，历来是兵家必争之地。但是，定陶城池坚固，粮草充足，守城的秦军兵多将广，而且城中守军、百姓害怕项羽残暴屠城，所以拼死抵抗。项刘联军发动了多次攻势，都未能攻下定陶。项羽和刘邦商议后，决定先避开秦军的精锐主力，放弃定陶，转而进攻雍丘（今河南杞县）。

雍丘在定陶的西南方，守将是秦朝宰相李斯的儿子李由。此时秦朝廷正由赵高专权，他担心大臣奏事时向秦二世揭发他的罪行，便花言巧语哄骗秦二世深居内宫。李斯对此很是不满，赵高决定釜底抽薪，设置陷阱，除掉李斯。他故意在秦二世玩得高兴的时候让李斯去求见，以此激怒秦二世，然后在秦二世面前诬陷李斯图谋不轨，说故楚国地界上的盗贼比如陈胜之流，都是宰相邻县之人，双方有浓厚的乡情。他还诬陷李斯的长子李由身为三川郡①郡守，盗贼经过三川却不攻击，而且与盗贼之间书信往来频繁。秦二世听了非常震怒，马上派使者到三川郡调查。恰巧这时李斯联合大臣上奏，请求暂停阿房宫工程，削减边防军轮换次数，以挽救秦王朝颓败的局势。秦二世深信赵高之言，竟下令逮捕李斯。赵高声称李斯、李由父子叛乱，逮捕了其亲属、朋友和宾客。在赵高的严刑拷打下，李斯忍受不了，只得认罪。项羽、刘邦率军攻打雍丘的时候，李斯正在狱中遭受折磨。在项、刘大军的强大攻势下，李由战死，秦王朝部署在洛阳周围最强大的一支劲旅就此败亡。秦二世派出的钦差大臣到达雍丘，查明李由并没有谋反时，李由已经战死沙场。但李斯的冤情并未昭雪，赵高向秦二世报告：李由谋反证据确凿，于是李斯被判五刑，夷三族，一代名相就这样冤死了。

和项羽的这几次合作，让刘邦见识到了项羽的狂傲与不可一世，更认识到了他的残暴。但是，刘邦势单力薄，又没有根基，必须投靠项羽，不仅要做他最得力的助手，还要表现得相当亲近友好。在做人上，刘邦比项羽高明多了，在羽翼未丰之时，他深藏起自己的锋芒，夹起尾巴，甘居人下，只等时机成熟，便一鸣惊人。

五、怀王之约

近两三个月来，以项梁为首的起义军主力，勇猛顽强，连续作战，取得多次大捷，狠狠打击了章邯的嚣张气焰，使起义军备受鼓舞，进一

---

① 三川郡：秦朝的郡级行政区。最早是战国韩宣王置，以境内有河、雒、伊三川而得名。秦庄襄王时复置，郡治在洛阳（今洛阳汉魏故城），一说位于荥阳。辖境相当今河南黄河以南，灵宝以东的伊、洛流域和北汝河上游地区，汉朝初期改为河南郡。

步坚定了战胜秦军的信心。然而，这一连串的胜利也使项梁滋生了骄傲轻敌的情绪，放松了对秦军的戒备。

项梁先是挥师濮阳，章邯退入濮阳城内坚守不出，项梁见濮阳城池坚固，急切之间难以攻下，遂移师西北，去攻打刘邦和项羽久攻不下的定陶，最终在定陶城下大败秦军，占领了定陶。项梁见秦军不堪一击，便滋生了轻敌之意，不再把退守濮阳的章邯放在眼里，开始寻欢作乐了。

项梁军中有个谋士叫宋义①，曾做过故楚国令尹，他见项梁面有骄色，劝谏道："我听说打了胜仗之后，将领骄傲，士兵怠惰，一定会遭遇失败！如今我军士兵已有些怠惰，而秦兵却在增加，我很替将军担忧啊！"但项梁不仅听不进这些忠言，反而觉得宋义在耳边聒噪很讨厌，于是找个理由派他出使齐国去了。

宋义在前往齐国的路上遇到了齐国过来的使者高陵君。宋义问道："您是去见武信君项梁吗？"高陵君点头称是。宋义说："我认为武信君必遭败亡，您如果缓缓而行或许可免一死，快去则难逃灾祸。"高陵君连连称谢。

后来事情果然如宋义所料，秦军借项梁军休整之机，悄悄从关中送来大批士卒，增强了章邯的战斗力。九月，章邯在经过较为充分的准备之后，在一个漆黑的夜晚冒雨突袭定陶，项梁猝不及防，被杀身亡，起义军遭受了巨大损失。可惜一代名将就这样败在了一个"骄"字上。

在此之前，刘邦、项羽正率军猛攻外黄（今河南商丘境内），由于秦军顽强死守，他们激战月余均未能攻克。正当他们转攻陈留（今河南开封东南）时，突然听到了项梁兵败身死的噩耗。刘邦、项羽判断军事形势有变，决定停止对陈留的进攻，与吕臣等率军迅速向彭城退却，收

---

① 宋义：原为楚国令尹，秦末楚国复辟后，成为楚怀王熊心的大将军。章邯攻赵时，宋义奉楚怀王之命统兵解救，却畏战不前，结果项羽发动兵变，将其斩杀。

缩战线，调整部署。吕臣率军驻彭城东，项羽率军驻彭城西，刘邦率军驻砀邑，互为犄角，互相策应，做好还击秦军的充分准备。

不过，章邯并没有乘胜进攻，他和项梁一样，也滋生了轻敌情绪，认为楚军丧失主帅，群龙无首，而楚怀王熊心不过是个徒有虚名的傀儡，根本构不成威胁。于是，他移师北上，大举扫荡赵地，张耳、陈馀慌忙带着赵王逃往巨鹿县（今河北平乡）固守。章邯派秦将王离①、涉间②率军包围了巨鹿，自己则带兵驻扎在巨鹿城南面的棘原。赵王歇被围后，屡屡派人向楚怀王求救。

其实，楚怀王熊心并不像章邯想象的那样无能，他虽然在民间长大，却很有政治头脑。他得知楚军败于定陶、项梁战死的消息后，立即下令将国都从盱眙迁到彭城，并对楚军的指挥权进行了调整。他任命吕臣为司徒，吕臣之父吕青为令尹；任命刘邦为砀郡长，封武安侯，统领本部兵马及砀邑地区的所有军队；封项羽为长安侯，又加封为鲁公；将项羽、吕臣二人的部队划为自己的直属部队，任命宋义为上将军，作为这支部队的统帅，项羽为次将，范增为末将。

赵国屡次求救，楚怀王遂命宋义率军前往巨鹿救赵，并赐宋义号"卿子冠军"；同时还命令刘邦率军向西进发，攻城略地，打击暴秦。但此时的秦军依然非常强大，气焰嚣张；而楚军自项梁死后，军力大减，士气低落，常被秦军打得狼狈逃窜，将士们一提起秦军就心惊胆战。如今楚军的精锐主力北上救赵，派出刘邦这支弱小的游击部队西进抗秦，无异于以卵击石，自投虎口。

楚怀王之所以做出这个决定，是征询了众将对时局和战事的看法的。当时抗秦是起义军的主要任务。项梁西向进攻，所向披靡，造成了巨大的威力和影响。楚怀王认为赵国要救，攻秦这个目标更不能丢。而

---

① 王离：秦朝名将王翦之孙、王贲之子，秦朝后期著名将领。受封武城侯，继其父任上将军，率兵戍边。秦末农民起义爆发后，与章邯一起统率秦兵与起义军作战。巨鹿之战被项羽击败，被俘，正史记载去向不明，野史多传为项羽所杀。

② 涉间：秦末将军，英勇善战，早年跟随蒙恬、王离北御匈奴。

这也是他将楚国政权掌握在自己手中,摆脱"傀儡国君"这一羞耻称号的好机会。

鉴于秦强楚弱的形势,楚怀王遍召众将商议攻秦对策,但大家都犹豫不决,谁也不愿羊入虎口,有去无回。于是,楚怀王断然许诺:"先入定关中者为王!"

这个许诺的诱惑力实在是太大了,议事厅里顿时一片静寂。过了一会儿,刘邦站了出来:"末将愿往!"一言既出,满座皆惊。这时又有一个粗犷的声音响起:"我也愿往!"众人回首望去,原来是项羽。

项羽此时怀抱着对秦王朝的刻骨仇恨,原来就有家国之恨,现在叔父项梁又被章邯杀害,他更是满腔激愤,决心复仇。那么,刘邦为何会同意去以弱攻强,以卵击石呢?这主要是因为楚怀王扔出的诱饵实在太诱人了。"关中王"——多么响亮的头衔,何等的尊贵、何等的诱惑啊!当年他发出"大丈夫当如此也"的感叹时,或许也不敢奢望"关中王"这个称号。

楚怀王见有两位将军愿意出战,沉吟良久,但没有给出答复。他遣散众人后,留下宋义等老臣进行商议:"众爱卿,项羽、刘季都要求出战,你们看该派哪位好呢?"

老将们纷纷发表意见:"项羽不行,剽悍骄横,绝不可委以此等重任!"

"项羽性情过于凶残!当初攻克襄城,大发淫威,将襄城男女老幼悉数坑杀;攻打城阳又将全城百姓任情屠戮,几乎斩尽杀绝。其所过之处,无不残灭,这样残暴,怎能将如此重任交给他呢?"

"楚国数次轻率西进,像陈胜、项梁这般声势浩大,都以失败告终,实在应该认真吸取教训,断不能单纯依靠武力去冒险了!"

"秦地父老百姓,被秦王朝的残酷统治欺压得太久了,我们不如派一位义师长者,以仁义为号召,向西进发,沿途约束军纪,不去侵犯百姓的财产、自由,并随时告谕秦地父老。非到万不得已不加诛戮。这样,相信秦地一定能够箪食相迎,望风而降。"

楚怀王问："谁才是这样的人呢？"

有人立即回答："沛公就是这样一位忠厚长者，定能当此重任。"

楚怀王闻言大喜，这正是他想要的答案，于是拒绝了项羽的请求，派他率大军北去救赵，转而派刘邦向西夺取土地。

这是刘邦人生中又一个重大转折，西征重任使他的实力和知名度得到了迅速提升，并很快赢得了民心。项羽是一个快意恩仇的人，他见北伐能够与击杀项梁的章邯大军直接对决，也就不再多言，服从楚怀王的安排，随宋义北上救赵去了。但他通过这件事也深深感受到了楚怀王的排斥，因此很快就用手段杀死宋义，夺回了兵权。

六、项羽北伐

秦二世二年（前208）十月，楚国上将军宋义率领大军北上救赵。

宋义在作为项梁的谋士时，还能保持头脑清醒，预料项梁会因滋生骄傲而失败。而今他身受楚怀王厚爱，也是志得意满，早已失去了破敌立功的进取之心。他率领大军像游览观光一样走走停停，当大军行至安阳（今山东曹县东南）时，又索性下令军队就地驻扎下来。

楚军在安阳一停就是46天，不仅将士们急了，次将项羽更是急得如热锅上的蚂蚁，他找到宋义进言道："我听说秦军现在正将赵王围困于巨鹿城内，如果我军迅速渡过漳河，从外围进攻秦军，赵军在城内响应，内外夹击，一定能击败秦军。"宋义不但不接受项羽的建议，反而向项羽讲了一番大道理："牛虻不是用来捕咬虱子的。眼下秦军攻赵，我军以逸待劳，坐观两虎相斗。如果秦军胜了，我军可乘秦军疲惫之机将其消灭；如果秦军败了，我军则挥师西进，一举灭秦。"末了，他还意味深长地说："披坚执锐，冲锋陷阵，我不如项将军；而运筹帷幄，决胜千里，项将军则不如我了。"此外，宋义还送自己儿子宋襄赴齐国任相国。

表面上看，宋义的话倒有几分道理，但是如果按照他的策略办事，必将给起义军带来难以估量的损失。因为当时在巨鹿激烈对战的双方，秦军是敌人，赵军是盟友，二者与楚军都有着至关重要的关系。秦军一旦破赵，必然会乘胜而攻楚，使楚军陷入十分不利的被动局面。因此，项羽听了气得七窍生烟，愤然而去。

宋义猜测项羽不会服从自己的命令，于是又传下一道命令："猛如虎，狠如羊，贪如狼，倔强而不听从命令者，一律斩首。"项羽一听就知道这道军令是针对自己而发的，气得真想一剑割下宋义的脑袋。

就在项羽苦寻宋义的过错，想要取而代之时，宋义及时给他送来了一个机会。当时，宋义的儿子宋襄前往齐国述职，途经楚军驻地，宋义竟然置军务于不顾，亲自送儿子到无盐（今山东东平东南），并大摆酒宴给儿子饯行。时值冬天雨季，士兵们在风雨中挨饿受冻，叫苦连天。项羽见机会来了，便私下对一些将领说："眼下本是楚军主力攻秦的大好时机，部队却久驻不前。如今岁饥年荒，百姓贫困，军中已无余粮，将士们空着肚皮，而主帅却为其子大摆酒宴！不率军渡河食用赵地的粮食，与赵军合力破秦，却说什么'以逸待劳'，主帅也不想想，强大的秦军去攻打新建立的赵国，势必就是要拿下赵国的。一旦拿下赵国，秦军军力大增，哪里还有什么机会可供我军利用？况且楚军新近刚被秦军战败过，楚怀王食不甘味，坐不安席，将倾国之兵交由宋将军指挥，国家的安危在此一举。如今他不体恤将士，反而以权谋私，哪里还配做国家的栋梁之臣！"诸将闻言群情激愤，纷纷表示："唯将军之命是从！"

项羽见自己的观点得到了诸将领的赞同，心里也有了底。第二天清晨，项羽借晨朝宋义的机会，猛然将他刺死于军帐之中，然后提着宋义的人头走出大帐，号令众将士说："宋义与齐国密谋反叛楚国，楚王已密令我将其诛杀，首级在此。"楚军将士见状无不心生畏惧，异口同声道："第一个拥立楚王的是项将家族，而今将军所杀的是乱臣贼子，宋义理当伏诛！"于是，众将一致拥戴项羽为代理上将军。仪式举办完毕，有人主动请缨去追杀宋襄。与此同时，项羽派老将桓楚回彭城汇报。楚怀王眼见项羽军权在握，木已成舟，为避免与项氏再添新仇，只得诏令项羽为上将军，黥布、蒲将军等部属都归项羽统领。

项羽素有"战神"之称，不仅自己在战场上勇猛无敌，而且学过兵法，懂得战术技巧，善于鼓舞士气。在他的领导下，楚军士气大振。

楚军抵达巨鹿近郊后，秦军攻城正急。项羽先令黥布、蒲将军率领两万人马渡过漳河，对秦军进行试探性攻击，以摸清秦军的底细。两军交战后，楚军获胜，项羽从中估量出围困巨鹿的秦军实力。

这时，赵国大将军陈馀再次派人前来请求项羽出兵，于是，项羽下令楚军全部渡过漳河。过河之后，项羽又命令部下凿沉所有船只，砸烂锅甑，焚毁营帐，每位将士只携带3天的干粮。这样做意在昭示全军将士，此番决战楚军已无退路，唯有与秦军殊死搏斗取得胜利，才有生还的希望。这就是成语"破釜沉舟"典故的由来。由此可见，项羽的确是一位优秀的帅才，很懂得利用将士们的心理。

巨鹿之战正式打响，项羽、黥布、司马龙且①、蒲将军等猛将率领楚军如猛虎下山般冲进秦军阵营。正如项羽所预想的那样：楚军将士因为没有了退路，个个奋勇杀敌，气势如虹，斗志高昂，先是断绝了秦军输运粮草的通道，接着又与秦军恶战九场。楚军取得了完胜，杀死了秦"长城军"统帅苏角②，活捉了王离；秦将涉间不愿降楚，投火自焚而死。

项羽以五六万楚军彻底消灭了围城的秦朝30万"长城军"，此战成为中国军事史上以少胜多、以弱胜强的经典战役，是一个军事奇迹。在《史记·项羽本纪》中，司马迁以传神之笔对这场永载史册的战役进行了描写：

于是至则围王离，与秦军遇，九战，绝其甬道，大破之，杀苏角，虏王离。涉间不降楚，自烧杀。当是时，楚兵冠诸侯。诸侯军救巨鹿下

---

① 司马龙且：秦末楚汉时期西楚名将。自幼和项羽一起长大，情若兄弟。项羽手下第一猛将，与季布、钟离昧、黥布、虞子期为楚军五大将领，官拜西楚大司马。

② 苏角：原为秦将蒙恬部将，后跟随章邯镇压各地起义，后与项羽战于巨鹿被杀。

者十余壁，莫敢纵兵。及楚击秦，诸将皆从壁上观。楚战士无不以一当十，楚兵呼声动天，诸侯军无不人人惴恐。于是已破秦军，项羽召见诸侯将，入辕门，无不膝行而前，莫敢仰视。项羽由是始为诸侯上将军，诸侯皆属焉。

巨鹿大捷充分展示了项羽这位不足30岁的统帅杰出的军事才能和高超的指挥艺术，以及他不畏强敌、敢于斗争的英雄气概。

与此同时，秦王朝统治集团内部的分裂进一步加深了。秦军在巨鹿战败的消息传到咸阳后，秦二世立即派使者责问章邯，把失败的责任全部推到他身上。章邯心中恐惧，派长史司马欣赶回国都咸阳，意欲向秦二世和赵高申述巨鹿之战的情况，并借机打探一下朝廷的态度。

司马欣回到咸阳后，在司马门外逗留了3天，权臣赵高始终不予召见。此时李斯已经被杀，秦二世彻底成了赵高的傀儡皇帝。赵高不予召见，证明朝廷已经不再信任章邯。司马欣意识到情况不妙，慌忙逃回自己军中。为防不测，他不敢从原路返回，而是改走偏僻的小路。果然不出他所料，赵高真的后悔了，派人追杀他。因为改了道，司马欣才捡回一条性命。

司马欣回到巨鹿军中，将咸阳之行的情况向章邯进行了汇报，然后与章邯讨论当前的形势，他说："宦官赵高把控朝廷，其他人不可能有所作为。如今就算侥幸能够作战获胜，赵高也定然会忌妒我们的功劳；如果不能获胜，更是死罪难逃。希望将军慎重考虑眼下的处境！"

章邯闻言沉默不语。这时，赵国大将军陈馀派人送来一封书信，信中说：

过去秦国大将白起，南征楚国国都鄢郢，北坑赵国马服君赵括40万降卒，所略城池数不胜数，最终却被赐死；蒙恬身为秦国大将，北逐匈奴，在榆中辟地数千里，最后被斩于阳周（今陕西子长以北）。这都是因为他们的功劳太大，秦朝廷无法封赏，所以找个借口将他们杀了。

如今将军做秦国大将已近3年，损失的士卒10万有余。况且各路诸侯风起云涌，而赵高靠谄媚奉承已经有很长时间了，现在情况特殊，他害怕被秦二世诛杀，所以很可能会设法以诛杀您来搪塞责任，然后派人替代您，以躲过他自己的灾祸。将军久居军中，朝廷内部矛盾重重，有功无功都可能难逃一死。再说了，上天将要灭亡秦国，这是人人皆知的事情。现在将军于内不能直谏皇帝，于外是败军之将，孤独一人还想长存于世，真是可悲可叹！将军不如倒戈相向，联合诸侯伐秦，共分秦地而南面称王，这样总比身死族灭好吧？

陈馀所言句句刺中章邯心窝，他联想到司马欣所汇报的咸阳之行的情况，效忠秦王朝的信念开始动摇。可是对于倒戈伐秦一事，章邯同样顾虑重重。因为他手上沾染了太多农民起义军的鲜血，而且当前各路反秦诸侯总指挥项羽的叔父项梁就死在自己手上，项羽岂会善罢甘休？可是，不降又能怎样呢？仔细权衡之后，章邯决定先尝试着与项羽接触一下，他派属下侯始成①前往楚军大营求见项羽。果然，项羽因为杀叔之仇，将侯始成痛骂一顿后赶出了大营。

赶走章邯的使者后，项羽命令蒲将军率兵渡过三户津（今河北临漳漳河上的一个渡口），屯兵于漳河之南。两军交战，秦军再败。与此同时，项羽亲自率军从漳水附近攻击秦军，再度大破秦军。

战不能胜，退无可退，降又不得降，章邯陷入了叫天不应、入地无门的境地。这时，秦军都尉董翳进言道："长史司马欣曾对项氏叔侄有救命之恩，如果派他去楚营求降，定能成功。"

章邯采纳董翳的建议，派长史司马欣出使楚营。项羽见到救命恩人，果然与之前不同，马上召集部下开会商议。众将认为应该接受秦军投降。因为当前秦军虽然屡遭惨败，但剩余军队仍有20万之众，战斗力不容小觑；楚军虽然连连取胜，但也面临粮草短缺、士卒疲乏的困

---

① 侯始成：本名始成，秦朝将领章邯的军侯。

境。项羽深思之后，认为众将所言有理，便与司马欣约定双方在洹水（今河南北部）之南的殷墟商谈受降事宜。

双方会谈的日子到了，章邯一见到项羽，便哭诉了自己身为秦朝大将却屡受权臣赵高所制的诸多无奈。项羽是个吃软不吃硬的汉子，见这个威名赫赫的大将军在自己面前如此示弱，顿时心软了，不仅将杀叔之仇一笔勾销，还当场宣布立章邯为雍王，置于楚军；司马欣则为上将军，统领投降过来的秦军原部人马。至此，秦朝廷用来镇压农民起义的主力部队已经土崩瓦解。

七、沛公西征

在宋义、项羽北上救赵的同时，刘邦统率一支不足万人的队伍也踏上了进军关中的征程。

刘邦这次出征开局颇为顺利，因为秦军主力集中于黄河以北，在项羽猛烈的攻势下自顾不暇，根本不可能顾及其他地方的战况；而且秦王朝已没有机动的兵力集中防守黄河以南，所以减少了刘邦进军路上的阻力。

秦二世三年（前207）十月，刘邦从彭城出发，经过砀邑，转而向北，先后在成阳和杠里（成阳之南）两次击败秦朝的地方军队。然后，刘邦又引军南下，到达成武，败占东郡（今河南濮阳西南）。十一月，刘邦抵达栗县，与魏国刚武侯的军队相遇。尽管同为反秦盟友，但刘邦当年因为魏相周市夺取方与、胡陵之事，与魏国有过宿怨。这次相遇，为报一箭之仇，刘邦打败了刚武侯，收编了他所率领的4000余名士卒。

在这期间，刘邦兵围昌邑（今山东金乡西北）。这时，昌邑的义军首领彭越率领1000多人前来助阵。

彭越，字仲，昌邑人，是秦末汉初时期的一个重要人物，与韩信、黥布在历史上有"兴汉三雄"的美称，刘邦称帝后封他为梁王，后被吕后设计诛杀。

彭越早年以打鱼为生，因性情剽悍、勇猛好斗，成为湖匪一霸。陈胜、吴广起义后,群雄纷起,海内鼎沸,相率叛秦。彭越手下的弟兄也跃跃欲试,纷纷劝他起事反秦,彭越回答说:"两龙相斗才刚刚开始,再等等看吧。"过了一年,巨野泽中的年轻人越聚越多,众人推举彭越为首领,他几番推托之后,终于答应下来,约定第二天日出时集合,举行相关仪式,他还特别声明:"迟到者斩!"

举行仪式那天,约定的时间已过,那些少年因为过去散漫自由惯了,这会儿仍旧拖拖拉拉的,时近中午才逐渐到齐。彭越站在土台上号令众人说:"我年纪大了,本不想再折腾什么,是诸位硬要推举我做你们的首领,今天举行仪式,我们有约在先,迟到者斩!但今天违约者太多,不可能全部斩首,就杀最后到场的那个人吧。"大家都以为彭越是在吓唬人,便笑嘻嘻地说:"何必如此认真呢?下次不犯就是了。"彭越脸色铁青,毫不理会众人的调侃,命令手下小头目:"将他绑了,立即斩首!"众人大惊,这才知道自己将要参加的这桩事不是闹着玩的,从此更加敬畏彭越,甚至不敢仰视他。

彭越斩了一个人的头,然后设坛用这颗人头进行祭祀。此后,他领着这伙人向外扩展,收纳散兵游勇,很快就聚集了1000多人,拥有了自己的队伍,等待更大的发展机遇。当他听说刘邦率楚军来攻打昌邑时,便带领自己的队伍前来助战。

由于昌邑城池坚固,久攻不下,刘邦担心士卒伤亡过多会延误西向入关的大计,于是决定放弃攻打昌邑,绕道西行。彭越不愿跟随刘邦西进,于是继续留在巨野打游击,但两位英雄的这次相遇,为以后再次合作打下了基础。

刘邦作别彭越后,带队昼行夜宿,遇山爬山,遇河涉水,所过城池,能收就收,不能收就走,一路曲折逶迤前进,来到陈留高阳(今河南杞县西南)境内。在这里,他又得到了一位谋士——郦食其①,历史

---

① 郦食其:陈留郡高阳人,秦末儒生,以其三寸之舌游说列国,为刘邦的"统一战线"做出了重大贡献,尤其是在楚汉战争后期,成功说齐国归顺,但因韩信发兵袭击齐国而被齐王烹杀。刘邦平定黥布后,破例封他的儿子郦疥为高梁侯。

上又称郦生。

郦食其是高阳本地人，饱读诗书，满腹经纶，能言善辩，狂傲不羁，但因家境贫寒，没有任何谋生的资本，飘零落魄，只做了个看管里门的小吏。他虽然地位卑微，在县里却很有名，即使是有名望、有权势的贤士豪强也不敢随便对待他，时人称他为"高阳狂徒"。

天下大乱后，许多起义军从高阳经过。郦食其打听到这些部队将领的来历后，认为这些人都是些龌龊小才，不足以成事，于是就竭力躲开这些人，继续做自己的小吏。这次刘邦的军队经过高阳，军中有个任"骑从"的年轻人是郦食其的邻居。他回家省亲时遇到郦食其，谈起刘邦正在招贤纳才之事，郦食其心有所动，对骑从说："我听说沛公为人一向放纵无礼，待人轻慢，却又有深谋大略，果真如此吗？"骑从说："确实如此。沛公虽然傲慢，但喜求豪俊，所过必问，若有智士与谈，倒是欢喜非常，并不轻视。这次到陈留，沛公还屡次问及县中的贤士豪杰呢。"

郦食其听了，赶忙说："这正是我愿意结交的人，你能不能为我引荐？你见到沛公，就对他说'里中有位郦生，年纪60多岁，身长八尺，别人都称他狂生，他却自谓不是狂生，而是读书多智，能助人成大业'。"

骑从听了，连连摇头说："沛公向来讨厌儒生，曾经有儒生前来拜见，他竟将人家的儒冠取下来，嬉笑着当众朝冠中撒尿！平素与儒生谈话，他也常常开口即骂，先生您怎能以儒生的身份去见沛公呢？"

郦食其笑了笑说："你只管照我的话去说就是了。"

骑从回到军中，向刘邦转述了郦食其的话。刘邦果然产生了兴趣，当下答应择日召见郦食其。

到了召见之日，郦食其一身儒士装扮，兴冲冲地前来拜见刘邦，但见刘邦坐在床上，摊开两腿，让两个年轻女子给他洗脚。郦食其进来时，他连眼皮也不抬一下，只当没看见。郦食其见状，走到刘邦跟前，也不跪拜，只是象征性地作了个揖，开口便以教训的口吻质问道："足下领兵来此，是助秦伐诸侯呢，还是想和诸侯一同灭秦呢？"

刘邦本来就对儒生没什么好感,如今又听郦食其出言不逊,不由勃然大怒,破口大骂道:"酸臭儒生,你难道不知道天下百姓受暴秦迫害已久,四方诸侯争相伐秦,你怎么敢说我要帮秦攻打诸侯呢!"

郦食其毫不畏惧,从容答道:"如果您真心想聚集民众组成正义之师,讨伐无道的暴秦,为何用这种无礼的态度对待长者呢?怠慢贤智之士,谁还会来为您献计献策呢?"

刘邦闻听此言,赶紧站起身来,整理衣冠,请郦食其上座,然后诚恳地向他道歉。郦食其这才谈起自己的见解,给刘邦分析六国合纵连横的形势及其各自的成败。他口若悬河,滔滔不绝,令刘邦听得笑逐颜开。

随后,刘邦急切地问及伐秦之策,郦食其说:"足下集乌合之众,收散兵降卒,且兵微将寡,若以这点力量直接入关攻秦,就好比人们常说的虎口拔牙,困难重重。目前的陈留之地,地处天下要冲,交通四通八达,并且城中积粮甚多,城池坚固。老夫与县令交情不错,愿替足下前往游说县令,使他归顺。如果县令不听劝说,我愿替足下将其除掉,足下再率大军进城。占据陈留之后,足下镇守城池,我可以为足下筹集粮草,招兵买马,等兵精粮足之时再实施破关计划也不迟。"刘邦听了连连称妙,马上请郦食其前往陈留县城。

郦食其受命连夜赶到城内拜见陈留县令,劝说道:"秦朝因为无道而导致天下背叛,今天如果您能顺应潮流,与起义军联合,定能成就大功业;如果仍然为即将灭亡的秦朝据城死守,那您就危险了。"县令听了连连摆手道:"你不要再说了,秦的法律向来严厉,万万不可乱说,乱说是要灭族的。我不能答应你,你所说的也不符合我的本意,你还是别再说了。"

郦食其见县令不听劝告,也不再多说,回房去睡了。到了半夜,他潜进县令的卧室,趁其熟睡之际将其杀死,然后提着首级连夜翻墙出城来到刘邦的营帐。刘邦得到陈留县令的人头,大喜过望,当即下令攻城。他让人把县令的人头悬挂在长竿上,高高举着让城里人看,并对他们说:"县令的人头在此,你们赶紧献城投降,有行动迟缓者,斩!"

陈留守军见县令已死，群龙无首，遂争先恐后地开城投降。

就这样，刘邦不费吹灰之力得到了陈留。至此，刘邦西征的前哨战取得了成功。攻取陈留使刘邦建立了西征的立脚点，也积累了大批的粮饷军械。他一路收编陈胜、项梁残部和其他义军，又招揽了大批人才，实力大大增强。

在占领陈留之前，刘邦得知北伐的楚军已解巨鹿之围，项羽因为巨鹿之战而声名大震。他不敢有片刻懈怠，率领大军继续向西挺进，以便首先进入关中。

刘邦大军由陈留之路北上，准备进攻开封。因城坚而难以迅速攻下，刘邦又率军转向西进，行至白马（今河南滑县东），与秦将杨熊大军相遇。秦军对这场遭遇战准备不足，被打得大败，杨熊只得向荥阳（今河南荥阳东北）方向败退。

杨熊退到曲遇（今河南中牟东），终于稳住阵脚，摆开阵势与刘邦决战。刘邦令樊哙、夏侯婴率军左右夹击杨熊，自己则亲率中军从正面攻击，同时派周勃、灌婴率兵绕到秦军后方偷袭。正面冲突的两军正打得激烈之时，周勃、灌婴突然引兵从背后杀了出来，秦兵顿时大乱，刘邦趁势分割歼之，秦军被杀得尸横遍野，血流成河。杨熊见败局已定，慌忙逃回荥阳。

荥阳是军事重地，也是西进关中的要冲，秦二世怎能允许败逃之师败坏大秦的形象、影响秦军的士气呢？于是，他立刻派使者到荥阳降旨，诛杀杨熊，传首巡回示众。

击败杨熊后，刘邦没有直接进攻荥阳，而是率军改向颍川郡（治所在今河南禹州）进攻。四月，刘邦率大军攻克了颍川郡，派亲信张良主持颍川郡内的军政大事，基本收复前韩国属地。此时，赵军大将司马卬①在黄河对岸企图渡河，抢先入函谷关。刘邦担心司马卬得手，忙率

---

① 司马卬：项羽所封十八诸侯王之一，为殷王。本是赵国将军，巨鹿之战后随项羽入关。灭秦后，项羽分魏国地为西魏、殷两国，封司马卬为殷王，后来投降刘邦，在彭城之战被楚军所杀。

军北上攻取平阴（今河南孟津东北），抢先占领河津（黄河渡口），切断了赵军的入关之路。接着，刘邦攻打淮阳，但没有得手，只好挥师南下，转向南阳（治所在今河南南阳）前进。刘邦大部队南移，韩王成奉命留守阳翟（今河南禹州），掌管前韩国属地，张良则率部分军队随刘邦继续前进。刘邦与南阳郡守军大战，击败对方，攻略了整个南阳郡。南阳郡守退走宛城（今河南南阳市宛城区），据城固守。刘邦久攻宛城而不克，急于引兵西进，进逼武关（今陕西商南县北）。

大军行至丹水①（今河南淅川西），张良劝谏道："沛公眼下急于进兵关中，可是秦军兵马尚多，如果他们据险顽抗，入关不是易事。如今您不攻打宛城，而是绕道西行，一旦宛城之敌从后面追击，而前方又有秦军挡道，如此一来，我军就危险了。"刘邦听了猛然惊醒，遂令大军停止西进，趁天黑之际急速返回，重新将宛城团团围住。

第二天清晨，宛城郡守见刘邦军去而复返，吓得大惊失色，眼见城下敌兵如蚁，他深知难以抵御，如若战败，自己将被秦朝廷正法；如果投降，又有楚军屠城的先例。宛城郡守一时左右为难，苦思不得良策，便想拔剑自刎。这时，舍人陈恢②连忙劝阻："大人，现在寻死还为时尚早，我愿出城与对方谈判。如果谈判破裂，大人再死也不迟。"

随后，陈恢翻墙出城拜见刘邦，行礼之后，他开门见山地说："我听说楚王和足下有约在先，先入关攻占咸阳者为王。现在足下还留在这里攻城，要知道宛城是个大郡的都城，连城数十，百姓众多，粮食储备充足，城内军民都认为投降必死，所以万众一心，决意登城死守。足下如果阻停于此，士兵伤亡必定很大；如果解围而去，宛城守军则会尾随追击。如此，足下前会失去先入咸阳的机会，后又有遭受强大秦军袭击的危险，这样是不是太不值得了？"

刘邦闻言心中一震。陈恢见刘邦脸色有所松动，知道自己的话起了

---

① 丹水：俗称丹河，发源陕西，会淅水，流入汉水。——编著注
② 陈恢：南阳郡郡守吕齮的一个舍人，因献计刘邦拯救全城军民。——编著注

作用，便继续说道："我是为您着想，您倒不如明约招降，封宛城郡守为侯，仍让他留守此地，而您则可以统领宛城的军队继续西进。这样对双方都有好处，何乐而不为呢？同时，这也为那些没有降服的城邑树立了榜样，他们听到您不仅不杀郡守，还封他为侯的消息后，一定会争相开城门迎接您，那么您西进就会顺畅多了。"

刘邦采纳陈恢的建言，当即封郡守为殷侯，令其留守南阳；同时因陈恢有功，封他为千户，协同殷侯留守。

此后，刘邦率军西进，果然如陈恢所言，沿途城邑无不闻风迎降。刘邦大军经丹水，出胡阳（今河南南唐），下析县（今河南西峡）、郦县（今河南召南），一路顺畅，势如破竹。在丹水，原秦将戚鳃、王陵起义，分别被封高武侯、襄阳侯。在胡阳，刘邦还遇到了秦番邑（今江西鄱阳）县令吴芮①的偏将梅铒②，于是一起攻打析（今河南西峡县）、郦（今河南南阳境内）等地。队伍越走越壮大，刘邦又一路严申军纪，影响也越来越大，很快开到了武关附近。

刘邦之所以能在短短的时间内取得如此辉煌的战绩，从客观条件看，主要是因为当时秦军主力部队均已集结于河北，并先后被项羽消灭。刘邦在进军关中的路上，除了受到小股秦军的轻微抵抗外，几乎没有遇到大的阻力。这是历史的机遇，但能捕捉到这种难得的机遇，成就大业则离不开刘邦及其智囊们的谋略。

刘邦知人善任，虚心纳谏，西征路上不断扩充军队，积聚力量，而所率军队纪律严明，与民秋毫无犯。作战时，他还能避实就虚，一步步分化瓦解秦军，善于迂回突袭，各个击破。这些都是他克敌制胜的必要因素。

八、入关灭秦

在秦军作战不利的同时，秦统治集团内部的矛盾也发展到了互相残

---

① 吴芮：秦汉交替时期百越部落领袖，第一个响应秦末农民起义的秦吏，项羽分封诸侯，吴芮被封为衡山王；汉朝建立后改封为长沙王。

② 梅铒：秦末将领，长沙王吴芮部将，因军功卓著被项羽封为"十万户侯"。

杀、不可收拾的地步，这更加速了它的灭亡。

赵高唆使秦二世大肆屠杀宗室，并设计杀害了丞相李斯，而后登上丞相之位，独揽朝中大权。为了彻底控制朝廷，镇服群臣，他指鹿为马，专权罔上，致使朝臣人人自危。而秦二世又昏庸乖僻，最是讨厌下属向他报告坏消息，派往关东的御史，凡是回来以实情相告的，他都给予严厉惩治，甚至诛杀，这让赵高更加为所欲为。

为了控制秦二世，赵高一直骗秦二世"关东盗无能为"，甚至连项羽生擒王离等大将、章邯屡屡战败而要求增加援军的告急文书、关东各路诸侯将领分别率领军队杀向都城等消息，他都封锁起来，不让秦二世知道，使得秦二世一直以为天下太平，越发高枕无忧，终日在深宫中玩乐。

直到刘邦大军离咸阳越来越近，赵高知道再也瞒不下去了，这才害怕起来。他怕秦二世诛杀自己，于是假装生病不上朝。秦二世久不见赵高来朝见，又听说关东军已经近在眼前，大惊失色，派使臣去责问赵高，问及有关关东军的事情。赵高非常恐惧，忙与其弟郎中令赵成、女婿咸阳令阎乐密谋发动政变。他们借口捕贼，让阎乐率1000多人闯进皇宫，赵成为内应，驱散宫廷警卫，凡敢于抵抗的一律格杀。

秦二世完全没料到会有这样一场变故，被乱军追得狼狈逃窜，左右也如鸟兽散，等他逃到寝宫时，身边只有一个宦官慑于皇帝的积威，没敢逃跑。秦二世颤抖着声音问："你为什么不警告我，以至于闹到今天这般田地？"宦官回答："就是因为我没有早警告你，所以才能活到现在，否则我早就死了。"这时，阎乐已带人来到寝宫，秦二世只得束手就擒。

死到临头，秦二世仍不死心，居然提出"愿得一郡为王""愿为万户侯"，甚至"愿与妻子为黔首，比诸公子"等可笑至极的要求。在阎乐等人眼中，此时的秦二世就是一个笑话，怎么可能答应他的这些要求？最后，秦二世被迫自杀，死时年仅23岁，共做了3年皇帝。

秦二世死后，赵高召集文武大臣及皇室公子，宣布秦二世的罪状，并宣称，秦本是王国，始皇统一天下才改称皇帝。现在秦仅保有关中一隅，还是恢复称王为好。随后拥立秦二世兄长之子子婴①为秦王，时为秦二世三年（前207）八月。

赵高逼死秦二世、扶立公子子婴后，马上派出使者来到刘邦军中，提出共同分王关中的计划。刘邦怀疑赵高的诚意，没有答应，反而借秦军麻痹之机攻取了武关。九月，子婴与儿子合谋，在斋宫杀死了赵高，然后遣将士拒守峣关（今陕西商洛商州区境内），抵御起义军，企图做最后的挣扎。这时，刘邦大军也逼近关前，他想立即攻关，张良却建议不要强攻，而要智取。他对刘邦说："秦军仍然很强，不可轻视。沛公可以命陆贾②等人拿大批金银珠宝去诱降秦军守将。"

刘邦采纳了张良的建议，秦将果然抵不住金钱的诱惑，准备投奔刘邦，并愿意与刘邦合兵共袭秦都咸阳。刘邦闻报，不由大喜，正要下令受降，张良阻止道："不可，这只是秦将等少数人的想法，其他秦军未必愿意投降。如果大多数秦军不愿意投降，那么，我军就会遇到危险。不如趁敌人松懈之机，对其发动突然攻击，如此可获全胜。"

刘邦认为张良的看法很有道理，于是改变部署策略，趁秦军懈怠之机，一鼓作气攻下了峣关。随后，刘邦大军乘胜北进，行至蓝田附近时遇到秦军残余部队，两军发生激战，秦军连连败退。刘邦大军长驱直入，一直打到秦都咸阳郊外，在灞上（也作霸上，今陕西西安东南的白鹿原）驻扎下来。

此时，秦都咸阳已经成为刘邦的囊中之物。刘邦听从张良、郦食其等谋士的建议，修书一封，派人前去招降秦王子婴。灞上距咸阳仅百里之遥，秦王子婴守着偌大一座咸阳城，既无可战之兵，又无可守之险，自知大厦将倾，无力回天，只得采纳群臣的建议，乘白马素车，脖套素

---

① 子婴：即秦三世，嬴姓，秦朝最后一位统治者，在位46天。初称皇帝，后改称秦王，史称秦王子婴。刘邦率兵入关后，子婴投降刘邦，后被项羽杀害。

② 陆贾：汉初楚国人，西汉思想家、政治家、外交家。早年追随刘邦，因能言善辩常出使诸侯。高祖和文帝时，两次出使南越，说服赵佗臣服汉朝，对安定汉初局势做出了很大贡献。吕后时，说和陈平、周勃同力诛吕。著有《新语》等。

带，手捧玉玺符节，出城于轵道①旁下车投降。

秦王子婴的投降，标志着曾经不可一世的秦王朝在秦末农民起义军的打击下正式灭亡。当时，刘邦部下出于对秦国的愤恨，纷纷要求杀死子婴。刘邦心知如果同意杀掉子婴，秦朝贵族一定难逃屠戮，必会奋起抵抗。因此，他坚决表示反对："当初怀王派我西征，就是因为我能够宽容待人。而且，人家已经顺服投降，如果再加以杀戮，实在有悖民意。"刘邦下令将子婴看押起来，好生照顾；自己则率领众将领向西进入咸阳。

咸阳是秦王朝建都若干世的一座古城，秦始皇统一六国后，将天下富人迁至咸阳。富庶的咸阳城无论是建筑规模，还是繁华程度，在当时都是首屈一指的。它是秦国七代君王耗费200多年精心打造的安乐窝。秦始皇在兼并六国的过程中，每灭一国，便让人把该国宫殿在图纸上画下来，在咸阳依照原样重建，称为"六国宫殿"。扫荡六国的过程中，俘虏来的六国美女尽入咸阳，搜罗来的各种奇珍异宝充斥国库。

统一六国后，秦始皇更在咸阳继续大兴土木，修建新的宫殿。他在渭水边动用上百万民工修造一座朝宫，即阿房宫。据记载，阿房宫"东西五百步，南北五十丈，上可坐万人，下可建五丈旗"。

刘邦大军进入咸阳后顿时看花了眼，进入如仙境般的宫殿后更是惊得张口结舌。大家一想到自己是胜利者，马上一窝蜂地闯进国库，像强盗一样，大秤分金，小秤分银，乱作一团。刘邦本来就是好酒好色之人，此时更是如鱼得水，带头欲止宫休舍。《史记·留侯世家》中记载道：

沛公入秦宫，宫室、帷帐、狗马、重宝、妇人以千数，意欲留居之。

幸好刘邦的队伍中还有几个头脑清醒者。首先是萧何。部队一进入咸阳，萧何直接找到了丞相府，进去之后，他一不要陈满府邸的珍玩财宝，二不要花枝招展的娇姬美妾，而是直接走进藏书密室，将里面的全

---

① 轵道：亭名，在陕西省西安市东北。此后借指亡国投降。

国山川地图、各郡百姓的户籍档案全部搜罗起来；又来到御史衙门，将秦朝的律令图书都收集起来，带到灞上，妥善保管收藏。这些律令图书记载了秦王朝的法律制度、关口要塞、全国户口、各地经济资料等，萧何想留待日后检查，以便了解天下险要关塞、人口和财富的多寡情况。这些档案资料在后来楚汉战争中发挥了极为重要的作用。之后项羽进入咸阳一把火烧了3个月，烧毁了整个咸阳城，萧何搜集的这些资料便成了难得的宝贝。

另一个清醒者是樊哙。樊哙虽然文化水平不高，又当过强盗，做过流民，身上沾染了不少流寇习气，但他进入秦宫后并没有加入抢掠的行列，而是清醒地看到这样做的危害性，特别是看到刘邦竟然也糊里糊涂地掉进秦宫的温柔富贵乡里不能自拔，他心里甚是着急。于是他径直闯进刘邦居住的寝宫，劈头盖脸地问道："沛公是想王霸天下呢，还是只想做个富家翁？秦宫中的奢华之物正是亡秦的祸根，请您不要贪恋眼前的荣华，速回军中。"

此时刘邦正沉溺于仙境般的温柔乡中，对樊哙的规劝根本听不进去，反而怪他搅了自己的好心情，非常不高兴。樊哙见刘邦阴沉着脸，知道自己惹恼了刘邦，也知道自己无法劝阻，也就不再多说什么，转身去找谋士张良。刘邦会对别人发脾气，但是面对张良，自从在留县相遇之后，他就对张良敬重有加，几乎言听计从。

张良出身五世相韩的贵胄之家，见过大世面，心高志大；又经历过巨大的政治动荡和磨难，之后深入研读兵法，潜心修炼，有大学问。他来到刘邦寝宫，开门见山地说："正因为秦国荒唐残暴，您才能来到这里。您既然号召为天下除残去暴，就应该反秦弊政，大力更新，对这些东西表示厌恶，这才是将来图谋大事的资本。现在刚刚进入秦都，您就被这些东西弄得头昏脑涨，也想居此为乐，恐怕昨日秦亡，明日公亡呀！何苦为了一时的安乐，功败垂成？这可真成了助桀为虐，帮助别人干坏事了。有道是'忠言逆耳利于行，良药苦口利于病'，希望您接受樊哙的建议，回到灞上。"

刘邦闻言，再也没有理由我行我素下去，只得听从劝谏，下令将秦宫的财物珍宝一概封存，宫女妇人妥善安置，然后还军灞上。

在萧何、张良等人的推动下，刘邦召集主要谋臣将领和咸阳的豪杰名流开会，向他们宣布众诸侯与楚怀王的约定，先攻入关中者称王于关中。而他先入关中，自然就是关中王。同时，刘邦还向父老乡亲宣布："乡亲们被严酷的秦朝法令残害已久。依照秦法，对朝廷有不满者要诛灭三族，几个人相聚交谈便要斩首，法令既多又残酷。现在我既然已经是关中王，在此与各位父老乡亲约定新的律令。新律令只有3条，杀人者处以死刑；伤人及盗窃财物的，依法治罪；除此之外，秦朝的所有苛法一律废除。原来的各级官吏，一律照常履行公务，不必惊扰。这次到关中来，为的是替关中父老们除害，不是为了侵犯、残害关中，大家都不必惊慌恐惧。我之所以还军灞上，为的正是等待各路义军到达后，共同制订新的规约而已。"这就是历史上有名的"约法三章"，其核心思想是：杀人者，处死刑偿命；伤人者，处以相等肉刑；偷盗者，处以相应惩罚。

会议结束后，刘邦派出大量人员，与留用的秦朝官吏一起过县走乡，大力宣传这次会议的精神，取得了良好的社会效果。因为秦王朝的残苛统治，刮剥得关中十室九空；听说关外诸侯军打入关中，战争中百姓惨遭兵燹的种种事情，关中百姓震恐异常。但是，令他们感到意外的是，自从进入武关以来，刘邦一直勒令部下，凡所过之处不得掳掠。关中百姓喜出望外，民心带动民心，所以秦军才会那么快就瓦解了。进入咸阳后，刘邦又不杀投降的秦王子婴，更使秦地百姓信服，现在听了他的"约法三章"，关中百姓怎能不欢欣鼓舞？正如《史记·高祖本纪》中记载："秦人大喜，争持牛羊酒食献飨军士。"

入关灭秦是刘邦政治军事生涯中最为重要的资本，也是他人生的分水岭，入关成为关中王后，他的形象瞬间得到了拔高。从此，他理所当然地成了王侯级人物，属下们私下对他的称呼已经从原来的"沛公"变成了"大王"。但是，这只是刘邦辉煌人生的一个起点，后面还有更大的困难在等着他，因为项羽率领的40万雄兵正向关中奔来！

第四章　英雄对决屡败北

一、项羽入关

项羽击败章邯大军后，喜悦之余并没有忘记楚怀王的许诺，所以休整一番后立刻率领几十万诸侯军向西奔去。

项羽的这支队伍成分比较复杂，带起来并不那么容易，其中不仅有诸侯军，还有章邯投降后带过来的20万秦军。往日东方各地的民众都会来关中服徭役，其间经常遭受秦国军民的欺凌侮辱。现在秦军投降了，诸侯联军的官兵终于逮到了复仇的机会。他们把秦军当奴隶使唤，动不动就又打又骂，就像当初秦军对待自己那样。秦军上下心里又惧又恨，但作为投降之人只能忍气吞声，忍无可忍之时就找同伴私下议论一番，埋怨章邯带他们投降："章将军逼迫我们投降，跟随诸侯军西进。但是他们把我们当奴隶、俘虏，横加欺凌驱使，我们以后会怎样，谁也说不好。如果能够攻进函谷关，击破秦王朝，那当然好了；如果战而不胜，那么各国将领肯定会把我们带到东方去，这时秦朝廷就会杀掉我们的父母妻儿，这该怎么办呢？"一人发声，十人响应，抱怨之言一时传得沸沸扬扬。

这些言论很快传到项羽的耳中，项羽心中很不安，急忙召集黥布、蒲将军等人商量对策。这些人都是沙场老将，让他们打仗没问题，可让他们来解决矛盾就有些为难他们了。几经讨论，他们给出了一个意见："秦军人数众多，虽然投降了，但心里很不服气。等我们攻打函谷关时，与守关的秦军对阵，如果他们临阵倒戈，那我们可就危险了。不如现在采取果断措施，把他们全杀了，以绝后患，只留下章邯、司马欣、董翳几位高级将领即可。"项羽也是一介武夫，每攻下一城都会屠城，对士卒的生命一向不懂得珍惜，最终听了这几人的意见，他们连夜动手，在新安城南一举坑杀了秦军降卒20多万，又上演了一次长平之战后白起坑杀赵国降兵的血腥场面。

事情办妥后，项羽的心放进了肚子里，继续率军向西挺进，却不知他这一残暴举动从此埋下了他和秦地百姓仇恨的祸根。

刘邦听说项羽率领大军奔向函谷关的消息后，着急万分，他深知以自己目前的实力，根本不堪与项羽大军相抗衡，但他一时也想不出应对之策。

幸运的是，自从他还军灞上、约法三章后，关中百姓对他极为爱戴，就连读书人对他也拥护有加。看到项羽涉关，关中百姓惊恐万状。这时，一位姓解的读书人求见，向刘邦进言道："秦国土地富饶，地势险要。听说章邯投降后，项羽已封他为雍王，让他在关中称王。如果他来了，您就无法在这里立足了。您应该赶快派兵去函谷关把守，同时加强自己的实力，抵御诸侯军。"刘邦深以为然，便依计行事。

项羽率大军到达函谷关，只见关门紧闭，守备森严，而守军居然是刘邦的军队，他顿时火冒三丈。他一个楚国贵族子弟怎能输给一个混混呢？项羽立刻派黥布前去攻打函谷关，刘邦的人马根本不是对手，不一会儿，函谷关的城门就被冲开了，项羽大军如洪水般涌入关中。

项羽率大军顺势进驻骊邑（今陕西临潼东北）鸿门。鸿门东接戏水，南靠高原，北临渭河，由于雨水冲刷，形成鸿沟，其北端出口处形似门道，所以称为鸿门。

刘邦的左司马曹无伤见项羽的实力雄厚，威镇各诸侯之军，想要博取项羽的好感，于是派人向项羽报告说："刘邦想当关中王，并任命秦王子婴为相，将珍宝玉器全都据为己有。"项羽得知这个消息后，十分震怒，打算第二天便攻打刘邦。谋士范增也建议说："沛公住在山东时，贪财好色，现在听说他入关后，不收取财货，不亲近妇女，看来志气不小。要赶快击溃他，不要失掉机会！"项羽同意范增的建议，命令部队第二天展开对刘邦大军的进攻。

张良当年曾经救过项羽叔父项伯的命，项伯听说项羽决定进攻刘邦，就骑着快马悄悄赶到刘邦处与张良见面，把这个紧急消息告诉张良，并劝说张良随他逃命。然而，张良因为奉韩王之命，送刘邦入关，现在刘邦身处危难之中，出于道义他不能悄悄逃走。于是，他借口要向刘邦辞行，把项伯所说之事一五一十地告诉刘邦。

刘邦知道后大惊失色，忙问张良该怎么办。张良没有直接回答，反问刘邦是否能抵挡住项羽的进攻。刘邦有气无力地说不能。张良思索了一会儿，认为目前最重要的是想办法消除项羽对刘邦的猜忌，让他自动放弃攻打刘邦的打算。要想实现这个目的，就得靠项伯这个关键人物。

刘邦问："子房与项伯的交情很深厚吗？"张良知道刘邦对自己不太放心，便将自己当年与项伯的交情大致说了一下。刘邦灵机一动，有了主意，又问项伯的年龄，张良说比自己大。刘邦当即表态："既然项伯是您的兄长，麻烦子房带项伯来见我，我也拜他为兄长。"

项伯此行原本只是为了救张良，以报答他当年的救命之恩，根本没想着救刘邦，他在张良帐中等了好久。张良回来后并没有收拾行李逃命，反而要带他去见刘邦。项伯连连推辞，但他实在经不住张良的游说，只得勉强答应去见刘邦。

张、项二人进来后，刘邦忙整衣出迎，躬行大礼，然后命军役摆下酒宴，请项伯上座，自己陪坐在侧，亲自为项伯斟上美酒。为了争取项伯的支持，刘邦还与项伯结成了亲家。头脑发热的项伯自然十分高兴，多饮了几杯酒，刘邦见项伯已经有了醉意，便委屈地说："我自率军入关以来，与民秋毫无犯，各种税收明细都造册入籍，府库财产均严加封存，专门等待将军前来接收。我之所以派将士把守函谷关，是为了防备其他盗贼或敌军的窜入。我率大军守在这里，日夜盼望将军的到来，又怎么敢反叛将军呢？请您千万代我向将军转达我的心意，我是绝不敢背弃将军的。"一席话说得项伯信以为真，便交代刘邦道："你明天一定要早点亲自来向将军谢罪。"

项伯连夜返回鸿门，将刘邦的话转告项羽，并百般疏通，项羽为之所动，决定暂不进攻刘邦，还在鸿门军帐举行庆功宴会，等待刘邦的到来。

对于项羽取消第二天的军事行动，最郁闷的当属范增。范增认为，在各路反秦诸侯中，对项王构成威胁最大的便是刘邦，应该趁其立足未稳之机将其除掉。他实在没料到在这关键时刻，项羽竟将攻打改为宴请。他连忙找项羽进行一番苦劝。项羽当然理解范增的一片忠心，承认他所说的颇有道理，可是项伯的说辞也不无道理。面对两种说辞，项羽一时左右为难。最后，在范增的反复劝谏下，项羽决定在次日宴会上见机行事，该杀便杀，能留则留。二人还约定，席间以范增举所佩玉玦为信号，由项羽下令诛杀刘邦。

二、鸿门脱险

按照与项伯的约定，第二天一早，刘邦带着张良等人去鸿门军营向项羽谢罪，为了避免误会，刘邦此行只带了100多名卫士。

当刘邦一行赶到鸿门大营时，中军大帐中早已摆好酒宴，项羽板着脸端坐正中，刘邦和张良被引至帐内，其余随从皆被挡在军门之外。

刘邦进帐后，不等项羽发问，便主动解释说："我与将军协力攻秦，你率军北上解赵国之围，我率军西征。想不到我能先率兵进入关中，本想在咸阳与将军会面，一起庆贺诛暴秦的胜利。可现在有一些小人制造谣言，挑拨你我之间的关系，使我们产生了误会。"

项羽说："是你的左司马曹无伤对我讲，你不愿看到我进入关中，我信以为真。不然，我怎么会对你产生这些误会呢？"项羽这样说是想为自己开脱，却将投奔自己的曹无伤送上了断头台，足见他为人多么鲁莽，一句话就断绝了来自刘邦方面的情报来源。

刘邦的一番谢罪顺利消除了项羽的敌意，气氛缓和下来。为了显示自己的大度，项羽邀请刘邦和张良入席就座。按照当时楚人尚东的礼仪，项羽和叔父项伯坐在朝东的主座上，范增朝南而坐，刘邦朝北而坐，张良朝西侍座。

项羽本是粗豪之人，刘邦的示弱打消了他心头的担忧，心中不禁涌起了温情。他命人给刘邦斟酒，自己也满满地斟了一杯，对刘邦真情相劝。就这样，主宾二人你一杯我一杯地喝了起来，似乎全然忘记了昨日的仇视和怒火。

这个"和谐"的场面急坏了一旁的范增，他多次向项羽递眼色，示意他下令动手，并按照事先的约定举玉玦为号，先后举了3次，但项羽都无动于衷。范增忍耐不住，找了个借口起身走出营帐，找来项羽的堂弟项庄，着急地对他说："君王为人太仁慈，不忍心下手杀刘邦。你进去为众人敬酒，然后借舞剑助兴为名靠近沛公，寻机将其刺死。不然的话，你我之辈终将成为他的俘虏，到那时一切都晚了。"

项庄以擅长舞剑而闻名。他领命进帐后，先说了一番祝酒词，向大家敬酒。敬酒完毕，项庄请示项羽说："您在宴请贵客，军中没有什么可助兴的，我愿献丑舞剑，以助大家的酒兴。"项羽是性情中人，不假思索就答应下来。

项庄拔剑起舞，项伯见他的剑尖总是指向刘邦，感到其中暗含着杀意。他和刘邦已经结为亲家，怕项庄伤害刘邦于自己不利，也拔剑与项庄对舞，不断拨开项庄指向刘邦的剑锋，以身体保护刘邦，项庄一时无法得手。

张良见形势危急，项伯若稍有疏忽，刘邦就会死在项庄的剑下。于是，他借故离开大帐，找到在外面等候的樊哙。樊哙问道："事情怎么样了？"张良说："十分危急！现在项庄正在舞剑，目的是想借机杀害主公。"樊哙听后，也顾不得什么礼节，对张良说："不能再等了，我进去与他们拼了。"于是带着剑和盾往军帐中奔去。守门的卫士想要阻止樊哙，但樊哙用盾把卫士全部撞倒在地，闯进大帐中，站在张良身后,怒视项羽。

项羽了解情况后,见樊哙异常威武,称赞说:"真是一名壮士,赏他喝酒!"下人把一斗酒送到樊哙面前,樊哙向项羽拜谢后,一饮而尽。项羽见他好酒量,又说:"送他一个肘子吃。"下人拿给樊哙一个猪肘子,樊哙把盾放在地上,再把肘子放在盾上,用剑切着把它吃了。项羽见他吃得豪爽,又问:"壮士,还能喝酒吗?"樊哙趁机说道:"我连死都不怕,难道还怕喝酒吗?秦王有虎狼之心,杀人不可胜数,用刑唯恐不够,所以天下人起来反叛他。怀王和诸将有约在先,'先破秦入咸阳者王之'。如今沛公率先攻入咸阳,秋毫不犯,封闭宫室,驻军灞上,以等待大王到来。沛公之所以派军守住关隘,是为了防止盗贼及非常事件发生。沛公如此劳苦功高,大王没有封侯的赏赐,反而听信小人谗言,欲杀有功之人。这是步亡秦之后尘啊,我个人认为大王这种做法实在是不应该。"这一席话竟然出自一个外貌如此粗鄙之人,着实让项羽震惊不已,他一时想不出应答之辞,只好对樊哙说:"请坐!"樊哙便坐在张良的身后。

自樊哙进帐、项羽与之对话起,项庄的剑也舞不起来了,等到樊哙又吃又喝且发表长篇大论后,范增的计划算是彻底破产了。

过了一会儿,刘邦见形势有所缓和,借着上厕所的机会,把张良和樊哙一起叫了出来。樊哙建议刘邦马上离开楚军大营,刘邦觉得借口出来上厕所,没有向项羽辞行,擅自离开不太合适。樊哙急了,说:"做大事不必顾及小的细节,论大节不回避小的责备。如今人家好比是刀子和砧板,而我们好比是鱼和肉,随时可以被别人宰杀,还讲什么礼节呢!"于是,刘邦决定不辞而别。

离开之前,刘邦让张良留下,对项羽的款待表示感谢,并解释自己离去的原因。张良问:"你带来礼物了吗?"刘邦说:"我带来白玉璧一双,打算送给项羽;玉斗一双,想送给范增。因为气氛紧张,没敢拿出来,请你代我送给他们吧。"

鸿门距灞上约40里,刘邦为了不引起项羽的注意,不坐来时的车骑，只带着樊哙、夏侯婴、纪信、靳强4人，穿过骊山后的小道，顺利返回了灞上的军营。刘邦怕项羽发现自己逃走后派兵追击，临行前还对张良说："我从小道走，到我们的军营不过几十里。你估计我们差不多到达军营后，再进去向项羽说明。"

项羽左等右等也不见刘邦回来，就派陈平去叫刘邦。这时，张良估计刘邦已返回灞上，就进来向项羽道谢说："主公酒喝多了，不能来辞行。他让我代他向大王献上白玉璧一双，并向大将军范增献上玉斗一双，表示感谢！"

项羽问："沛公现在在什么地方？"张良回答说："他知道您不能原谅他的过失，现在已独自返回灞上军营。"项羽并没有责怪刘邦的不辞而别，并接受了刘邦送的一双白玉璧，把它们放在案上。范增则对项羽没有杀掉刘邦，感到万分气愤。他接过玉斗猛地扔在地上，拔出剑，狠狠向玉斗击去，玉斗立马粉碎。范增恨恨道："不长进的东西，这小子不值得和他共谋大事。夺取天下的，必定是刘邦！我们这些人势必得当他的俘虏。"

项羽为什么没有听从范增的建议，果断杀掉刘邦呢？难道真是相信了刘邦的说辞吗？其实，项羽不仅不蠢，而且才智过人，秦末汉初他打了70多场胜仗就是最好的证明。因此项羽并非没有识破刘邦的虚情假意，他之所以没有杀刘邦，是与他的出身有关。项羽为楚国豪门大族的子弟，刘邦在他眼中只是一个出身平民的下等人，不屑将其看作与自己争霸天下的竞争对手。另外，项羽刚刚打完巨鹿之战就马不停蹄地进击关中，人马疲惫，战斗力尚未恢复，此时杀了刘邦，势必会引起各路诸侯的恐慌，倘若他们联手反叛，则于己十分不利。

鸿门宴是刘邦和项羽之间的第一次正面冲突。项羽军事上的绝对优势，决定了刘邦必须得做出退让，以低姿态向项羽请罪，刘邦成功地做了表演，取得了这场特殊斗争的胜利。回到灞上后，刘邦二话不说就把曹无伤杀了。

三、受封汉王

鸿门宴事件之后，项羽命令诸侯联军休整数日，而后进驻秦都咸阳。

前文说过，项羽早年目睹秦始皇车驾时曾发出"彼可取而代也"的豪言，如今踏上这片土地，他算是实现了当初的壮志。不知是出于什么心理，他进入咸阳后马上命令手下屠城。秦王朝包括子婴在内的嬴氏宗族、外戚重臣全部被杀，宫室府库中的珍宝财物、宫女美人被掳掠一空。项羽还命人挖掘了秦始皇的陵墓，然后一把火烧了咸阳的所有宫室庙殿。规模庞大的阿房宫极尽豪华奢靡，还没有完全建好，就被楚军一把大火烧成一片焦土，司马迁在《史记》中说："火三月不灭。"

这场浩劫使压抑了几十年的六国贵族报了家仇国恨，积怨终于有了一个发泄的机会。但是，由于坑杀20万秦军投降士兵的暴行，项羽被关中人民视为恶魔；这3个月的烧杀，更使他与关中父老结下了仇恨，成为关中百姓不共戴天的仇敌，也为他后来在楚汉战争中的失败结局埋下了伏笔。

诸侯联军大肆糟蹋秦都咸阳之后，项羽决定带着掳掠的大量战利品东归。这时，一位姓韩的先生建议说："关中山川险固，土地肥沃，可作为建都之地，成就霸业。"起初，项羽觉得韩生的话颇有道理，可是咸阳宫殿经诸侯军破坏之后，已成残垣断壁，加上他急于回到东方，于是就说："富贵不还乡，如同锦衣夜行，怎能光宗耀祖呢？"事后，韩生对别人说："人们常说楚人浮躁，沐猴而冠，此话果然不假。"这话传到项羽耳中，他勃然大怒，下令将韩生活活烹死。

项羽忌惮刘邦在关中称王，就派人去让楚怀王收回成命，但楚怀王却说："按先前约定的办。"项羽本来就对楚怀王不派他西进，使他失去了先入关中的机会十分怨恨，如今又见楚怀王这个态度，顿时火冒三丈。他把跟随自己入关的诸侯将领全部召集起来，气呼呼地说："怀王熊心是我项氏所立,没有尺寸战功,有什么资格做主?当初天下大乱,无非是借他的王族后代名义来讨伐秦朝罢了。然而,披坚执锐厮杀于战场、在野外风餐露宿3年并最终灭秦而平定天下的,都是各位将军和我啊!现在天下已定,我们再也用不着他了!"

汉高祖元年(前206)春正月,项羽佯尊楚怀王为"义帝"。所谓"义",是"名义"的意思,"义帝"即名誉上的帝王。项羽此举是为了架空楚怀王,为自己王霸天下扫除名分上的障碍。后来,他又下令把义帝从楚都彭城迁往蛮荒的长沙郡郴县。

处理完这些事情后,项羽与属下谋士经过一番谋划,开始实行自己王霸方案中的诸侯分封方案。他以盟主身份在咸阳附近的戏亭大会诸侯,宣布诸侯分封方案,在原六国的基础上,分封了18个割据王国国王。

项羽自封为西楚霸王,领有九郡,建都彭城(今江苏徐州)。古代楚国有南楚、东楚、西楚之分,项羽建都的彭城,地处西楚,所以他自称西楚霸王。霸王即霸主,诸侯的盟主。他所统领的九郡,是故魏国和故楚国的大部分地区,大约在今河南省东部、山东省西南部和江苏省、安徽省、湖北省的部分地区。

项羽虽然瞧不起刘邦,但对他却不得不防。因为刘邦是率先入关灭秦的诸侯,按照之前的"怀王之约",他应当被封为秦王,王关中之地。项羽和范增等人商量后,认为关中土地肥沃、形势险要,如果让刘邦称王关中,便给了他窥望天下的机会;但鸿门宴上双方已经和解,如果公然负约,又会失信于诸侯。商议再三,项羽决定封刘邦为蜀王,将巴、蜀作为其封地。巴蜀地区关山阻隔,路途迢迢,是秦朝流放犯人的地方,刘邦只要入蜀,就会成为笼中之兽,难有作为。而且这二郡又是秦国故地,分给刘邦,也算是没有失约,表面上还算说得过去。

早在项羽下发封赏令之前,项伯就派人将情况告诉了刘邦。刘邦知晓后,气得欲与项羽决一死战,经萧何等人好言相劝,总算冷静下来。

在诸多意见中,萧何的意见相当有见地,他冷静客观地向刘邦分析了眼下的严峻形势，指出在当前处境下，只有接受分封，暂时退让，等将来条件成熟后，再与项羽一争高下。

萧何是这样说的："当前彼众我寡，势必百战百败。除了死，不会有第二条路。依我看，屈一人之下，伸志于万民之上，只有商汤、周武才能做到。商汤、周武屈于夏桀、商纣之下，不过是时机未到，因屈以求伸罢了。望您能早日到达巴蜀，先坐上王位，然后收揽民心，召请贤能，充分利用巴蜀的财富，养精蓄锐，扩大军力，然后再挥军东指，平定三秦。如此从长计议，进而掌握天下，也不是不可能的。"

听了萧何一席话，刘邦才渐渐平息了心中的怒火。经过谋划，刘邦派张良带着财宝去见项伯，让他从中斡旋，向项羽求封汉中。其间，郦食其的弟弟郦商已率军平定汉中。项羽见事已至此，便卖给叔父项伯一个面子，答应将汉中郡也分封给刘邦，并改蜀王为汉王。这就是后来大汉王朝国号的由来。至此，刘邦的分封事宜确定了下来：名号汉王，定都南郑（今陕西汉中境内），领巴、蜀、汉中三郡。

这个时候，项羽还是不放心，又将汉中的门户之地关中一分为三，分封给秦朝的3位降将。其中，章邯为雍王，领咸阳以西的内史郡西部之地（今陕西西南、甘肃东部），定都废丘（今陕西境内）。章邯在投降之时已被项羽立为雍王，直到现在才算是实至名归。司马欣为塞王，领咸阳以东直至黄河的内史郡东部之地（今陕西东南），定都于栎阳。司马欣早年曾为栎阳狱掾，对项氏有恩，项羽此举似在报恩。董翳为翟王，领上郡（今陕西北部）之地，定都高奴（今陕西延安东部）。董翳原为秦军都尉，职位不高，这次受封主要是因为劝说章邯投降有功。

至此，项羽才对刘邦稍稍放心，接着着手处理下面的分封事宜。

魏王豹改封为西魏王，领河东、上党二郡（今山西西南），定都平阳（今山西临汾南）。魏王豹本来就是诸侯王，自巨鹿之战后一直跟随项羽东征西战，只因项羽看中了原魏国属地，只能改封他为西魏王，其属地与名号都比过去小了很多。

申阳封为河南王，领三川郡之地，定都洛阳（今河南洛阳东北）。

申阳是瑕丘（今山东兖州东北）人，与张耳关系密切。天下大乱时，他因攻下河南郡并在黄河边迎接诸侯联军立下了功劳，所以才受此封赏。

韩王成仍领韩国故地，定都阳翟。赵歇被封为代王，领代地（今山西、河北二省北部），定都代（今河北蔚县）。张耳被封为常山王，领赵国故地，定都襄国（今河北邢台西南）。黥布被封为九江王，领九江郡之地（今安徽南部及江西北部地区），定都六县（今安徽六安）。吴芮被封为衡山王，领衡山郡（约今湖北、河南、安徽交界大别山周围一带）之地，定都邾县（今湖北黄冈西北）。共敖被封为临江王，领南郡之地，定都江陵（今湖北江陵）。共敖是楚怀王的上柱国，诸侯联军反攻秦王朝期间，他率军攻下南郡，立有战功，所以受此封赏。

燕王韩广改封为辽东王，领辽东郡、辽西郡、右北平郡之地。臧荼被封为燕王，领燕国故地，定都于蓟（今北京西南）。齐王田市改封为胶东王，领胶东郡之地。田都被封为齐王，领临齐郡、琅琊郡之地。田安被封为济北王，王济北郡之地。

另外，赵国大将军陈馀在巨鹿之战时因受丞相张耳责备，一怒之下交出将军印绶，带着数百人前往河上泽中渔猎，不曾跟随项羽入关。项羽考虑到陈馀向来有贤能的名声，而且曾对赵国有功，因目前他在南皮（今河北南皮东北），于是就把南皮周围的3个县封给他。

分封完毕，项羽下令各路诸侯各自率兵到封地就国，他自己也带着珍宝、美人等战利品回军彭城。

国家统一是历史发展的趋势，秦始皇顺应历史发展的要求，结束了春秋战国几百年征战的局面，为中华民族立下了不朽的功绩。而秦末农民起义和群雄纷起，使统一的中国又走向了分裂。作为各路诸侯军的统领，项羽理应努力使国家重新走向统一，他却搞起了分封，使中华民族重又陷入更加支离破碎的灾难之中，这是历史的倒退，必然以失败而告终。果然，分封没多久，各诸侯内部便矛盾四起，战火重又燃起。

四、筑坛拜将

汉高祖元年（前206）四月，刘邦离开灞上，前往封国汉中首府南郑。

刘邦入关时，麾下已有10万大军，这次分封，项羽只准许他率领3万士卒就国，其余人马则分散调配给其他诸侯王。这让刘邦更是气愤难平，但又无可奈何，只能一忍再忍。从关中到巴蜀的道路极其难行，栈道艰险，山路坎坷，士卒走得胆战心惊，叫苦不迭，沿途有不少人趁机逃走。刘邦一路颠沛劳顿，终于到达南郑。安顿下来后，张良前来辞行，要回归韩国。刘邦虽然不舍，但也没有理由留人。他一直将张良送出褒中峡谷才作别，临别时，张良建议说："大王，您是不是应该烧掉来路上的栈道，这样既可以防备可能来自雍王章邯的尾随偷袭，更可以向天下人表示您志仅在此，没有东还之意，以此稳定项王的心，使他不致因戒心太重而加害于您。"

秦汉时期，咸阳至南郑并无坦途，崇山峻岭之间全靠依山凿穴搭建而成的藤木栈道往来交通。刘邦对张良之言深以为然，送走张良后，他马上下令将栈道悉数烧毁。

此后，刘邦君臣同心，励精图治，加紧为东进争夺天下而做准备。他首先着手汉王国政权的建立：拜萧何为丞相，令他委派官吏，专心治理汉国；拜樊哙、周勃、夏侯婴等人为将，招兵买马，操练士卒，积蓄力量，伺机反攻中原。可是，大将军一职一时难以确定，而当时也没有仗打，于是，大将军之职暂时空悬，等有合适人才再定。

一切安排妥当后，刘邦的心才算定了下来。

然而，南郑毕竟是个偏僻之地，刘邦军中都是关东人，且多为楚人，这次进关灭秦，不但没有得到赏赐，反而被发配到这种荒凉之地，缺衣少食，水土不服不说，最难耐的是思家心切，难望归期。所以，即便到了目的地，还是不断有人开小差逃跑，后来连军官也纷纷逃亡，一连跑了十几个将领。一时间，汉国上下笼罩在一片茫然与失望的氛围之中。

突然有一天，侍卫来报告说丞相萧何逃跑了。刘邦十分惊慌，顿时如热锅上的蚂蚁。萧何是他多年的老朋友，也是他的左膀右臂，自沛县起兵一直相随左右、出谋划策，现在连萧何都逃跑了，还有谁能靠得住呢？刘邦左思右想，一时理不出头绪，他派人去找，但一连两天都没有找到。

就在刘邦心灰意冷之际，两天后，萧何回来了，求见刘邦，刘邦看见萧何一副疲惫不堪的样子，心中又喜又气，百感交集，他责备萧何："别人逃跑也就罢了，连你也逃了，这是为什么？"

萧何连忙解释："臣不是逃跑，而是去追逃走的人！"刘邦问道："你去追谁？"萧何答："韩信。"刘邦一听怒了，骂道："逃跑的将领有几十个，你不去追，偏偏去追什么韩信！我看你就是在胡说八道，欺骗我！"

萧何说："其他逃跑的将领无足轻重，容易物色，去留无所谓。唯独这韩信，乃是国中奇才，天下无双。大王如果愿意当一辈子汉王，可以不用韩信；但如果您想争夺天下，那么除了韩信以外，没有第二个人可以像他那样帮您。我几次向您推荐他的原因就在于此，现在只看大王您怎么决定了。"随后，萧何向刘邦细述了韩信的来历。

韩信是淮阴（今江苏淮安）人，年轻时家中贫困，父亲早逝，后来母亲也得重病离他而去。母亲死后，韩信衣食无着，四处流浪。起初，他寄宿在淮阴一个当亭长的朋友家里，日子一长，亭长一家对他非常不满，于是想方设法把他撵走了。为了充饥，韩信到淮阴城外的河边钓鱼，结果还是食不果腹。有一天，他饿得眼前发黑，晕倒在河边。这时正好有几个妇女在漂洗丝绵，有一位漂母见他可怜，就把自己的干粮分了一半给他，而且以后数十天，天天管他的饭。韩信非常感动，对漂母说："您对我这么好，我以后一定报答您！"漂母听了十分生气："男子汉大丈夫，连自己的肚子都填不饱，我还指望你日后报答我吗？"韩信羞愧极了，暗下决心，日后一定要有所作为。

韩信家无长物，唯有一把祖传的宝剑。他每天习剑练武，总是把剑挂在腰间。淮阴城里的人见他游手好闲，穷困成这个样子，竟然还挂着剑，都欺负他。有一次，韩信正在街头游逛，有个年轻的屠户想欺负他，就挑衅道："韩信，我看你虽然长得人高马大，还佩带宝剑，其实你的胆子最小了。"韩信知道这人是故意找碴，就紧闭着嘴，不肯回答。那个屠户更加张狂了，又当众侮辱他："你当真不怕死，就拿剑来刺我；要是怕死，你就从我胯下钻过去！"说着撑开两条腿，摆出架势，等着韩信钻过去。周围的人都过来看热闹。

韩信仔细打量着那个屠户，然后弯下身子趴在地上，从屠夫的胯下爬了过去。围观的人都哄笑起来，笑话他怯懦无能。

项梁在会稽起兵路过淮阴，韩信以为施展自己才干的机会来了，遂参加了起义队伍。但在项梁麾下，他并不受重用，不过是编充行伍，聊领薄饷而已。项梁阵亡后，他又追随项羽，做了郎中。他多次向项羽献计献策，希望得到重用，但是项羽根本没把他放在眼里，均未采纳。项羽缺乏看人的眼光，既不会识才，也不会用才，韩信对他渐渐失去了信心。鸿门宴上，韩信细心观察，发现刘邦非同寻常，是个能做大事之人。于是，他趁夜深人静之际逃离项羽的军营，投奔了刘邦。

然而在汉中，韩信还是未能施展自己的抱负，只是被任命为"连敖"，类似于现在的仓库管理员。他心里十分郁闷，便与同乡喝酒消愁，结果误了公事，因此被定了死罪。韩信知道监斩官夏侯婴是个爱才之人，于是在轮到自己被砍头时，大喊道："汉王既然想得到天下，又为何要斩杀壮士？"夏侯婴觉得韩信非等闲之辈，就和他交谈了一番。夏侯婴对韩信十分满意，便禀告刘邦，免其死罪，并将韩信推荐给刘邦，任命他为治粟都尉。

此后，韩信仍未得到刘邦的重视，却得到了接近丞相萧何的机会。经过频繁的接触，萧何觉得韩信是个不可多得的人才，十分欣赏他的才干，便又把他推荐给刘邦。韩信没有什么名望，又无功绩可言，刘邦唯恐其他人不平，不敢贸然提拔。韩信觉得自己在汉军中也得不到重用，心中憋闷，感到前途一片茫然。哀莫大于心死，他决定逃离汉中。

萧何得知韩信逃走之事后，来不及与刘邦打招呼，费尽周折将韩信追了回来。萧何向刘邦讲述完事情的原委，并恳请刘邦务必重用韩信，并说此人乃是刘邦争夺天下不可缺少的臂膀。刘邦听了萧何的话，说："我当然也想东归称霸天下，哪里想长期待在这里闷死呢。"

萧何说："大王既然确定了东进的政策，那么韩信的去留就更加关系重大了。您能任用韩信，就能留住他；如果不委他以大任，我们终究留不住他。"

刘邦说："我看在您的面子上，任命他为将军！"

萧何说："只当一名将军，韩信不可能留下来。"

刘邦一咬牙："好，我就让他当大将军！"

于是，刘邦召见韩信，打算马上任命他。萧何说："大王待人向来傲慢无礼，现在任命一位大将军，竟然像招呼小孩子一样轻率，这也是韩信之所以离去的原因。您如果真想任用他，就请选择一个良辰吉日，亲自沐浴斋戒，设置高台和广场，举行正式任命大将军的仪式，登台拜将，隆重典礼，那样才可以。"事到如今，刘邦也豁出去了，决定按萧何所说的行事。

拜将仪式异常隆重。练兵场上搭建了将坛，四周大旗迎风飘扬，场面十分壮观。众将军都跃跃欲试地盯着大印，希望自己就是汉王要拜的大将军。当萧何宣布韩信为大将军时，台下的将军们都不服气，谁会想到一个不起眼的治粟都尉会成为大将军呢。刘邦亲自将金印、兵符和一把宝剑交给韩信，郑重宣布今后军中之事交由韩信掌管。

拜将仪式结束后，刘邦和韩信进行了推心置腹的谈话。韩信向刘邦分析了楚汉各自的利弊和发展趋势，而后指出项羽的缺点。项羽其实是徒有虚名，他虽然英勇善战，但不善于发现和任用人才，不是一个好的统帅；项羽虽然关心部下生活，但在应对有功将领封爵奖赏时又犹豫不决，缺乏政治远见，目光短浅；项羽违背了楚怀王"先入关中者为王"的约定，其分封的诸侯之间矛盾极深，各自称王，项羽虽称霸但不能持久；项羽的军队毫无纪律可言，到处作恶，烧杀抢掠，不得人心，三秦百姓对他们恨之入骨。俗话说，知己知彼方能百战百胜，得人心者得天下。韩信劝刘邦要引以为鉴，利用敌人的短处，发挥自己的长处，还定三秦，鼓舞将士士气，挺进关东，最终战胜项羽，成就伟业。

与韩信的一番长谈，使刘邦信心大增，也使他对韩信刮目相看，有种相见恨晚的感觉。随后，刘邦将东进计划委托给韩信去规划，军队也交给韩信指挥。

五、还定三秦

刘邦拜韩信为大将军后，从此文靠萧何、武靠韩信治理汉中，整军备战，精心按照北出南山、规复关中，东出函谷关、进兵中原的计划而筹备。韩信也开始大展拳脚，一心一意地整训军队，为刘邦挺进关东的计划做准备。

由于项羽分封不公，诸侯兼并战争频发，刘邦认为自己的机会来了，立即召集部属商议北上的计划。君臣经过商议，一致把第一个目标锁定为项羽设在关中堵截刘邦东出的第一重要门户——雍国。

攻打章邯的雍国，该走什么路线呢？栈道已全部烧毁，但是从关中入汉中，还有一条通道，称"故道"，也叫陈仓道。出兵走哪条路好呢？刘邦和韩信反复计议路线问题。韩信提出先绕向西北，走故道，然后一直向东，出陈仓，再向东，攻打雍国首府废丘。雍国一定，紧挨着废丘的咸阳自然就回到了汉军的掌握之中，关中其余二王也能很快平定。

此次进军，只能成功，不能失败，所以必须格外小心才行。为了迷惑章邯，韩信给刘邦出了个主意，使用障眼法。出发前，派出若干军役民夫，摆出要大修栈道的架势，人挑车载，输送材料器具，白天运进去，晚上再倒出来，每天来来往往，川流不息，几百里的栈道都堆满材料，挤满民工，好像正在争分夺秒地抓紧抢险，以此制造汉王要从栈道进攻三秦的假象。这就是历史上著名的"明修栈道，暗度陈仓"的故事。

汉军大修栈道的消息很快传到了章邯的耳朵里，他连忙下令加强对栈道的防守，但他哪里知道韩信根本就没想过由栈道进攻关中。

韩信对于这次攻打章邯非常重视。一方面，他认为章邯是三秦旧将中实力最强、威望最高的诸侯王，又扼守汉中进入关中的咽喉——斜谷口与陈仓，是汉军夺取关中的最主要障碍；另一方面，此战为汉军进军关中的首战，其胜负关系到整个楚汉战争的全局，不能有半点马虎。因此，韩信对此战进行了精心策划，除由他指挥汉军主力正面突击外，还至少安排了大小不等的6支偏军协同作战。

刘邦命萧何留守巴蜀和汉中，自己和韩信率领主力部队悄无声息地向陈仓道挺进。这时，章邯还被蒙在鼓里。他为人自负，向来不把刘邦这类草莽放在眼里，听说刘邦拜韩信为大将军，更是嘲笑刘邦愚蠢至极。当他收到刘邦和韩信把主力调往西方，经由故道突然出现在陈仓的消息时，才如梦初醒，知道自己中了刘邦的计，赶忙率军迎战，但为时已晚。汉军积愤日久，此番出兵，士气大振，犹如猛虎下山，个个奋勇杀敌。而章邯的士卒们本就是关中子弟，对章邯痛恨在心，受他驱遣实属身不由己，勉强从命，根本不会卖力。如今一碰到刘邦的虎狼之师，立刻四散溃逃。章邯主力溃不成军。眼见颓势已定，章邯只得逃往好畤县（今陕西乾县东）。

陈仓陷落后，章邯惊恐万分，一面退守，一面派人向司马欣等人求救。然而援军迟迟未到，韩信则指挥汉军紧追不舍，终于在好畤县追上了东逃的章邯部，两军又经历了一场激战。韩信在中军、前锋樊哙、左翼灌婴、右翼主将周勃，几员猛将前后夹击，四方呼应，勇猛冲杀，直杀得雍军丢盔弃甲，溃不成军。章邯只得留下弟弟章平死守好畤，自己引败兵退回废丘。

汉军击败章邯的主力之后，只留了一小部分兵力围困章邯的孤军，使其无法干扰刘邦的其他计划。与此同时，主力部队越过废丘向咸阳进发。汉军胜利地打响了整个楚汉战争的前奏，同时使得司马欣和董翳成为惊弓之鸟。

不久，司马欣、董翳也相继投降。不到两个月，除章邯孤军踞守的废丘之外，关中大部分地区都被刘邦占领。韩信暗度陈仓的妙计，使刘邦占领了关中六郡，从而为刘邦与项羽展开全面楚汉之争打下了基础。

项羽将巴蜀一带分给刘邦，本来是想借巴蜀环境恶劣、交通不便的情况来削弱刘邦的力量，把他封锁起来，让他不能再与自己争天下。但项羽没想到自己算计了半天还是功败垂成！

韩信随后和萧何的部队到达关中。樊哙军队对坚守废丘的章邯发起猛烈攻击，章邯顽强抵抗，樊哙屡攻不下。韩信到来后亲自督战。当时正是多雨时节，韩信让樊哙堵住雍河，引水淹灌废丘（今陕西西安境内）。由于雨大，河水水流湍急，废丘全城迅速被河水淹没。章邯见自己必死无疑，只得自杀，其残兵顺势向樊哙投降了。至此，关中完全被刘邦占领。当年楚怀王关于"先入定关中者王之"的前约，刘邦在灭秦一年后就迅速实现了。

刘邦顺利地攻占了关中之地，在昔日秦王朝都城咸阳立起了汉王的大旗。这次胜利尽管没有经历太多的波折，却具有重大的意义。八百里秦川，物产丰富，人口稠密，地势险要，易守难攻。周武王据此东征，灭商取天下，创800年基业。秦继之，嬴政终靠其得天下。项羽不听韩生之言，放弃在此建都，铸成大错。

由于咸阳已经被项羽烧毁，刘邦就把都城建在了栎阳，决心好好发展关中地区，为此他采取了一系列经济、政治方面的措施。

第一，满足农民的土地要求。刘邦下令把原来秦朝时供皇室游玩的苑囿全部分给农民，让他们将这些土地开垦为农田，满足了一部分农民有地种的要求。

第二，减免租税。为了进一步巩固巴、蜀、汉中地区的政权，也为了感谢这些地区的百姓对汉军的支持和帮助，刘邦减免了巴、蜀、汉中地区两年的租税。

第三，制定新制度。刘邦为了稳定税收，建立了户籍制度，还废除了秦时不合理的法律制度，制定新法令，并大赦以前关在监狱里的罪犯。此外，刘邦还废除秦朝的宗庙社稷，建立了新的汉室社稷。

第四，免士兵赋役。刘邦为了增强自己的兵力，吸纳更多的人参军打仗，鼓舞士气，决定免除参军士兵家中一年的赋役。

第五，奖励反秦起义时的有功百姓和将士。只要是立了功的将士，都赐以爵位；只要是能降服一万人或攻占一个郡的将军，都封为万户侯。

第六，择立三老。刘邦规定各乡举荐一位50岁以上有声望的老人为乡三老，负责向地方官府反映群众意见；再在乡三老中选出县三老，免其徭役，协助地方官府工作。这样一来，百姓和地方官府就有了沟通的渠道，从而使政权更加稳固。

由于萧何最擅长搞建设，刘邦就把建设关中的任务全权交给他负责。萧何没有辜负刘邦的期望，先后采取了一系列有效措施，很快就使关中地区发展起来。刘邦带兵在外开疆拓土，萧何把大后方治理得井井有条，还在刘邦最危急的时候，在人力、物力上给予支持，助刘邦一臂之力，这也是刘邦能顺利战胜项羽的关键因素。

六、喜得陈平

刘邦平定三秦后，便迁都栎阳（今陕西西安境内），将原翟、塞之地划分为上郡、河上、渭南三郡，理政安民，厉兵秣马，很快在关中站稳了脚跟，等待恰当的时机东征。

在此之前，刘邦已派薛欧、王吸二将率兵出武关，入南阳，会同王陵的军队，准备东进沛丰，伺机迎接眷属入关，以解决后顾之忧。王陵也想趁此机会接走还在沛丰的老母，因此很爽快地与薛、王之军合兵一处。

在刘邦初定三秦之际，项羽正在齐国征讨，欲还不能。据说项羽回到国都彭城之后，霸王的宝座还没坐热，就面临着一个两难的问题：是先回师关中剿灭刘邦，还是先赴山东清除田荣①呢？恰在这时，他接到了张良的上书，书中说："汉王不过是因为没有得到原先答应给他的关中位置，才回师三秦；关中一归了他，他就不敢再东进了。"张良之言让项羽做出了选择，项羽遂带领大军前往齐国征讨齐王田荣。

项羽和田荣交战于城阳（今山东鄄城），田荣虽为一世枭雄，面对项羽却不堪一击，很快被打得落花流水，几乎全军覆没。田荣逃到平原（今山东平原县西南）时，被齐地百姓所杀。随后，项羽又以盟主的身份，将之前遭田荣驱赶而投靠项梁的旧齐王田假②重新扶立为齐王。

令项羽没想到的是，刘邦平定三秦后立即派军队东出武关，在齐地平叛的项羽得知后怒火中烧，觉得中了张良的诡计。可是他深陷齐国无法抽身，而张良已经回到了故韩领地。项羽一怒之下，令手下杀了韩王成，封自己的部将郑昌为韩王，以阻挡刘邦东进；并令郑昌派兵阻击汉军，在阳夏地段将王陵等人拦住。

张良听说韩王成被杀的消息后，赶紧乔装抄小路逃到关中，投奔刘邦。刘邦大喜，马上封张良为成信侯。张良因为体弱多病，不能带兵打仗，一直跟随刘邦左右，出谋划策，在所有重大的战略问题上，他都有特殊的贡献。

为了阻止刘邦出武关，项羽一直想招降王陵，以控制南阳，但是他几次试探，王陵都没有反应，所以，当项羽听说王陵要到沛丰迎接母亲时，抢先一步将王陵的母亲接到自己的军营中。他觉得王陵是个孝子，

---

① 田荣：秦末齐国狄县（今山东高青东南）人，故齐王田氏宗族。秦末陈胜起义后，他与兄长田儋在齐地响应，恢复齐国，并担任相国，后自立为齐王，起兵反抗项羽，后兵败被平原县民所杀。

② 田假：秦末齐国人，齐襄王的儿子，齐王建的弟弟。齐王田儋被秦将章邯杀死后，田假被立为齐王，后被田荣取而代之，逃亡楚国。田荣败死后，项羽再立他为齐王，但很快又被田荣的弟弟田横击败，再投楚国，被项羽所杀。

用其母要挟，一定能让王陵屈服。等王陵派使者来交涉时，项羽故意把其母安排到最尊贵的东面上座，想以此拉拢王陵。殊不知王陵的母亲并不是一介普通农妇，而是一位深明大义、性情刚烈的老人。她看出了项羽的用意，使者来会谈时，她端坐一旁，一言不发。使者告辞后，她尾追着来到无人之处，流着眼泪说："请您给我的儿子带个话，让他好好效忠汉王，不要因为老娘的缘故三心二意。现在我就以死作别！"说罢抽剑自刎。

王陵母亲的自刎令项羽气急败坏，下令烹煮了王陵母亲的尸首。项羽的疯狂使王陵更加死心塌地跟随刘邦，直到最后平定天下。

刘邦得知薛欧、王吸、王陵等人被楚军阻挡于阳夏（今河南周口境内），马上命令他们原地驻扎待命。迎接家眷是政治上的一面旗帜，刘邦的主要目标是整肃三秦之地和积极备战，家眷倒在其次，既然迎接不成，那就不迎罢了。他要乘胜前进，扩大战果。

刘邦打着慰劳关外父老子弟的旗号，东出函谷关，到达陕城。这一举动对东面的几个诸侯起到了强大的威慑作用。

从关中东进，首先要经过韩国，而韩国西境紧靠着故秦国。当初项羽不让韩王成归国，最主要的原因就是不放心。刘邦此次出关，任命故韩襄王韩仓的孙子韩王信为韩国上、中、下三军太尉，去夺取故韩国的领土。韩王信向东攻城略地，向项羽所封的郑昌发动袭击，一举攻破其都城阳翟，郑昌本来就没什么实力，很快便投降了。汉高祖元年（前206）十一月，刘邦封韩王信为韩王，率领韩国部队跟随自己征战。

河南王申阳原来是张耳的下属，刘邦想利用这层关系，让张耳劝降申阳。张耳投奔刘邦后，刘邦待他不薄，这次为了让他顺利完成任务，刘邦还把自己的女儿许配给了他的儿子，张耳自然很乐意。于是，刘邦不费吹灰之力就拿下了河南王的封地，并改为河南郡。

接着，刘邦又率军转向东北，通过古代秦晋之间的重要通道临晋关（又叫蒲津关），从关下的蒲津渡口，东渡黄河。西魏王魏豹得到消息后，率部从首府平阳（今山西临汾）赶来，追随刘邦。魏豹对项羽当年占领他的领地,并让他迁至现在的封地怀恨在心,所以主动跟随刘邦反楚。

刘邦合并了魏国的部队,直指河内(今河南黄河以北地区),俘虏了殷王司马卬,将其封地改为河内郡。接着,刘邦又相继攻占了陇西郡(今甘肃一带)、北地郡(今陕西北部和宁夏一带),并擒获了章邯之弟章平。

自汉高祖元年(前206)八月从汉中北上,刘邦在一个月内平定了雍、塞、翟三国;仅用了四五个月又接连收服了河地、韩、魏、殷四国,加上张耳的常山国,刘邦现在是统率着数国大军,实力陡增。

与刘邦的实力日益增强相比,项羽却开始走下坡路了,形势对项羽十分不利。他分封的18个诸侯王里,雍王、翟王、韩王、河南王、塞王、殷王、西魏王,有的被刘邦消灭,有的被刘邦劝降;齐王田都被田荣赶走了,济北王田安被他杀了,辽东王韩广被臧荼灭了,陈馀把常山王张耳驱逐出去了,还有两个在偏远地区——衡山王吴芮和临江王共敖;剩下的九江王黥布和燕王臧荼,也都是心怀不轨。而导致这一结果的主要原因是项羽不懂政治,更不善于识人、用人,而刘邦在这个方面做得相当出色,吸引了项羽身边的众多有才之士,陈平就是其中之一。

陈平是阳武户牖乡(今河南兰考东北)人,早年家境贫困,依靠兄长耕种30余亩薄田度日。他住穷巷陋屋,以破席为门,不治农业,却好读书,尤其喜欢钻研"黄老之术",整天高谈阔论。

陈平生得一表人才,可是到了结婚的年龄,却没人愿意将女儿嫁给他。过了好久,他听说乡里一位富人张负的孙女年轻貌美,可是接连5次嫁人,丈夫都死了,远近人家没有谁再敢和她谈婚论嫁。他想娶她为妻,因为他不怕"克夫命",谁的命能比得上他硬!

因为家中贫寒,陈平经常帮乡里人打理婚丧嫁娶之事,以此混口酒饭吃。有一次,张负偶遇为人帮丧的陈平,考察后觉得此人不错,回家后便与儿子商量:"我想把孙女嫁给陈平,如何?"儿子不解:"陈平?就是那个家贫如洗又好吃懒做的二流子?他的所作所为是全县人的笑料,咱家为何要将孩子嫁给他?"张负问道:"你见过有陈平那种相貌、那副口才而永远贫贱的人吗?"于是,张负便将孙女嫁给了陈平,还借钱给他作聘礼,出钱给他举办婚礼。

孙女临嫁前,张负郑重其事地对她说:"你千万不要因为陈平穷苦就轻慢他,你嫁过去以后要小心服侍他,服侍兄长陈伯要像服侍父亲一样,服侍嫂子要像服侍母亲一样。"张负很看重陈平,孙女嫁过去后,定期给予资助,慷慨大方,使得陈平用度宽余,交游面也越来越广。

陈平居住的巷子叫库上里,库上里举行社祭,陈平总是担任社宰,每次分割祭肉,他都分配得相当公平。库上里的父老们都夸赞他:"行,这小子适合做这一行。"陈平听了不禁叹息道:"如果有一天我能管理天下,我也会像分割祭肉一样公平合理!"

秦二世当政时期,天下大乱,陈平觉得施展平生抱负的时机已到,决定出山,他投奔的第一个对象是魏王咎,被封为魏国太仆。任职期间,他多次献策,魏王咎不仅不采纳,反而听信谗言要治他的罪。陈平无奈,只得逃走。

项羽救赵之际,陈平改投楚军,被封为爵卿,赐号"平爵卿"。刘邦出关,兵临殷国城下,陈平因胁迫殷王司马卬有功,远在齐国平叛的项羽闻报后大悦,令留守彭城的项悍拜陈平为都尉,并赐金20镒[①]。出人意料的是,没过多久司马卬战败,再次投降刘邦。项羽闻报大怒,密令项悍将出使殷国的陈平等人处死。陈平得知消息后,仓皇逃出彭城。

在逃亡途中,陈平搭乘渡船出河,船家见他衣着华丽,气度不凡,怀疑他身上带有珍宝、财物,便想图财害命。陈平从船家的眼中看出端倪,马上找了个借口脱光衣裳,一丝不挂地去帮船家划船。船家见他一无所有,便打消了谋害他的念头。

陈平一路艰辛来到修武,找到故交魏无知,请他引见汉王。时逢乱世,各地前来投军的人很多,刘邦正值用人之际,来者不拒,因此,陈

---

① 镒:古代重量单位,一镒合20两(一说为24两)。——编者注

平和其他前来投奔的人一起得到了刘邦的召见。

等其他人都走后，陈平对刘邦说："大王，小臣为机密要事而来，我所要说的不能拖过今日。"

刘邦见陈平相貌堂堂，不禁对他有些另眼相看，就答应听他谈谈那些"不能拖过今日"的机密之事。陈平侃侃而谈，具体谈了些什么，史籍中未见记载，总之刘邦是越听越高兴。谈话末了，刘邦问道："你在楚军中担任什么职务？"陈平回答："都尉。"刘邦思索片刻，说："好，本王也任命你为都尉，做我的参乘①，主持护军②的工作。"

樊哙、灌婴、周勃等人，听说一个楚国的逃兵竟然得此要职，心中多有不满，议论纷纷。但刘邦毫不理会这些议论，反而更加宠信陈平，后来又带他东进去攻打彭城，直到刘邦当了皇帝乃至驾崩，陈平始终跟随左右，得到他极大信任。由此不难推测，陈平初见刘邦时所说的机密之事，肯定包含项羽营垒内部的情况、关系、弱点等，使刘邦理清了眼下的形势，定下了直捣项羽老巢彭城的策略。

后来，汉军在彭城惨败，周勃、灌婴等都到刘邦面前诋毁陈平，但刘邦听了并不在意。后来又有人说陈平人品不好，公然接受众将领的贿赂，而且与自己的嫂子私通，要求刘邦对这个反复无常的乱臣贼子进行惩治。

刘邦向来认为自己有识人之明，不会看错人，如今越来越多的人向他告陈平的状，他心中难免有所动摇，便召来举荐陈平的魏无知训斥了一番。魏无知辩解道："我向大王推荐时说的是才能，而不是大王所说的品行。即使坚守信约如抱桥柱而死的尾生、孝顺如商高宗武丁之子孝己那样好的品行，可是在决定胜负命运的关键问题上，他要是没有丝毫用处，大王会使用这样的人吗？如今楚汉相持不下，我向您推荐人才，只考虑他的计谋是不是真的对汉王的大业有利，至于和嫂子私通、接受

---

① 参乘：古代乘车，尊者在左，御者在中，一人在右陪坐，称"参乘"或"车右"，起平衡主帅战车和保护主帅的作用。

② 护军：秦汉时临时设置护军都尉或中尉，以调节各将领之间的关系。

金钱之类的小节,哪里值得大王您去怀疑呢?"

刘邦听了这番解释,心里虽然宽解不少,但对陈平还是有些不放心,于是又召来陈平问话。陈平解释道:"我事奉魏王,魏王不采纳我的意见,我才去投奔项王。项王不信任我,只信任、重用项氏族人,即使有奇谋的人也不被看重,而且项王是非不分,殷王投降,他一怒之下要滥杀无辜,我这才离开楚军。我听说大王善于用人,才前来投奔。我空身而来,不接受下面的金钱就无钱可用,我也是无奈而为之。如果我的计谋有值得采纳的,希望大王采用;如果没有可用的,那么我接受的金钱还都没用掉,可以交送官府,然后自请离去!"刘邦一听顿时醒悟,向陈平道了歉,并让人拿来大量的金钱赏赐给陈平,然后正式任命他为护军中尉。

陈平后来为刘邦提供了许多绝妙的计谋,为汉王朝立下奇功,做出了卓越的贡献。

七、兵败彭城

前文提过,刘邦曾打着"抚关外父老"的旗号东出函谷关,进军中原,河南、韩、魏、殷四国就是在这一旗号下收服的。如今要继续东征,攻打楚国,又该打着什么旗号呢?刘邦一时也想不出个所以然来。

关键时刻,刘邦又遇到了一位高人——董公。董公是新城(今河南商丘南)人,时年80多岁,是本县三老。董公听说刘邦率领大军东进路过新城,便前来献策。董公首先问道:"我听闻用兵之道,讲究'顺德者昌,逆德者亡',又有'师出无名,事必不成'之说,请问大王,您以什么名义东征呢?"刘邦思索片刻,答道:"项王无道,今往讨之。"董公点了点头,说:"老话说,明其为贼,敌乃可服,项羽最大的不仁在于弑义帝之事。我为大王出个主意,可令全军将士素服为义帝发丧并传檄诸侯,使天下人都知道项羽弑帝之罪。如此方师出有名,天下仰德。这种做法乃是往昔商汤、周武成功的秘诀啊!"

原来，项羽在将义帝发配到长沙郡郴县（今湖南郴州境内）这个荒蛮之地后，仍不肯罢手，他要称霸天下，就不能再有一个位居自己之上的皇帝，于是命黥布在长江船上埋伏了刀斧手，杀害了义帝。这个消息很快便传遍了中原。

刘邦听了董公的计策，非常高兴，对奇袭彭城更加有信心了。

随后，刘邦马上采取行动，号令三军为义帝发丧。在祭坛上，他袒露左臂，放声大哭。汉军穿着袒露左臂的孝服，以最为虔诚的礼节，举哀三日，祭吊义帝。发丧仪式完毕，刘邦命人写好一篇檄文送达周边诸侯，檄文写道：

天下共立义帝，北面事之。今项羽放杀义帝于江南，大逆无道。寡人亲为发丧，诸侯皆缟素。悉发关内兵，收三河（河南、河东、河内）士，南浮江汉（长江、汉水）以下，愿从诸侯王击楚之杀义帝者。

檄文发出后，全国震动。汉军全军缟素，高举"为义帝发丧"的大旗，士气高涨，大军中会合着韩、魏、赵、殷以及三秦等诸侯军，总数达50多万人，浩浩荡荡向东方进军。

联军抵达外黄时，彭越率领3万人马来投。此前彭越斩杀了项羽封立的济北王田安，大败楚军萧公角。分别数年，故人再聚，今非昔比，感慨万千。刘邦任命彭越为魏国相国，命他领兵攻伐梁地，以袭扰项羽的战略后方，他自己则亲统大军奔袭彭城。

彭城地势开阔，历来是兵家必争之地。或许是项羽过于自负，认为天下无人敢来攻打他的国都，所以当他去齐地平叛之际，只留下项悍率领少许兵力留守彭城。但项悍军事才能平庸，所以诸侯军没费多大力气就攻下了彭城。

刘邦没想到攻下项羽的老巢竟然如此容易，想到大局已定，他高兴得有点忘乎所以。司马迁在《史记》中这样记述刘邦进入彭城后的举止："收其货宝美人，日置酒高会。"真可谓朝饮醇酒，暮拥娇娃，更把项羽宫中的奇珍异宝、库存的金银财货全部据为己有。上行下效,汉军将士也大肆劫掠宝货妇女,日夜纵酒高歌,沉浸在一片狂欢之中。

正所谓乐极生悲,灾祸很快到来了。远在齐地城阳的项羽得知彭城失守,气得咬牙切齿。其实,项羽早已得到了诸侯联军东进的报告,但还是想着平定齐国后再回击联军,没想到联军竟然如此迅速地拿下了自己的国都。危急时刻,项羽再次展现出一位天才军事家的卓越才能,他当即命令司马龙且、钟离昧①等大将继续攻打齐国,他自己则统率3万精兵,由齐地出胡陵,绕道彭城以西占领萧县,然后在清晨自萧县发起总攻,直取彭城。

诸侯联军完全被胜利冲昏了头脑,根本没料到项羽会突然出现,仓促之间应战。以项羽的神勇,加上楚军将士同仇敌忾,誓要夺回家园,诸侯联军一触即溃,纷纷逃散。楚军将士瞪着血红的眼睛拼命厮杀,联军仓皇逃窜,整个战场杀声震天,楚军仅用半天时间就大破联军,夺回了彭城。

刘邦昨夜宿醉,睁开眼睛时楚军已从西门攻入彭城,仓皇间,他连忙拨转马头,迅速向东方逃命。将军缯贺率骑兵紧紧追随其后,拼力击杀,阻挡追兵,楚骑兵才没有追到刘邦。刘邦回头对缯贺说:"你留在彭城,升任你为执圭②,阻击东面的项羽,使他无法追赶联军到达灵璧。"说完拼命急驰而去。

不过半天工夫,彭城的联军已然大败,几十万汉军被西面的楚军追着向东狂奔逃命,逃到彭城东面的谷水和泗水,因为后面追得急,联军士卒走投无路,情急之中纷纷跳到河里。楚军追到河边,射杀、砍杀无数,加上水中溺死的,撤退的联军在这里死了将近10万人。

幸存的联军又一窝蜂地往南狂逃,想到山上去,楚军继续追杀,联

---

① 钟离昧:钟离氏,名昧。项羽麾下将领之一,多次在与刘邦正面对峙时给刘邦以沉重打击。项羽败亡后,他投奔韩信。韩信因为遭到刘邦猜忌,欲献上钟离昧的人头以求自保,最后钟离昧自杀身亡。

② 执圭:先秦楚国爵位名。圭以区分爵位等级,使执圭而朝,故名。

军死了几万人,直至完全瓦解,如同森林大火中的群兽,狂奔不已,自相践踏,其溃败如山崩,往南一逃就逃出了近200里,在灵璧东面的睢水上,又被楚军追上。楚骑兵冲进溃乱的联军中,刀光闪处,血肉横飞,鬼哭狼嚎。联军残部十几万人,溺死的、被楚军杀死的、从岸上挤落的尸体堆积如山,堵塞住了河床,睢水为之断流。

且说刘邦脱险后一路向北逃窜,想顺道回老家沛县,把父亲和妻子儿女带上。但是他的家人听说他战败,已经逃离沛县。刘邦无奈,只能离开,他带着数十名骑兵继续狂奔,结果在路上遇到了儿子和女儿,就带着他们一起逃亡。

这时,东面烟尘滚滚,似乎还有旗帜飘扬,是楚军从那边追过来了。为刘邦赶车的夏侯婴急忙站起身,狠抽领头的辕马一鞭,那马猛一耸身,前蹄腾起,其余几匹马也跟着扬起前蹄,意欲奔驰。如是平时这样一抽,战车速度一定会加快,可是今天这几匹马怎么也跑不起来。从彭城开始它们就没有停歇过,又没喂过草料,加上人多车重,几乎将它们累死。几匹马大口大口地喘着粗气,速度越来越慢,能扔的东西都扔了,马车还是跑不起来。刘邦情急之下,为了减轻车上的重量,使马跑得快一些,3次将自己的儿子和女儿推下车。

夏侯婴不忍抛下孩子们,又下车把他们抱回车上。刘邦见状,又想把两个孩子推下去。夏侯婴一边抱紧孩子,一边责骂刘邦:"情况虽然紧急,但敌人也不一定能追上咱们,为什么要把他们丢下呢?"为此,两人争执不休,刘邦甚至曾十多次拔出剑来威胁夏侯婴不要管孩子。

或许是苍天不绝刘邦,虽然楚军追兵精力旺盛,马快粮足,但是刘邦那辆马疲载重的破车还是带着他们从追兵眼皮底下逃掉了。原来,追兵中有一个刘邦的旧友——丁公。刘邦眼看自己就要被楚军追上,突然发现了丁公,他急忙打躬作揖说:"都是天下英雄,又何必互相残害呢?我刘某若能得一活路,日后定将厚谢您的恩德!"丁公看了看刘邦,竟然真的放了他们,等后面的楚军追上来时,刘邦早已跑远了。

刘邦离开沛县时,曾把自己的父亲和妻儿托付给朋友审食其。审食其带着他们逃跑时，在混乱中与两个孩子走散了。于是，他带着刘邦的父亲刘太公和妻子吕雉逃跑，本来想寻找刘邦，结果途中遇上项羽的军队，被项羽俘虏，留作人质。

彭城惨败，使刘邦的主力大军被歼。齐国、赵国也与项羽讲和，共同反汉。诸侯王们纷纷背叛刘邦，投降了项羽。塞王司马欣和翟王董翳也趁机投奔了项羽，形势对刘邦来说极为不利。

一夜之间，从威风八面转而成为丧家犬，这对刘邦的打击极大，他明白威震天下的楚霸王盛名不虚，要战胜项羽，必须艰苦奋战。不过他并不沮丧，因为汉军虽然损失了数十万人，但并没有完全失败。一方面，在萧何坐镇经营的关中、汉中与巴蜀等地，刘邦的势力已经十分牢固，能够为汉军提供补给；另一方面，汉军的主要将领没有什么损失，恢复元气并不困难。

彭城之战是项羽继巨鹿之战后又一场以少胜多的辉煌战役，再次向天下证明了他战无不胜的神话。不过，此战并不能决定楚汉之间的胜负，因为汉军的实力仍然不可小觑，而且楚军也没有解决与其他反叛诸侯之间的矛盾。

八、扎根荥阳

刘邦从彭城逃出后，没有回汉中，而是抄小路前往下邑（今安徽砀山）。彭城之战使他的几十万大军几乎全军覆没，之前的十几场胜利也在顷刻间化为泡影。他必须到下邑去保住那里由内兄吕泽率领的一支队伍。

到达下邑后，刘邦立刻集结了吕泽的队伍，他不甘心被项羽打败，龟缩到一个小地方去，所以他要重整旗鼓，与项羽再争高下。

为了应付当前的局势，刘邦召集部属商议对策，但将领们都被项羽打怕了，一个个畏畏缩缩，一言不发。刘邦环视一圈，愤然道："如果我愿意舍弃函谷关以东的地方作为封赏，让给能击破西楚国的人，谁愿与我共建功业?"众人仍沉默不语。此时张良已赶到下邑,他向刘邦献计道:"当今天下能当此重任的只有3个人,一个是九江王黥布,他是楚国最勇猛的大将,但是受到项羽猜忌,两人面和心不和,可以利用;第二个是彭越,他和齐王田荣正在故魏国联合反楚。这两个人都有能力胜任重负,可马上遣使联络,为大王所用。第三个就在大王您的麾下,只有韩信可担当重任,独当一面。大王若愿让出关东之地,可分给这3个人。3人得封,必效死力,那么破楚就容易了!"

张良的建议脉络清晰,对时局及相关人物的特性把握得相当准确,刘邦听了深以为然,便依言挑了能言善辩的谒者随何为使,前往九江争取黥布归汉。此乃后话。

确定了战略目标后,刘邦的心里敞亮多了,也踏实了,于是他开始整顿溃军残部,撤离下邑,向荥阳转移。

荥阳是秦朝建立的县治,成皋在荥阳的西面,也是秦朝建立的县治。荥阳、成皋一带,战略地位非常重要,依山傍水,地形险要,退可守,进可攻,是从关中通往关东的咽喉,又是关中控制关东的重镇。如果能守住荥阳、成皋,退可长期坚守,进可长驱东进。而且这一带又是黄河和济水的汇合处,东有鸿沟与淮水流域沟通,水上交通十分便利;西北面的敖仓,是秦朝留下的当时关东最大的粮仓,江淮地区和山东一带运来的粮食都储藏在这里。坚守荥阳,可以取食敖仓。因此,在下邑会议上,刘邦及其部属决定攻占荥阳、成皋这块要地,深沟高垒,采取积极的持久防御战略,阻止项羽西进。

刘邦率军西撤到达荥阳后,项羽也率数万大军追逼到荥阳城下,敌众我寡,形势十分危急。就在这时,韩信集结了留在关中和关东败散的兵马,赶到荥阳与刘邦会合,萧何也将关中还没到服役年龄的少年和56岁以上本已解除兵役放归田里的老年男子,还有那些身体病弱、本不应服役的人全部征召起来,开赴荥阳救急。援兵赶到后,汉军军心稳定下来,于是,刘邦和韩信指挥着部队大举出击,在荥阳以南的京邑(今河南荥阳豫龙镇京襄城村附近)、索亭(今河南荥阳索河街道)之间与楚军展开了激战。

　　刘邦之前在彭城大败,损失最惨重的是骑兵;而追击的楚军中,最厉害的也是骑兵部队。当初项羽从齐国一天之内就风一般赶回彭城并一举击溃五六十万汉军,依靠的就是3万彪悍骑兵。西楚强大的骑兵作为先头部队,紧紧追在汉军后面,一步不离。他们迅捷如疾风,凶狠如下山之虎,常常冲入汉军中奔突冲杀,如入无人之境,汉军根本无法阻挡,要堵住即将逼近的西楚大军主力,必须阻挡住它的骑兵部队。因此,在下邑整顿军队时,刘邦特意建立了一支具有强大战斗力的骑兵部队。

　　然而部队好建,统帅难寻。刘邦和部属再三商议,韩信推荐了关中重泉(今陕西蒲城境内)县人李必、骆甲。这二人都是故秦国的骑士,归降汉军后都在军中担任校尉,熟悉骑兵部队作战方式,可以担任骑兵部队的将领。于是,刘邦召来李必、骆甲二人。

　　李必、骆甲委婉地说:"臣为故秦之将,恐怕士卒难以信服,请大王以左右善骑射者为将,臣等愿诚心诚意辅佐他!"刘邦觉得他们说的也有道理,溃败之后,有许多诸侯国将领叛逃,军中对他们颇多猜忌,甚至是愤恨,如果让两个故秦降将担任主将,实在不妥,也难以服众。于是,他拜亲信灌婴为中大夫,李必和骆甲为左、右校尉,领兵迎击楚军。

　　灌婴原来是睢阳卖丝绢的商贩,刘邦在沛县起事后,在章邯击杀项梁最为艰难的时候,灌婴投靠了刘邦。他作战勇猛,攻城略地,拼杀角搏,斩首虏敌,屡立战功。从刘邦起事到西去进关,从灞上到汉中,从回定三秦到东出函谷关,占据彭城,溃败彭城,一路向西撤退,他都一直跟随刘邦左右,忠心耿耿。如今他又跟随刘邦来到荥阳,把骑兵部队交给他,刘邦自然放心。

　　灌婴、李必、骆甲3位将领接受任命后,马上率领汉军铁骑疾驰向东而去,在荥阳东面与楚军展开了激战,大败楚国军队。屡次战败的汉军得胜后,军心顿时大振。刘邦一鼓作气,又接连调兵遣将,一举击溃了紧紧追在身后的那支楚军。

打败楚军后,汉军立刻修筑甬道①,将荥阳城与黄河渡口连接起来,以便从敖仓运输粮秣。这样一来,汉军在荥阳站稳了脚跟,这对汉军而言意义重大,可以有效地阻挡楚军西进。

九、策反黥布

话分两头,当汉军在荥阳打败楚军,巩固荥阳城防,以便与楚军展开持久战时,谒者随何也来到了黥布的军营,开始了策反工作。

随何一向机敏多智,能言善辩,这次他受命出使九江,也是踌躇满志,带了20人,向南疾驰来到九江首府六邑。他通过关系,首先找到了黥布的太宰②,送上名刺和厚礼。太宰很高兴,答应帮随何引见九江王黥布。

然而一连数日,黥布都没有召见随何。原来,楚国使者也来到了九江,传达项羽的指令,要求黥布尽快发兵与楚军配合,攻打汉军。黥布一时左右为难,一边命人将楚使安排在传舍等候,一边拒绝召见汉使。

随何了解情况后,又找到太宰,对他说:"太宰大人,贵国大王不接见我,一定是认为楚国强大,汉国弱小,而这正是我出使贵国的原因。假使我能够见到贵国大王,我敢保证,我说的一定是大王想听的。如果我说的不合大王的心意,那就请大王把我们一行人斩首示众,用以表明大王惩治汉国、交好楚国的决心。"

太宰如实向黥布转达了随何的话,黥布立即答应接见随何。见到黥布后,随何开门见山地问道:"汉王派我来看望大王,并嘱咐我转问大王,为何与楚独亲?"

---

① 甬道:两边有墙的通道,直到现在还有遗迹,其实就是利用山地中的沟壑加以廓清平整修筑而成的。

② 太宰:古代官职,西周时初置,负责掌管国家的治典、教典、礼典、政典、刑典、事典6种典籍,辅佐国王治理国家。当时的太宰是百官之首。到秦朝时,太宰是负责皇帝饮食以及祭祀供奉的官员;到了汉朝,太宰是辅佐主管宗庙礼仪的九卿之一太常的辅助官员。

黥布说:"寡人曾为楚将,北向臣事,故与楚亲。"

随何说:"大王与项王同为诸侯,大王今北向事楚,是认为楚国强盛,可以托国。既然如此,楚曾伐齐,项王披坚执锐,身先士卒,大王理应亲率部属,为楚先锋,为何只以区区4000人助楚?难道向北臣事就是这样?再说,汉王攻伐彭城,项王在齐地,一时援救不及,大王距彭城近在咫尺,理应率兵相救,但大王未发一卒,坐视成败!既已托国他人,岂能就此袖手旁观?以此来看,大王名为事楚,实际上毫无行动,早已得罪项王,如此下去,后果堪忧啊!"

黥布是个粗人,哪会想这么多,他一听随何之言,顿时直冒冷汗,急切地问道:"那依先生之见,寡人该怎么办?"

随何早知他会有这种反应,平静地说:"大王之所以不愿背楚,是因为楚强汉弱。项楚固然强大,但其背盟约,弑义帝,令天下寒心。如今汉王仗义讨逆,运蜀汉之粮,深沟高垒,与楚相持于荥、成之地,以逸待劳。而楚军运粮于千里之外,人马饥馑,将士泄气,项王虽勇,又哪里能取胜呢?现在大王托国于危亡之楚,实在是自误前程啊!眼下楚汉相持之际,大王若背楚联汉,汉王必胜。如此,汉王裂土分封,不仅可稳居九江封国,还可获得更多的封地,这岂不是万全之策?!"黥布听完,心生动摇,当即答应背楚向汉。随何遂告辞回到驿馆。

然而随何在驿馆等了好几天,却不见黥布有什么动静,他估计黥布还在犹豫之中,害怕楚使将他私通汉国的事情传到项王耳中,所以在严守秘密,不敢有所行动。于是随何决定替黥布采取行动。

这天,随何听说楚使又去面见黥布,便也来到王宫,拜见了黥布后便坐到楚国使者的上座。楚国使者非常惊诧。黥布正不知如何是好,随何转身对楚国使者说:"九江王已经归附了我们大汉,你们楚国凭什么让他发兵呢?"

楚国使者听了,呆愣片刻后便板着脸拂袖而去。黥布也大吃一惊。随何趁机对黥布说:"仇怨已然结下,大王应当机立断将楚使杀掉,背楚归汉。"黥布一时失去了主张,想想事已至此,只得派人追杀楚使,然后宣布联汉伐楚。

项羽得知黥布背楚的消息后，勃然大怒，黥布多次怠兵，他一则抽不出身，二则非常爱惜英才，所以一直没有讨伐他，没想到他竟然背叛自己。于是，项羽马上派项声、龙且带领部队进攻九江国。

黥布在九江与项声、龙且战斗了半年有余，正如刘邦所希望的那样，有效地牵制住了楚国的主力部队，从而保证了刘邦有时间完成在西面荥阳、成皋一线的战略部署。

最终，黥布还是敌不住项羽、项声、龙且的进攻，九江国被攻破。为避免与楚军正面遭遇，黥布只得与汉使随何抄小路投奔坐镇荥阳的刘邦。

黥布认为，尽管自己刚被楚军打败，但这都是刘邦惹的祸，正是因为自己听从汉使所言，背楚投汉，才招致国破家亡，沦落到如此狼狈的地步；再说，就算遭此惨败，自己仍不失为英雄豪杰，刘邦应当给予自己极高的礼遇。可是，会见场景令他十分失望。黥布一进王帐，就看到刘邦正直叉着两腿斜靠在床上，两个女子正在俯身为他洗脚。这个场景跟当初郦食其拜见时一模一样。受到如此接待，黥布顿时怒火中烧，想想自己堂堂九江王，只因听信了一条如簧的巧舌，竟舍家弃国，自取其辱，成了寄人篱下的丧家之犬，还受到这般侮辱，他又气又恨，直欲拔剑自尽，幸好被随何等人劝住。

黥布带着一身怒气回到客舍，一回来便震惊不已，只见自己的住处奢华无比，美女如云，一切配备与汉王大营一模一样。这实在是大出黥布意料。这时，随何又在一旁斡旋，黥布这才明白刘邦实际上对他十分倚重，顿时转怒为喜。稍稍安顿下来后，黥布请求刘邦派人去淮南接他的家眷。不料迎接黥布家眷的人还没出发，便传来了一个消息：整个九江国已全部沦陷，黥布的妻子儿女全被楚军杀害。国破之辱、灭门之恨，使黥布彻底走上了与项羽为敌的道路，从此死心塌地地助汉伐楚。

策反黥布是汉军彭城之败后取得的又一大胜利，对汉军意义重大。它不仅削弱了项羽的军事力量，更借此牵制了整个楚国的军事力量和全局行动，为汉国战略部署的完成争取了宝贵的时间。后来，刘邦又派黥布去骚扰项羽部队的南翼，最后在垓下，黥布率部在南翼实行对楚军的包围，配合主力全歼项羽。鉴于黥布的卓越功勋，汉高祖四年（前203）七月，刘邦封他为淮南王。汉王朝建立之初，黥布被剖符①定封，建都六邑，辖地除原九江之外，卢江、衡山、豫章郡都划归他所有。此乃后话。

十、韩信北伐

在派出随何去九江国策反黥布的同时，刘邦将成皋、荥阳一线的防备工作交给韩信，自己带着妻儿及几位大臣返回国都栎阳，着手巩固大后方。

刘邦回到关中后，先是拔掉废丘这颗大后方的钉子，即前文所讲的韩信水淹废丘，章邯被逼自刎。之后刘邦下令，改废丘为槐里，命掌管祭祀的官员祭祀天地、四方、上帝、山川，规定以后按时祭祀，再征调关中军队去防守边塞。

关中一地终于完全落入刘邦之手，随后刘邦和张良、萧何等人商议，决定册立刘盈为太子，建立宗庙社稷，完善各级官府机构，大赦罪犯以充士卒。太子是一国之本，册立太子意味着国家巩固，民心安定，这是稳定军心民心、提高军队士气、震慑敌人的重大措施，对汉王国的稳定、前方的战事都意义重大。

而刘邦急着赶回栎阳，还有一个直接原因，那就是关中发生了极其罕见的饥荒。秦王朝，尤其是秦末时期，关中地区遭受的压榨最为残酷，加上连年征战，刘邦征发了关中所有青壮年男子出关作战，关中地

---

① 剖符：或叫"剖竹"。封建时代的帝王在建国之后，会封赏有功的诸侯将士，将符节剖分为二，君臣各执一半，作为信守的约证，叫作"剖符"。符节用铜或竹、木制成，上刻有字。

区再也难荷重负，加上发生了大饥荒，且有愈演愈烈的趋势，粮价奇贵，一斛①米竟然卖到了一万钱。粮食贵成这个样子，普通老百姓就没法活命了。据史料记载，此时关中大饥，百姓"人相食"。

而饥荒必然会带来社会的动荡，继续发展大汉就危险了，之前的所有努力都会白费。刘邦自然明白这一点，所以才会在荥阳战事稍有和缓之时立即回到关中。可是，饥荒问题该如何解决呢？刘邦为此寝食难安，怎么也想不出办法来，最后还是萧何提出了一个建议：疏导关中百姓到汉中、巴蜀就食，说白了就是让关中的饥民们南下汉中、巴蜀逃难。萧何常年在官府任职，在民事方面颇有经验。他在秦宰相府和太史那里得到了大量的图册数据，对全国的地理情况、物产资源均有所了解，加上他曾随刘邦到过汉中，细致调查过巴蜀的物产资源、百姓生活状况，才提出此建议。刘邦一时也想不出更好的办法，便同意了萧何的意见。这项举措对于缓解关中饥情、稳定政局起了重大作用，也使刘邦得以从政事中脱出身来。

看到关中地区终于稳定下来，刘邦又操心起前线战事，于是将太子和关中之事托付给丞相萧何，然后返回荥阳。

刚到荥阳，刘邦就遇到了烦心事——魏豹又背汉投楚了。魏豹就是一个墙头草，之前投汉只是迫于形势。彭城一败，他见识了楚军的勇猛，知道得罪不起项羽，便在刘邦回栎阳前夕，以回国探母之名告假回到魏国，之后便宣布背汉投楚，并派重兵把守关隘渡口，阻挡汉军进入。

魏豹此次的反叛让刘邦又气又急，坐卧不安，如鲠在喉。西魏国居于黄河东岸，与关中仅一河之隔，临晋关是关中通往东方的要隘，封锁了临晋关，就等于扼住了关中的咽喉。有了这颗钉子钉在荥阳前线和后方根据地之间，汉都栎阳哪里还有安全可言；而且汉国的黄河、渭水漕

---

① 斛：中国旧量器名，亦是容量单位，一斛本为十斗，后改为五斗。——编者注

运水道也会受到阻遏。如此一来，占据荥阳、成皋，巩固山河之险，与项羽打持久战的战略就无法实现。

刘邦气愤之余，欲派兵征讨西魏，可眼下正值楚汉对峙之际，树敌太多没有半点好处。刘邦与属下商议后，派郦食其到魏地去游说魏豹。郦食其临行前，刘邦承诺：如果成功，则以魏地万户封赏！

郦食其受命后，赶往魏都平阳（今山西临汾南）拜见魏豹，鼓动三寸不烂之舌以说之。谁知魏豹根本不为所动，因为他对刘邦待人的风格很不满，他说："人生在世，如白驹过隙。今汉王专好侮人，谩骂诸侯群臣如待奴仆，毫无礼节，我再也不愿见到他了！"说完之后再不理睬说客。郦食其无奈，只得无功而返，向刘邦复命。刘邦闻报十分恼怒，当即任命韩信为左丞相，与曹参、灌婴率领大军去平定西魏国。

临行前，韩信向郦食其详细了解了西魏国的统帅、骑将步将的情况，对战胜魏豹成竹在胸。韩信自荥阳入函谷关，渡渭河，急趋临晋关。他故意将大部分汉军向临晋关方向集结，辎重也大量往临晋关运输的消息传扬出去，给西魏君臣造成一个错觉——他要从临晋关出击。魏豹果然信以为真，遂将精锐主力调往隔黄河与临晋关相对的蒲阪（今山西永济），封锁了临晋关，以防止汉军东渡。魏豹本人也从首府平阳南下，亲自坐镇安邑，指挥蒲阪的军队作战。

韩信看到魏豹的兵力布置，十分高兴，知道自己的疑兵之计起了作用。为了不让魏豹察觉自己的真实意图，从而继续掉进圈套，他更加虚张声势，源源不断地向临晋关增兵，同时在临晋关的黄河渡口大肆陈设船只，摆出要从这里大规模强渡黄河的架势。魏豹更加相信自己的判断，集中全部兵力，积极准备在临晋关和蒲阪迎战。这时，韩信暗中选派精锐部队悄悄北上，潜入北面的夏阳（今陕西韩城）埋伏起来，趁魏军集中蒲阪，夏阳空虚，以木桶、木盆代船渡军，汉军将士把木制的小口大腹的盛酒器绑在身上，凫水渡过黄河，这就是历史上著名的"声东击西"的典故。

汉军一渡过黄河就以破竹之势，南下攻击蒲阪魏军的侧翼，之后以迅雷不及掩耳之势向东攻袭安邑（今山西运城境内）。魏豹被打了个措手不及，仓促引兵迎战，结果一触即溃，急忙引残军退逃。汉军急追不舍，在东垣（今河北石家庄东）生擒了魏豹。韩信随后率兵直捣平阳，没几天就扫平了西魏国。

刘邦收到捷报后，喜不自胜，拔除了西魏这个毒瘤，荥阳侧翼的威胁就解除了，黄河、渭水的漕运得到了保障。他立即令属下将西魏国的精壮兵丁调到荥阳前线增援守备，将魏豹的亲属全部押解到荥阳，然后宣布在故西魏国设置河东、上党、太原3个郡。

平定魏地后，韩信审时度势，又制订了一个大胆的进军计划，请刘邦给他增派3万人马，乘势征服燕、赵、齐，然后向南断绝西楚的粮道。刘邦急于占据战略上的优势，以缓和荥阳被困的危机，最终谋求楚汉战争的胜利，所以马上同意拨出3万兵马，命张耳协助韩信领导这次军事行动。

九月，韩信率领增援的3万汉军及之前攻打西魏国的兵力，从平阳出发，沿汾河河谷挥师北上，去征讨代国。

汉军刚到邬县（今山西介休霍山北口），就与代国相国夏说率领的数万精兵遭遇，双方展开了激战。邬县背山踞河，地理环境极其险峻。韩信命先锋曹参率小部精锐绕到夏说的背后，从其左侧包抄进击，夏说腹背受敌，匆忙分兵应战，很快被曹参击败，夏说被斩首。韩信大军犹如狂风扫落叶般，轻易扫平了太原全境。

汉高祖三年（前204）十月，韩信与张耳统率的数万汉军迅速翻越太行山，直扑赵国。赵国紧急动员，召集全国兵力，从赵国国都襄国（今河北邢台）急驰井陉口，抵御韩信大军的进攻。

井陉口是太行山八大隘口的第五隘口，在今河北井陉东北的井陉山上，又叫井陉关。太行山脉在这里突然中断，形成了一条险峻的山谷，两山紧夹，山凹如井，中间只有一条数百里长的狭窄通道。这种军事天险易守难攻，陈馀自信在此驻扎重兵，以逸待劳，一定能抵挡住韩信大军的进攻。

按理说陈馀应该有这个自信，毕竟他手下有赵国20万大军，而韩信只有区区3万汉军。同时他又是据险而守，占尽地利；但形势并没有朝他希望的方向发展。

赵国有一位谋士叫李左车①，他建议陈馀拨3万人马，从小道突袭，拦截汉军的辎重补给，赵军则坚守要塞，绝不迎战。这样不出10天就能战胜汉军，否则必定会成为韩信的俘虏。

这是一条妙计，曾使韩信忧虑不已；但陈馀刚愎自用，对李左车的建议嗤之以鼻，他说："我本义兵，不用诈谋奇计。如今汉军虽号称数万，实则不过数千，兵少且疲，如若坚守不战，诸侯定会认为我惧怕汉军，由此皆来攻伐我军，到那时我将怎么办？"他断然拒绝了李左车的建议。

韩信得知这一消息后，大喜过望，马上命令大军径直东向，进入井陉道，直到离井陉口30里的地方才停下来扎寨，稍事休息。韩信大营一直灯火通明，紧张地做着进攻的准备。半夜时，韩信先命灌婴选拔精锐骑兵2000人，每人手持一面红色大旗，走小路爬上井陉口附近的山头隐蔽起来，待机行动。

天将亮时，韩信下令全军向井陉口进发。出发之前，韩信通报分发干粮，并传令："今天打败赵军，再正式会餐！"

韩信先派遣一万兵士出井陉口，背水布阵。按照兵法，背水便是绝境，此军则为废军。赵军在营垒里见了，都露出鄙夷之色。天亮后，韩信摆开大将的仪仗，率领大军张扬地开出井陉口，意在诱惑敌人出击。赵军果然上当，大开营门出来攻击，双方展开激战。过了一会儿，汉军

---

① 李左车：赵国名将李牧之孙，秦汉之际谋士，给后世留下了"智者千虑，必有一失；愚者千虑，必有一得"的名言。——编者注

装出力不能支的样子，渐渐败退，最后大败而逃，逃到水边的汉军阵地，故意把大将旗帜、仪仗、鼓号丢弃得遍地都是。水边的汉军也依计打开阵营，让败军进入，自己则冲出阵地，再行反扑。赵军不疑有他，全营出动追赶败军，并抢夺地上的旗帜、仪仗以显示战功。

此时灌婴所率轻骑埋伏在山上，时刻注视着山下赵军大营的动静，一看赵军全部出动，只顾追击韩信和抢夺物资，立即飞驰而下，突入赵营，迅速拔下赵军的旗帜，换上汉旗。

汉军背水而战，个个奋勇当先，拼命杀敌。赵军虽多，但因一心想着抢夺战利品，无心死战，看到一时不能取胜，就想回营。可是他们回头一看，自己的阵营已插上了汉军的旗帜，顿时惊恐万状，四散奔逃；将领气恼异常，却无力阻挡士卒的溃逃。这时，已经完成换旗任务的灌婴率部冲出赵营，与水边的汉军前后夹击，彻底击败了赵军。

陈馀与赵王歇领着残兵败将向赵国都城逃去。韩信领军紧追不舍，斩杀陈馀，俘虏赵王歇，平定了赵国。李左车恼恨陈馀不用其谋，遂转投韩信帐下，为汉军效力。

井陉口之战，韩信以3万兵力击溃赵国20万大军，在当时产生了巨大的影响。这一战就是历史上著名的"背水一战"。

破赵之后，韩信鉴于百姓劳苦、士兵疲惫的实际情况，为了避免困顿在燕国坚守的城池，自堕声威的境地，他采纳李左车的建议，按兵休整，安定赵国，抚恤百姓。同时，他一面摆出要挥军北上进攻燕国的架势，一面派使者游说燕王臧荼。臧荼不敢抗拒，派使者星夜赶往荥阳拜谒刘邦，递降书顺表，从此听从刘邦号令。

韩信从九月荥阳领命北伐，然后过西河、破魏、收代、下赵，至兵不血刃降燕，总共不到3个月，可谓神速，充分证明了他过人的军事才能。在欢庆胜利的同时，韩信一面整顿军队，一面派使者前往荥阳向刘邦报捷，并做了个顺水人情，请封张耳为赵王。刘邦应允。

第五章　英雄末路乌江畔

一、施行反间

虽然韩信在北线的连连进攻缓解了一定压力,但是楚军主力一直包围着荥阳,又不断袭击汉军从敖仓到荥阳的甬道,使汉军匮食乏粮,苦不堪言。

此外,汉高祖三年(前204)十月三十日、十一月二十九日,接连发生了两次日食,这更加剧了将士们的恐慌心理。古人无法理解这种自然现象,所以看到太阳被某种东西一口一口地吃掉,天空一点一点地黑起来,最后整个天都变得黑压压的,大家全都惊恐地跪在地上向上天祈祷,祈求上天不要降祸于人间。刘邦素来胆大,但同样畏惧鬼神,也想不明白天为什么会黑了。加上在战场处于弱势,使他的内心比别人更慌几分。他急切地想要寻求一个削弱楚军的良策,于是便向郦食其问计。

郦食其建议刘邦封六国后人为王,认为这样可以分化孤立项羽。他说:"商汤灭夏桀后,封夏桀的后人为诸侯;武王杀商纣王后,分封其后人为诸侯。秦始皇灭六国后,不封六国后人,使得他们无安身立命之地,这是秦始皇失德之处,所以秦国速亡。你现在如果能立六国后人为诸侯,六国君臣百姓必定都会感激您的恩德,愿意为您出力卖命。您如果得到了六国后人与百姓的拥护,项羽就会被孤立。"

正所谓病急乱投医,束手无策的刘邦听了郦食其这一番话,觉得不失为一个好办法,于是马上下令刻封六国后人的印信,准备派郦食其到各国进行分封。张良得知这一消息后，急忙跑来制止，他说："如果大王按照郦先生的说法去做，您的事业就完了。"

刘邦闻言大吃一惊，忙问张良缘由。张良随手拿起刘邦餐桌上的筷子，在桌子上摆起了地图，而后向刘邦讲述了楚汉相争的态势。然后，他神情严肃地问道："大王，我能问您几个问题吗？"刘邦连忙答道："请先生指教！"

张良郑重地说："从前商汤讨伐夏桀而封夏朝的子孙于杞，那是估量自己能够置夏桀于死地，现在大王您能估量自己置项羽于死地吗？周武王封商朝的后代于宋国，那是相信自己能够得到商纣的脑袋，大王您认为自己现在能得到项羽的脑袋吗？周武王进入殷商的都城，在贤者商容居住过的里巷大门口表彰他的德行，从监狱里释放了刚直不阿的箕子，重新修筑了圣人比干的墓堆。大王，现在您有能力做到这些吗？周武王曾经发放巨桥粮仓的粮食，散发鹿台府库的金钱，周济贫苦百姓，大王如今您能够拿出粮食、金钱来赏赐贫民吗？灭商后，周武王废战车，倒置开口，蒙以虎皮，向天下表示不再使用兵器。大王您能做到这样吗？周武王放战马于华山之南，向天下表示他用不着战马，大王您能做到吗？周武王将运送军事物资的牛都放到桃林之北，以示不再运输军事辎重，您能做到吗？天下之士辞别父母妻儿跟随大王奔波劳顿，日夜期盼的无非是得到您赏赐的一点儿封地。如今您复立六国，那么天下之士只能回去服侍他们的君主，您将凭靠何人夺取天下？再者，现今楚国比汉国强大，如果复立六国，他们必向楚国称臣，大王如何能够号令他们？"

张良问了刘邦诸多问题，一个比一个尖锐，直问得刘邦冷汗淋漓，怒火冲天，拍案大骂郦食其道："这个竖儒，险些坏了本王的大事！"于是下令赶紧销毁所制印绶，不再提分封一事。

前文说过，张良之前曾向刘邦建议，以封疆裂土为条件，利用韩信、黥布和彭越等人替刘邦争夺天下，那么，现在他为何又反对分封呢？这一方面是基于眼下楚强汉弱的现实，他认为刘邦尚不具备效法商汤、周武的条件；另一方面，如果刘邦分封六国后裔，将令将士灰心，无人再跟随他卖命。由此可见，张良对当前形势的把握还是相当准确的，而且始终保持着清醒的头脑。

分封行不通，刘邦只得寻求其他削弱、孤立楚军之策。一天，他问谋士陈平："现在天下纷乱，我们什么时候才能打败项羽，使得天下安定、百姓安居呢？"陈平分析了刘邦与项羽两人性格上的优点和缺点，痛陈利弊道："项王为人，恭敬有礼，仁慈爱人，所以廉洁好礼的人大多依附于他；但是到了论功行赏、授官爵、封食邑的时候，他又特别小气，所以那些人又相继离开了他。而大王您傲慢又不大讲究礼节，廉洁的人很多都不愿归顺您；可是，您能够把食邑、爵位慷慨地赏给有功之人，所以那些没有骨气的投机之徒、贪利无耻之士就全都来归附大王了。如果您与项王双方中谁能够摒弃自己和对方的短处，吸收对方的长处，则天下挥手可定。"

陈平停顿片刻，观察了一下刘邦的表情，发现刘邦一脸不屑。他知道刘邦对自己的话不太满意，便接着说："大王，您也不用担心，现在的楚国还是有可乘之机的……"陈平还没说完，刘邦就着急地问道："什么可乘之机，快快讲来，你有什么好办法？"

陈平道："大王，您别急，听我慢慢说。项王现在所倚重的大臣只有范增、钟离昧、龙且、周殷①这几人，除此之外，再也找不出忠心、耿直、从不阿谀的亲信了。大王如果能舍得钱财，花上几万两黄金，让使臣有活动的余地，肯定能够离间楚国君臣，使他们相互猜忌、怀疑。大王知道，项王这人向来多疑，且轻信谗言，我们不就有了可乘之机了吗？"

刘邦闻言大喜，马上拿出4万斤黄金交给陈平，并对陈平说："你随意使用，不必向我报告。"陈平接受任务后，暗派属下装扮成楚兵，

---

① 周殷：生卒年不详，楚汉战争时期项羽手下的大司马，主持南方军政，统九江军；后叛楚归汉，助刘邦军攻下寿春，直至垓下。

怀金出城，混入楚营，依计行事。

当时，刘邦大军在荥阳前线的形势十分危急，项羽率大军西进，不停地发起进攻，汉军顽强抵抗，双方形成了相持的局面。

项羽想尽快攻破刘邦的防线，于是就把范增找来商量对策。范增说："刘邦大军能坚持这么久，主要原因是有敖仓的粮食支持。如果想顺利攻下荥阳，必须断了他们通往荥阳的通道，到时汉军没了粮食，自然会退回关中，我们再乘胜追击。"

项羽马上派钟离眛带兵去断汉军通道，汉军看守通道的周勃不敌钟离眛，通道很快被切断了。

汉军的粮食供应不上，楚军又不停地进攻，刘邦感到很难再应付下去。张良建议刘邦向项羽提出休战和谈，以荥阳为界，以西归刘邦，以东归项羽。这时项羽的粮草供应也吃紧，将士们疲惫不堪，休战和谈也符合他的意愿，但范增却坚决表示反对。范增认为刘邦提出和谈是缓兵之计，说明汉军已经很难再坚持下去，如果这个时候给刘邦喘息的机会，则会后患无穷，楚军应该加紧进攻，乘机消灭刘邦。

项羽觉得范增说得很有道理，于是就拒绝了刘邦的和谈要求，准备更进一步进攻荥阳，而这时陈平的离间行动也正好发挥作用了。

陈平将离间对象首先锁定为项羽的大将钟离眛、龙且、周殷等人。他用金钱买通项羽军中的奸细，要他们在楚军中散布流言，说钟离眛、龙且、周殷诸将因为没有封王，心怀不满，要与汉军联盟消灭楚军以瓜分楚国，各自称王。面对漫天流言，生性多疑的项羽果然起了疑心，对这几个人日渐疏远。这令钟离眛等人惊惧交加，手足无措。这几个人，尤其是钟离眛，是楚军中公认的将才，项羽疏远他们等于砍掉了自己的臂膀。陈平反间计的第一步成功了。

针对范增，陈平也设了一计。当项羽派使者来汉营谈判割地之事时，刘邦依陈平计，远远看到楚使，便让仆役抬着太牢盛馔，络绎不绝地从堂下穿过。太牢盛馔在古代是诸侯接待外国使者的最高饮食规格。楚使远远看到，以为是刘邦为求和而盛情准备来款待自己的，心中颇为得意。

这时陈平出来迎接,恭谨又亲热,行过礼后,他悄悄地问楚使:"足下可有亚父手书捎来?"楚使听了,丈二和尚摸不着头脑,呆愣片刻后,郑重地答道:"我是项王使者,非亚父所遣。"

陈平闻言"哎呀"一声失口叫了出来,然后匆匆走到刘邦跟前耳语几句,随后刘邦的脸色也变了,怒气冲冲地拂袖而去。继而就见那些仆役又进进出出,将太牢盛馔搬走了,然后摆上几样粗茶淡饭。楚使见状大怒,忍住饥渴,不辞而别,回到楚营后立即将自己的所见所闻详细报告项羽。项羽本来就很讨厌范增总是跟自己唱反调,现在听了使者的报告,疑心顿起。恰在这时,范增听说使者回来了,便来觐见项王,再次说汉王议和是假,缓兵是真,今汉王被困荥阳,兵乏粮竭,是天赐良机,应加紧攻击。

正处于郁闷烦躁中的项羽根本听不进去,阴沉着脸一声不吭,气氛相当尴尬。范增这人本就敏感偏狭,而且性情暴躁,项羽的淡漠让他既羞又怒,于是横下一条心道:"天下事大局已定,大王您好自为之吧。臣年迈体衰,愿大王赐臣骸骨,归葬乡里。"说完转身就走。项羽或许是还没从疑虑中回过神来,并未加以阻拦。

范增负气归乡,一路上忧愤交加,加上路途劳顿,背上竟生出毒疮,还没走到故乡,毒疮便发作了,流血不止,最后死于途中。人们将他葬于居巢(今安徽巢湖东北)之东,后人因他忠诚事主之故,还为他立祠纪念,时时祭祀。

范增是项羽最重要的谋臣,在战略谋划、战术实施上,他都起着决定性的作用。项羽之所以在楚汉争霸中失败,最为关键的一个因素便是不知重用人才。天才将领韩信、奇谋之士陈平都是因为在项羽那里得不到项羽重用才投奔了刘邦。离间计之所以能够获得成功,最重要的原因在于陈平非常了解楚军的内部情况,而陈平也是得不到项羽重用才投靠了刘邦的。项羽的内幕底细被对手摸透了,如今又失去了钟离眛、范增等人才,这些都注定了楚国的灭亡。

二、荥阳失利

范增忧死归乡路的消息传到楚营后,项羽既后悔又愤怒,把一切责任都怪到刘邦头上。他亲率大军,在荥阳城下屡屡发动凌厉的攻势,汉军伤亡惨重,荥阳危在旦夕。

面对如潮水般一拨接一拨涌上来的楚军,刘邦心急如焚,终日在城墙上奔波,在大营内外昼夜不停地与众将商讨办法,始终未找到解围良策。包围日甚一日,刘邦必须想办法尽快突围才行。可是,怎样才能完全突围呢?就在大家束手无策之际,陈平想出了一个李代桃僵之计:找一个跟刘邦相貌相似、身材相当的人,冒充刘邦出城投降,以此分散楚军的注意力,以便刘邦趁机突围出城。

陈平寻思良久,将目标锁定为纪信,因为纪信的身形及样貌酷似刘邦。纪信曾参与鸿门宴,随刘邦起兵抗秦。当陈平找到纪信向他说出这个危险的计划时,纪信丝毫没有犹豫就同意了,并表示由自己主动向刘邦提出,以免有损刘邦的仁德名声。

计议商定后,纪信径直前往求见刘邦,慷慨陈词,恳切请求:"大王,情势危急,荥阳城破,就在今夕。我大汉国的生死存亡就在今日。纪信承您厚爱,过蒙拔擢,日夜思恩图报,今日纪信立功的时机到了。臣愿以贱身代替大王出城诈降,松懈楚军的警戒,大王可趁此机会冲出重围,以重整旗鼓,横扫天下!"

刘邦听了,感动得流下眼泪,他起身下座,拉着纪信的手,说什么也不同意。后经纪信再三苦请,他只得答应下来。

这天夜晚,荥阳城的东门突然打开,一杆"汉"字大旗率先出了城门,后面一列队伍身披汉军铠甲,开出了荥阳东城门。楚军马上从四周包围上来,战鼓急敲,剑拔弩张,准备攻击。但是他们很快就发现,这支队伍没有佩带武器,也看不出一点儿抵抗的迹象,全都有气无力地扛着旗子,步履沉重,举步维艰,无精打采。这时,从东门又慢慢地走出来一队人马，中间一辆车格外显眼。6匹高头大马在前面不紧不慢地拉着车，车顶是黄色的绫缎车盖，车的左面插着用牦牛尾和雉鸡尾装饰起来的御旗——这可是天子辇车的标志。车中端坐着一个头戴汉王金冠、身着汉王衣袍的人，大家都毫不怀疑地认定他是汉王。这时，只听纪信高声呼叫："城中粮秣耗尽，汉王出城投降！"

"汉王投降啦！"西楚军顿时欢声雷动，军士们高呼万岁，纷纷离开阵地，从四面八方涌到东门，想要观看这重要的一幕。

趁着城外乱作一团之际，刘邦命令韩王信、御史大夫周苛、裨将枞公、魏豹等人留守荥阳，自己则带着张良、陈平、郦食其、樊哙、夏侯婴等亲信大臣，穿上普通军士的服装，打开荥阳西门，悄悄向黥布镇守的成皋（今河南荥阳泥水镇）逃去。

项羽看到荥阳城破，刘邦出城归降，心中大悦，踌躇满志地等待着受降的时刻。然而，当汉王的车辇来到楚军营地辕门前时，天已大亮，项羽一眼就认出眼前这位汉王是个假冒的，他既惊又怒，呵斥道："汉王何在？"整个大营顿时鸦雀无声，只有项羽的暴喝声在上空回荡。这时，外面忽然喧闹起来，楚军发现那些出降的汉军居然是女子假扮的。

面对楚军的震惊、项羽的暴怒，纪信毫不畏惧，不慌不忙地答道："汉王已经出城了。"项羽暴怒，下令就地烧死纪信，随后分兵攻打成皋。

此时荥阳城内又发生了一件事：留守荥阳的周苛、枞公担心魏豹会趁汉军实力薄弱的时候投向楚军，于是以共商城防之名，将其骗来杀掉了，然后命令全城将士死守荥阳。

再说刘邦逃到成皋后，很快便听到了纪信被项羽烧死的噩耗，他又悲又恨，即刻返回关中，命令丞相萧何紧急征兵，以解荥阳之围。

这时，一位姓袁的书生建议道："楚、汉在荥阳僵持几年，军士疲乏，大王此次可以以奇兵出武关，南下宛、洛。项王必定分兵阻拦，这样就可以牵制住项羽大军，从而解除荥阳之围。大王在宛、洛之地深沟高垒，坚守不战，待时机成熟时再回师荥阳，可一战功成！"

刘邦采纳了这个建议，等兵员筹集齐备之后，便率领部队经武关进入中原，向宛、洛之地挺进。宛城（今河南南阳境内）是中原南部的重镇，秦朝时此地是南阳郡首府。抵达宛城后，刘邦又挥师直指北方，到达叶县（今河南平顶山境内）。武关、宛城、叶县在今伏牛山东麓，与北面的荥阳、成皋形成一条南北走向的依据山势之险的战略防线。

项羽没想到刘邦会南出武关，他担心再次发生当年汉军攻陷彭城的事情，于是马上率大军南下，去攻打宛城、叶县，想一举歼灭汉军。刘邦率兵坚壁固守，避而不战，双方相持于宛城、叶县，使得荥阳、成皋正面战场的汉军获得了休整的机会。这时，刘邦又命黥布再向南前往九江，收集九江旧部。如此一来，汉军的兵力得到了加强，而且对西楚国的南面形成了威胁。汉军出武关，促使楚军兵力分散，从而削弱了楚军力量，使其疲于奔命，其行动好像是唯刘邦意志是从。

刘邦一边牵引着楚军东奔西跑，一面又命彭越加紧对西楚后方的攻击。因此，当楚汉在荥阳相持时，彭越率领自己的部队一直在楚国后方黄河下游一带骚扰，切断楚军的后方粮道，与荥阳前线的汉军遥相呼应。接到刘邦在宛城、叶县的战报后，他马上率全部人马渡过濉水，南下攻坚，与楚军大将项声、薛公等人所率楚军在下邳（今江苏邳州）会战。经过一番激烈厮杀，彭越战胜楚军，并斩杀了薛公。

下邳是项羽的大后方，居然被彭越攻破，项羽怒不可遏，立即亲率精锐部队回援彭城。彭越见项羽亲自率军来讨，自知不是对手，赶紧领军渡过濉水，向北退去。刘邦则趁项羽回军之机，兵出宛、洛，移师北上，以黥布为先锋，发动了对成皋的猛烈进攻。项羽留守成皋的终公没想到汉军会突然出现在城下，措手不及，成皋被汉军一举攻破。

刚刚赶走彭越的项羽还没喘过气来，又接到汉军重夺成皋的消息，气得肺都要炸了。他拼命压制自己的怒火，思考下一步的策略，决定调整战术，令钟离眛率军以项王的旗号向成皋进逼，自己则亲率精锐部队突然扑向荥阳。荥阳城里的汉军猝不及防，城池被一举攻破，韩王信、周苛、枞公等人被俘。

项羽对周苛的英勇颇为欣赏,对他说:"你如果投降,我就任命你为大将军,并封你3万户的爵位。"但周苛完全不为所动,怒目回斥:"足下若不赶快降汉,很快将被汉王所俘!足下哪里是汉王的对手?"项羽大怒,立即下令将周苛投入沸腾的鼎镬①。枞公见周苛殉汉,也慷慨求死。项羽欣赏他的忠勇,免其烹刑,下令斩首。韩王信胆小怯懦,吓得跪地求饶,项羽便饶他不死,留在军中效力。

攻克荥阳后,项羽又乘胜进逼成皋。刘邦惊恐万状,自思成皋、荥阳互为犄角,荥阳既失,成皋不保,不如弃城而走。于是,他在一个夜晚,乘着一辆小车悄悄溜出成皋北门,一直向北,渡过黄河,向韩信的驻地修武(今河南获嘉境内)逃去。

据说刘邦出逃时还耍了一个小心计。他深知黥布对自己不会像纪信、周苛等人那样忠心,眼下楚军兵临城下,黥布很可能会将他献给项羽,以求将功折罪。他不敢冒这个风险,于是趁着楚军还未完成对成皋的合围,命夏侯婴驾车,轻装简从,悄悄撤离成皋。余下的心腹将领也按照事前商议的撤退计划陆续开溜。

刘邦留下的心腹估计他已经走远后才去通报黥布,称汉王已撤离,城防之事全部托付给黥布。黥布听了既惊又怒,心想,既然刘邦如此工于心计,我也不能给他卖命,因此下令撤出成皋。就这样,楚军兵不血刃,第二次占领了成皋。

三、韩信伐齐

刘邦从成皋溜出后,直奔韩信、张耳的驻地修武。眼下楚强汉弱,他打算从韩信、张耳那里调兵,以便与楚军抗衡。

为了此行一举成功,他没有直接到军营找韩信要兵,而是又耍了个心眼。因为他深知人心难测,如今韩信已相当强大,而自己只是一个败

---

① 鼎镬:指鼎和镬,古代两种烹饪器。——编者注

军之王，身边只有数十骑随从，直接向在政治、军事上都已成气候的下属调兵，后果实在难以预料。所以他到达修武后，等陈平、曹参、灌婴等人陆续赶到，先找了个旅馆住下来。第二天清晨，刘邦带着部下悄悄来到韩信的军营。他自称汉王使者，说有紧急军情向大将军禀报，然后径直闯入韩信大帐。侍卫见这些人的气势派头非同一般，不敢阻拦，任由他们闯入。此时韩信还没起床，刘邦便将印玺兵符全部拿在手中，而后又取了张耳的印玺。印玺在古代是地位、权力的标志，刘邦拿到印玺，心中总算踏实了。他手举印玺来到中军大帐，传令升帐。

军中将领以为是韩信点兵，等进入大帐，却见刘邦昂然坐于上位，莫不惊愕。韩信和张耳也恍然惊醒，战战兢兢地来到大将军主帐。在这次会议上，刘邦调走了韩信的大军，然后命令赵王张耳引军巡收故赵国城池兵员，安定赵国；任命韩信为相国，率领张耳剩下的赵国余卒东向进军，去攻打齐国。

布置完毕，刘邦才好像不经意地说："原汉军和已经收编的赵军必须调往荥阳、成皋前线。"韩信和张耳闻言大吃一惊，刘邦见状长叹一声，说："两位想必已经知道，荥阳丢了，成皋也丢了，我大汉国危在旦夕。如果不将两位的军队调出，我就无法再战了。两位身手不凡，能征善战，魏代赵燕，不都是以少胜多，甚至白手起家吗？望两位体谅本王的难处！"

韩信、张耳无奈，只得整理张耳剩下的残余赵军，向东进发了。

其实，刘邦一直惦记着齐地，在韩信奉命进兵伐齐之前，他已经派郦食其作为使者去齐国说降齐王。在郦食其到达齐地之前，齐王田广及其大臣已经收到韩信即将伐齐的情报，并做了一些应战准备，派大将华无伤、田解等人率重兵进驻历下（今山东济南西）。郦食其到齐地后，向田氏递交了国书，然后对齐王田广说："王知天下之所归，则齐国可得而有也；若王不知天下之所归，即齐国未可得保也。"

接着，郦食其向齐王田广（田荣之子）详细分析了反秦战争以来的过程和楚汉战争的现状，以令人信服的事实阐明"天下归汉"的道理。他说：

"汉王和楚王当初合力攻秦，曾有约定，谁先入关中，谁就当关中王。结果是汉王先入关中，项羽却违背誓约，没有封汉王为关中王，而是改封为汉王。项羽迁移义帝并派人杀害了他。汉王听到消息后，发蜀汉军还定三秦，然后出关讨伐项羽的罪行。汉王收天下之兵，立诸侯的后裔，谁攻下城池，就将这座城池封给谁，得了财物后也都分配给众将士。他和天下人共享利益，因此，英雄豪杰都乐意为他效力。诸侯之军，从四面八方赶来支持他，蜀汉地区的粮食也源源不断地运到前线军中。

"项羽有违背誓约、迁杀义帝的罪名，他对部下的功劳不予记载，对部下的过失倒是耿耿于怀。项羽的部下打了胜仗得不到应有的赏赐，攻下了城池也得不到封赏；而且他任人唯亲，不是他的亲近之人，都不可能得到真正的信任和重用。项羽即使把封赏的印都刻好了，也放在手中把玩很久，不甘心授给功臣；攻下城池获得财物，宁可堆积起来，也不肯赏赐给部下。因此，天下人都背叛他，有才干的人都恨他，没有人愿意为他效力，天下的人才都愿意归附汉王，这是十分清楚和明显的道理。

"另外，汉王从蜀汉起兵，定三秦，渡黄河，占上党，攻井陉，杀陈馀，降魏王，拔城池32座。这是战神蚩尤的军队，是上天赐予汉王的福祉，单凭人的力量，不可能取得如此辉煌的胜利。

"目前汉王已占据了敖仓的粮食，控制了成皋的险要地形，守住了白马津①，切断了太行山的道路，占领了飞狐口②。天下最有利的地形全被汉王占据，在这种形势之下，谁不愿意归附汉王，谁就将灭亡。大王如果归附汉王，还可以保住齐国的社稷，否则危亡的命运即将来临。"

郦食其这番长篇大论可谓软硬兼施，听得田广等人连连点头。考虑到韩信大军将到，齐相田横问道："齐国既然归汉，韩信理当罢兵。"郦食其表示这是肯定的，于是立即修书一封，打发属下持书，由齐使陪

---

① 白马津：渡口名，在今河南滑县北。——编者注
② 飞狐口：位于今河北张家口境内。——编者注

同往报韩信。

在此期间，赵王张耳已经病逝，其子张敖继承王位。韩信将新兵操练完毕，正欲引兵东进，不料却接到郦食其关于齐国已归汉的来信。既然齐国已经归汉，韩信便准备停止对齐国的进攻，并给郦食其回了一封信，答应立即罢兵，交由齐使带回。

齐王田广、相国田横看到韩信的回信，疑虑顿消，也就放松了各地的守备，以贵宾之礼好生款待郦食其。素有"高阳酒徒"之称的郦食其，眼见自己立了这么一件大功，好不得意，便接受齐王的挽留，整日纵酒享乐。俗话说，乐极生悲，正当郦食其在齐地好酒好肉地享受时，灾难悄悄向他袭来。

原来，韩信遣走齐使后，他的谋士蒯通进言道："大将军受汉王之命伐齐，现在汉王又派使者说服齐国投降。而您并没有接到汉王停止伐齐的命令，为什么就准备停止伐齐了呢？再说，郦食其只是一介书生，凭着三寸不烂之舌，居然一气收复了齐国70余城，而大将军您统率大军数万，苦斗拼杀，不过才制服赵国50余城。将军为将数年，反不如一竖儒之功吗？属下为将军谋划，可乘齐国不备，发兵灭齐，这样大功就都归于将军了。"

韩信深以为然，决定继续进军伐齐。不日，韩信大军抵达历下（今山东济南境内），突然发动猛烈进攻，大破历下齐军，然后长驱直入，直逼齐国首府。

齐国突然遭到韩信大军的袭击，齐王田广惊怒不已，认为上了郦食其的当，当即把郦食其叫来，叱道："你这竖儒竟敢欺骗寡人！事已至此，你如果能制止韩信大军的进攻，我就放了你；如果不能制止，我就将你煮了吃！"郦食其也没想到韩信的军队会这么快就攻打齐国，他当然无力制止大军的进攻，只得对齐王说："办大事不能拘小节，道德高尚的人不怕别人恭维。大王您怎么能说出这样的话来呢！"齐王听了更加愤恨，当即下令将郦食其活活煮死，以泄心头之恨。

数日后，都城破，齐王田广逃到高密（今山东高密），田横逃到博阳（今山东聊城附近）。韩信顺利占领了齐都，然后追击齐王田广，田广派人去向项羽求救。

项羽当然不愿齐国落入刘邦之手，于是派大将龙且率20万人马援救齐国，与齐王的残军在高密会合，准备攻击韩信。

韩信闻龙且率兵救齐，知道他是个劲敌，立即报知刘邦，调回灌婴、曹参二军，也在潍水（今山东东部）两岸扎下大营，并嘱咐灌、曹二将说："龙且是楚国的一员悍将，只可智取，不能力敌，我要用计擒他！"二将领命，回营固守，数日不战。

两军对峙数日，龙且以为韩信畏输怯战，欲渡河进击。这时，楚营中有个谋士向龙且提出坚壁清野、以逸待劳、策动反叛、相机破敌之计，他说："汉军远道奔袭而来，定会力战，其锋锐不可当。且齐楚联军在自己的国土上作战，容易溃散。不如深沟高垒，坚壁固守，不与汉军争锋；然后让齐王遣使到各个城池，说齐王无恙，楚军来援，号召大家共同抵抗汉军。齐地的百姓知道齐王还在，又有20万楚军支援，必然会全力以赴，一致抵抗。汉军远离后方2000多里，齐地百姓若齐心协力抵抗、打击他们，汉军就不可能获得粮食给养，而我们也就可不战而降汉军。"

这本是一条克敌制胜的万全之策，可惜龙且是一个刚愎自用的人，根本听不进谏言，反倒不屑地说："我深知韩信为人，他曾寄食于漂母，无资身之策；曾受辱于胯下，无兼人之勇，这样一个人不难对付。况且我奉命救齐，如果不战而胜，不显战功；若战场胜他，既可威震齐国，又可凭此战功得到齐国的一半作为我的封地，为何不战呢？"他当即派人到汉营给韩信下战书，约定明日决战。

韩信遣走楚使后，为了击溃龙且这员猛将，做出以下布置：派傅宽①领一支人马，置办万余个布袋，连夜赶往潍水上游，就地以袋装

---

① 傅宽：砀郡横阳人，西汉开国功臣。秦末农民战争时投奔刘邦，任右骑将，后辅佐韩信攻占齐地。西汉建立后，受封阳陵侯，食邑2600户。参加过平定陈豨的叛乱，后迁为代国丞相，汉惠帝五年（前190）去世，谥景侯。

沙，筑起一道拦河的堤坎，阻住水流。待明日交战时，再令将士们决开堤坎，使大水迅速倾下；又令灌婴、曹参各领一支人马，在潍水两岸设伏，听到炮声，并力杀敌。

翌日清晨，汉军将士饱食一顿过后，领命而去。韩信自引一支人马渡过潍水，向楚军挑战。打了一会儿，他假装敌不过龙且，引兵撤退。龙且见韩信不敌而退，高兴地对手下说："我知道韩信是个胆小鬼，现在打不过我们，就想逃走了。"于是不加防备地率大军渡河追击韩信。汉军退出河床，引诱龙且的军队进入河床，此时上游士兵马上搬走筑坝的沙袋，被堵的河水急流冲向楚军。

韩信发出反攻信号，灌婴、曹参两支人马一左一右地扑向楚军，韩信也返身杀回，三路汉军将登岸楚兵团团围住。此种情况之下，任龙且、周兰①如何骁勇善战也难脱重围，结果龙且被杀、周兰被俘，其余骑兵或死或伤。东岸楚军眼睁睁地看着主将被斩，不战而溃，一哄而散。

潍水一战使得楚军的一支精锐主力部队被歼，从此，楚军再也没有可以随时调动的有生力量了，而汉国对楚国的北线包围至此全部完成。

韩信平定齐国后，派人向刘邦请求说："齐国很复杂，它的南面又紧靠项羽的领地，位置十分重要。为了安定这里，请让我代理齐王，否则权力太小，难以镇住齐国百姓。"

这时刘邦正在荥阳一带受到项羽大军的围攻，形势十分艰险。他看到韩信的报告后大怒，当着韩信使者的面大骂："我现在被项羽围困在荥阳，日夜盼望韩信能率军前来解围，可韩信攻下齐国后，不但不设法来助我，反而要自立为齐王！"

张良和陈平在刘邦的身旁，听到刘邦骂韩信，偷偷用脚踢了他一下，并在耳边低声说："现在我们处境艰难，哪有力量阻止韩信自立为齐王呢！不如因势利导，好好拉拢韩信，就封他为齐王。否则，一旦韩

---

① 周兰：楚汉战争时楚国将领，在征战中两次被灌婴俘虏。——编者注

信不满,投向项羽,我们可就完了。"

刘邦听到张良和陈平的提醒后,马上醒悟过来。他急中生智,随即又改口骂韩信道:"大丈夫立下如此大功,就应当被封为真王。韩信也太没有出息了,为什么还要当代理的齐王呢!"

刘邦厚待韩信的使者,为了表示隆重,他还特派张良为代表,前去临淄封韩信为齐王。张良向韩信提出了尽快出兵解围的建议。韩信见刘邦如此重视和厚待自己,对他越发忠诚。

四、楚汉对峙

刘邦从韩信、张耳那里调来军队后,率领大军抵达巩地(今河南巩义),准备迎战西进的楚军。

这时,刘邦帐下有个名叫郑忠的郎中,献计说:"楚军新胜,士气旺盛,但是他们孤军深入,粮草供给困难,大王可以深堑高垒固守,以避楚军锐气。同时派人前去协助彭越,攻取楚国城池,断其粮道,令楚军不战自乱,到时肯定能一战成功。"

刘邦深以为然,马上派卢绾和刘贾率步卒两万、骑兵数百骑,自白马津渡过黄河,进入项羽的后方,与彭越的军队联合起来,趁夜袭击了楚军的燕郭西(今河南兰考西北)粟仓。随后,彭越乘势夺取梁地,在短短一个月内,连下睢阳、外黄等17座城池,一时声威大振。

由于彭越、卢绾、刘贾等人在后方不断骚扰和破坏,楚军前线的物资供应十分困难。项羽只得从前线抽出一部分兵力,回师东去,以清理和整顿后方。他离开之前将防守成皋的重任托付给大司马曹咎。由于担心刘邦的军队趁机反攻,丢失已经取得的战果,他在临行前再三叮嘱曹咎说:"你留下率军坚守成皋,如果汉军前来挑战,一定不要出击。只要守住成皋,汉军就不能东进,你就完成了任务。我在15天内一定会平息彭越等人在后方的扰乱。等我回来,你再与刘邦的军队交战。切记切记!"

做好安排后，项羽率军直扑梁地。此时彭越还在陈留举杯庆祝胜利，忽然听说项羽亲自率兵来打，急忙迎战。项羽毕竟是项羽，就连以勇猛著称的彭越在他面前也不堪一击，很快彭越便不敌仓皇而逃。项羽乘胜追击，彭越夺得的17座城池相继落入项羽手中。不过，西楚霸王再神勇也只有一个人，当他在前线强势荡灭敌军时，后院又起火了。

原来，这边项羽一走，刘邦便率大军开拔南下，渡过黄河来到成皋城下，开始挑战。

起初曹咎还能牢记项羽的叮嘱，坚守不战，使汉军无机可乘。刘邦见状，决定使用心理战术，派那些伶牙俐齿的军士，天天在城下叫骂，一连骂了五六天，曹咎终于被激怒了，他把项羽的叮嘱都抛在了脑后，率领大军冲出虎牢关，渡过东门前的汜水，向汉军冲去。

刘邦见计策得逞，大喜过望，迅速集结队伍迎战。楚军刚渡过一半人马，汉王的旗帜突然挥动起来，汉军立即金鼓齐鸣，杀声震天，向楚军发起猛烈的攻击。楚军一部分在河东，一部分在河西，还有一部分在河水中艰难前行，首尾不能相顾，相互无法呼应。汉军的乱箭如雨点般射过来，河里的楚军无法还击，而且避无可避，死伤无数。接着，汉军如潮水般杀了过来，杀声震天。楚军立即溃败。曹咎因为不听项羽的叮嘱，擅自出兵迎敌，结果遭到惨败，他觉得自己无脸再见项羽，只能自杀，以死谢罪。

汉军大获全胜，攻陷了成皋。

这是楚汉战争中具有决定性意义的一战，楚强汉弱的形势从此发生了根本变化。刘邦夺取了荥阳前线的主动权，从战略退却转为战略进攻，基本上完成了对项羽的战略包围，为垓下决战消灭项羽打下了基础。

成皋战役后，刘邦自知不是项羽的对手，便从山间小道溜到广武（今河南荥阳广武）西城，而项羽解了钟离眛之围后驻守在广武东城，双方隔着广武涧对峙。广武涧宽50～60米，深达50余米，是一道不可逾越的天然屏障，也是历史上著名的鸿沟，两军隔涧对峙，汉军占据优势，而楚军的处境则相对被动。

屋漏偏逢连阴雨，这时彭越在项羽的后方又开始活跃起来，攻城略地，不断破坏楚军的粮食运输线，使得楚军尝尽乏粮的苦头。项羽为此焦虑不已。恰在这时，韩信歼灭了龙且部，项羽担心驻扎在齐楚边境的韩信大军随时会进攻楚军，于是派盱眙人武涉前去游说韩信，想劝说韩信背叛刘邦。

武涉首先对韩信谈及刘邦的为人，说他如何贪得无厌、背信弃义、忘恩负义、不可信赖，之后又对韩信说："将军现在之所以在汉王这里有这样的地位，是因为项王的力量还很强大。目前汉王和项王争天下，您具有举足轻重的地位。您如果支持刘邦，汉王就可能会取得胜利；您如果支持项王，项王就能打败刘邦。可是项王明天失败了，后天汉王就会收拾您，因为您将变成他争夺天下的最大威胁。"

接着，武涉指明韩信的出路说："将军和项王本来是老朋友，项王一直对你很不错，您为什么不与项王联合起来反对汉王，取得三分天下而有其一的地位，反而甘心跟着汉王做一个小将领呢？您这样聪明的人，难道甘心一辈子受汉王的驱使吗？"

但是韩信丝毫不为所动，他说："我侍奉项王之时，官不过郎中，职位不过是个执戟的卫士，进言不听，献策不用，这才离开他，投靠了汉王。我到了汉王这里后，受到他的重用，任命我为上将军，让我带领数万人的军队，解衣给我穿，分食给我吃，对我言听计从，所以我才有了现在的地位。汉王这样信任我，如此重用我，我怎么能背叛他呢？请您替我向项王谢罪！"

武涉走后，齐国智士蒯通见刘邦和项羽都在极力争取韩信，知道韩信所处的位置举足轻重，就以相面为名来劝说韩信。他见过韩信后，说道："相您的面，不过封侯，而且还大有危险；相您的背，贵不可言。"

韩信问："这怎么解释呢？"

蒯通借此大谈自己的设想，他首先分析了刘邦与项羽斗争的形势，说："项王在彭城打败汉王后，一直追击汉王到荥阳，取得了一系列的胜利，威震天下。但是，现在项王的军队被汉王阻击在京（在今河南洛阳附近）、索（在今河南荥阳附近）之间，由于各方面的不利因素，3年都无进展。项王军队的锐气，已经在汉王险要的防线前受挫，粮食供应也出现了困难，楚国的百姓也厌倦了战争，项王难以再继续坚持下去。"

蒯通又分析了刘邦的处境，说："汉王拥有数十万大军，依据山河的险要之势建立起防线，但在军事上毫无进展。他败走荥阳，又在成皋受伤，智勇都已受困，无法得到施展。"

接着，蒯通进行总结说："现在楚汉两军的锐气，都已在长年的对垒中受挫，不管哪一方想打开局面都很困难。而后方的百姓则疲惫厌战，不知何时能尽快结束战争。依我看，必须有贤能之士出面干预，才能结束这场祸害。汉王和项王的命运，都决定在您的手中。您支持汉王，汉王就会战胜项王；您支持项王，项王就会成为胜利者。您最好的选择便是和汉王、项王都交好，采取平衡的外交策略，自己独立，与汉王、项王三分天下，鼎足而立，谁也吃不掉谁。"

蒯通认为韩信可以三分天下的优势有："以您的军事智谋，有这么多兵力，占据了齐国这样富庶的地方，燕、赵两地又听从您的指挥，您就控制了汉王和项王的大后方。您再根据百姓的愿望，出面制止汉王与项王间的战争，恢复暂时的太平，天下谁敢不听您的话！"

蒯通认为，韩信因为战功显赫已引起刘邦的不安，今后很难再改善与刘邦的关系。蒯通说："勇敢谋略超过自己主人的人，自身的处境就会很危险；功盖天下者，就无法得到赏赐。您这次北伐，渡过黄河后，俘虏了魏豹；又在井陉口一战，杀了陈馀，平定了赵国；接着又迫使燕国投降；最后在伐齐战争中，还打败项羽的20万援军，杀了他的统帅龙且。您立了天下无双的功劳，军事计谋也没有人可以与您相比。您现在的威望已经危及汉王的地位，立下了无法赏赐的功劳。您现在处于人臣的地位，而名望却高出了自己的主人，谁也不敢容纳您。只有独立，才是唯一的出路，如果还犹豫不决，处境将愈来愈危险。"

韩信听了蒯通的劝说，虽然有所心动，但仍然下不了背叛刘邦的决心。他认为自己助汉的功劳最大，刘邦不会夺去自己齐王的位置，最终还是决定效忠刘邦。蒯通见韩信听不进自己的建议，只能离韩信而去了。

韩信的选择使得楚军越发困顿。这时，汉王又不断加强政治攻势：封韩信为齐王、黥布为淮南王、升周昌①为御史大夫，并下令军士不幸阵亡的，由官府负责置备丧服寿材，转送其家属，这项措施深得民心。而项羽这边粮秣将尽，又无盟友相助，他急切地想找到一个能够尽快结束战争的计谋。这时，他想到了在自己手中的刘太公和吕雉。

彭城之战后，刘太公和吕雉成了项羽的俘虏，项羽一直没有处理他们。为了尽快结束成皋战争，迫使刘邦投降，项羽命人备了一块特制的大砧板，抬到广武涧边，把刘邦的父亲捆绑起来，放在砧板上，然后派人通知刘邦说："如果你不马上投降，我就把你父亲烹杀了。"

刘邦当然不肯投降，他深知此时绝不能示弱，只得装出一副满不在乎的样子，笑着对使者说："请你回去告诉项王，'我与你曾共同接受义帝之命，让我们亲如兄弟，所以我的父亲就是你的父亲。如果你一定要烹杀你的父亲，请分我一杯肉羹吃'！"

使者不敢隐瞒，回去如实禀报。项羽万万没想到刘邦如此无赖，气得火冒三丈，命人行刑。这时项伯上前劝阻道："天下大事如何，我们无法预料。一个觊觎天下的人，根本不会考虑他父亲的死活。杀了刘太公对我们没有一点儿好处，只会增加仇恨。要我说，还是不杀为好。"项羽觉得此话有些道理，就阻止了行刑。

一计不成，项羽又想出了另一个办法，打算与刘邦进行个人决斗，以决定双方的成败。他派人向刘邦挑战说："因为你我二人争夺天下，造成这些年战乱不休，生灵涂炭。我现在向你挑战，两人决斗，看谁是胜利者。不要再因我们两个人的争雄，连累百姓跟着受苦受难了。"刘邦听

---

① 周昌：沛人，西汉初期大臣。秦末农民战争中，随刘邦入关破秦，任御史大夫，封汾阴侯。刘邦欲废太子，他直言谏止。后为赵王刘如意相，刘如意为吕后所杀，周昌自觉辜负刘邦，郁闷不乐，3年后去世。

了项羽的挑战，觉得很好笑，心想你是一代勇士，我当然斗不过你，也不会与你进行个人决斗。他回答项羽说："我只和你斗智，不愿与你斗力。"

项羽无奈，只得派将士每天在涧边挑战，想以此激怒刘邦，但刘邦始终不为所动。这天，项羽亲临阵前，向汉军大声呼叫，再次提出要和刘邦单打独斗。刘邦也来到阵前，并没有答应项羽的决斗要求，而是向楚汉两军宣布项羽的十大罪状：

第一，违背义帝约定，将我放逐到荒凉的巴蜀之地；

第二，假冒义帝之命，杀死卿子冠军宋义；

第三，奉命救赵后不回国都复命，却擅自胁迫诸侯进关；

第四，违背怀王约定，焚烧秦国宫室，掘毁始皇坟墓，私盗其中财物；

第五，毫无道理地杀害已经投降归顺的秦王子婴；

第六，不守信义地坑杀20万秦降卒，却封其降将为王；

第七，把好地方都封给诸侯手下的将领，而把诸侯们迁徙到偏远的地方，让他们的臣下争相反叛；

第八，驱逐义帝，却将彭城作为自己的国都，吞并韩、魏、楚，扩大自己的地盘；

第九，大逆不道，追杀义帝；

第十，执政不公，信约不守，大逆不道，天下不容！

听着刘邦的指责，项羽怒发冲冠，遂暗中埋伏下强弩，趁刘邦不备，射中了刘邦的胸部。强弩力大，胸部是要害，刘邦怕大军见到自己胸部受伤而影响士气，急中生智，假装射中的是脚，捂脚大叫说："我的脚中了伏弩！"立即从阵前退下来。

刘邦受伤很重，卧床不起。张良担心动摇军心，就强迫刘邦起床，装出伤势不重的样子，出来慰问汉军，以安定士气，防止楚军趁机进攻。刘邦本来胸部受伤就很重，又强行到各营去慰劳军队，以稳定军心。结果，他的伤势更加严重了，只得回到成皋大营治疗休养。

创伤还没痊愈，刘邦便开始忙于政务。他先是回到关中，来到国都栎阳，设酒宴慰问当地父老，把原塞王司马欣的首级挂在栎阳街头示众。栎阳原是塞王的首府，将他的人头悬挂在这里，既是一种威慑，也是一种号召，因为关中百姓都对这几个故秦降将恨之入骨。

关中民心安定后，刘邦又回到成皋前线。在广武对峙期间，刘邦的实力明显增强，而项羽的实力是每况愈下。刘邦不仅从关中招来了大批新兵，北貉（今东北一带的少数民族）和燕也派兵来支援他。项羽这边的情况可就惨了！彭越、刘贾等人率军在楚军后方不断破坏其运输线，韩信也从齐国南下，同样进攻项羽的后方。广武前线的楚军兵疲粮尽，已经支撑不下去了。

刘邦看楚军日渐不支，提出要与项羽和谈，先后派了陆贾和侯生去游说项羽，并要求他释放自己的父亲刘太公和妻子吕雉。

陆贾知识渊博，能言善辩，他来到楚营后，项羽一直对他很冷淡，但他丝毫不灰心。他先是对项羽体恤百姓赞扬了一番，然后向项羽分析了楚军现在的情况，楚军现在供给不足，将士疲惫不堪、士气低下，实在不适合再战。汉王关心父亲和妻子的安危，也认为和谈是最好的解决方法。这样做对双方乃至天下苍生都有利，皆大欢喜！

陆贾滔滔不绝、口若悬河地说了半天，楚国的大臣们也觉得有道理，但项羽不买他的账。项羽是个永不服输的人，坚持要与刘邦决战到底。他气冲冲地把陆贾数落了一顿，陆贾不敢再多言，只好回去了。

陆贾游说失败后，刘邦又派侯生去与项羽谈判。临出发前，侯生向刘邦提出楚汉双方以鸿沟（在河南中牟，即今之贾鲁河）为界，以西为汉、以东为楚的建议。这个办法是解现在燃眉之急的最好方法。刘邦同意了。

侯生这个人长相不起眼，平日不修边幅，遇事却非常冷静。他见到项羽就表示自己只是来看望他，不提谈判之事。项羽对他的来访有点儿丈二和尚摸不着头脑，于是派人去送酒菜，想打探一下侯生的来意。侯生对项羽的意思心知肚明，他不慌不忙，还给来人讲起了养生之道。侯生的淡定反倒急坏了项羽，于是召见侯生。项羽问道："刘邦派你来干什么？"

侯生不紧不慢地回答道："没有什么重要的事。"接着又开始给项羽讲起了养生之道。项羽看着侯生面不改色的样子，心里快急死了："你就说说刘邦派你来的目的吧！"

侯生一本正经地表示自己保持中立的态度，说："我可不是汉王的人，我是天下百姓的代言人。汉王的意思不是最重要的，关键是你们能否意见统一。"

项羽一听顿时来了精神："如果是对百姓有利的事情，我们倒是可以心平气和地谈谈！"于是侯生向项羽说了以鸿沟为界的主张和理由。项羽虽然很不甘心接受刘邦的和解条件，但是眼下的形势不允许他继续与汉军对峙下去，他仔细思量了一番，觉得侯生所说有些道理，便接受了刘邦提出的暂时和解与妥协的方案。

随后项羽与刘邦正式约定中分天下，以鸿沟为界，以西归刘邦，以东归项羽。项羽放归了刘太公和吕雉后撤兵东归。

在这场对峙中，刘邦显然更胜一筹，不仅在军事上压倒了项羽，在政治上也打了漂亮的一仗，顺利解救了自己的父亲和妻子。当刘邦的父亲和妻子回到汉军大营时，大家都兴高采烈，庆贺刘邦全家团聚！

广武对峙以项羽的屈从、刘邦的胜利画上了句号。

五、垓下之战

楚汉双方签署鸿沟协议后，刘邦见项羽率军东归，也命令樊哙接管楚军交出的荥阳，自己则准备班师返回关中休整调养。这时，张良、陈平进言道："现在汉王已占有大半个天下，各路诸侯又都归附、支持我们。而楚军兵疲粮尽、孤立无援，处境十分困难，这正是消灭楚军的最好机会。如果不趁这个机会击败楚军,等到楚军回到江东,恢复力量后,就再难以打败他们了。如此就等于是放虎归山,给自己留下无穷后患。"

刘邦听了迟疑道:"汉已经与楚修好,出尔反尔,不好吧?"两位谋士说:"成大业者不拘小节!消灭了项楚,天下还有谁敢指责大王违约?"

张、陈二人所言正中刘邦下怀,他稍加考虑后,率先破坏自己提出的以鸿沟为界、中分天下的协议,越过鸿沟追击楚军,重新开始了争夺天下的战争,暂时的妥协与和平就这样被粉碎了。

项羽履行鸿沟和约,率领大军东归,刚行至固陵(今河南太康西),闻报刘邦毁约追来,不禁勃然大怒,立即下令部队回击。两军交战,汉军仍然不是楚军的对手,像过去那样一触即溃,四散奔逃,被楚军斩杀20000多人。樊哙拼死护卫,才掩护刘邦退入固陵城内。刘邦吓坏了,只得深沟坚垒,等待援军到来。

刘邦对自己的实力还是比较清楚的,知道汉军现在仍然不是楚军的对手,所以他在追到阳夏时,就派人去和齐王韩信、建成侯彭越约定日期,准备在固陵会合后共同打击楚军。可是,他在固陵左等右等都不见援军赶来,固陵无险可依,全靠樊哙等亲信拼死力战,加上楚军人困马乏、战斗力锐减,一时间才未被楚军攻克。但是,看着城外如蚂蚁一般涌来的楚军,刘邦深知固陵被攻克只是早晚的问题。这时他不由得恼恨韩信、彭越等人,假如他们如期赶到,三军会师,夹击楚军,即使项羽再勇猛,也绝不是对手。他越想越气,忍不住破口大骂。

这时,张良在一旁分析道:"这些诸侯之所以观望不前,是因为大王对他们没有明确分封疆土的原因。"

刘邦气呼呼地说:"韩信已经被封为齐王,彭越也被封为魏相,还要怎么样?"

张良说:"韩信邀功请封,得到齐王的封号,但他自知这并非出于大王本意,内心当然会有所疑虑。彭越早已控制梁地,结果大王只是拜他为魏相，现在魏豹已死，大王仍不以王位加封，他当然会不满意。为今之计，大王宜速将睢阳（今河南商丘境内）以北至谷城之地封给彭越。韩信那边则应许诺待破楚之后将陈县（治所在今河南淮阳）以东至大海之地加封给他。这样让他们为自己的封地而战，打败项羽就容易多了。"

其实，之前张良在荥阳前线向刘邦举荐韩信、黥布、彭越的时候就曾提到过裂土分封的事情，只是刘邦没有兑现罢了。如今汉军被困固陵，形势岌岌可危，刘邦只得听从张良的建议，立即派人带上划定疆界的地图，分头行动，封彭越为梁王，并对韩信进行加封。

此前韩信虽然没有接受武涉与蒯通的游说，但已经心有所动，现在刘邦派人及时送来了加封楚地的文书，更坚定了韩信拥汉反楚的决心。

接到封赏文书后，韩信和彭越果然回报说："马上出兵攻打项羽。"韩信从齐国、彭越从梁地，很快就率大军前来固陵与刘邦会师，大大增强了刘邦的力量。

韩信、彭越、黥布等援兵一到固陵（今河南太康南），刘邦就对项羽发起了进攻。项羽见形势不利，命令大军后退，但是汉军却穷追不舍。

在追打项羽的同时，汉将刘贾奉命率军南渡淮河，包围寿春（今安徽寿县），派人入城劝降楚军大司马周殷。周殷审时度势，很快举城投降，然后率军攻陷了六邑，屠城，继而率军与黥布、卢绾、刘贾会师于城父（今安徽亳州城父镇），阻断了楚军的归路。

在楚军中，周殷的资历、威望与龙且、钟离眜旗鼓相当，他的背叛对楚军将士的心理是一个沉重的打击，令项羽又惊又怒。

万般无奈的项羽率军退守到垓下。韩信、彭越、刘贾、黥布、周殷等也都开赴垓下会合，直指楚军。

垓下位于沱河北岸，高岗绝壁，地势险要。汉诸侯军将楚军层层包围起来。楚军此时大约有10万人，兵少粮尽。汉军韩信率领30万大军独当正面,他的两位部下孔熙①、陈贺②居左右翼;刘邦领兵在韩信大军后面,绛侯周勃、将军柴武③率军殿后。

两军大营遥遥相对,韩信为了灭楚军气焰,消耗其实力,让孔熙、陈贺等各自领一支队伍,埋伏在预先设定的10个位置,等楚军一来就狠狠地攻击他们,分散楚军兵力。

韩信又命一支部队摇旗呐喊:

> 人心都背楚,
> 天下已属刘。
> 韩信屯垓下,
> 要斩霸王头。

这下可把项羽气坏了,发誓一定要杀了韩信,否则绝不罢休。

双方正激烈交锋,韩信和刘邦假装支撑不住,想要逃跑。项羽怎会让他们跑了呢,下令一定要追上刘邦,剥了他的皮,以泄心头之恨。

楚军追着追着,突然从一个山包后边杀出了孔熙的队伍。项羽不得已派一部分兵力抵抗孔熙,自己则带着其他人继续追击刘邦和韩信。谁料途中又杀出了陈贺,项羽还得再分一部分人对付陈贺的伏军。

就这样,项羽一步步地走进了韩信为他设下的圈套,中了十面埋伏。他赶紧下令后撤,可是已经来不及了,刘邦的各路伏军蜂拥而上,将楚军重重围困。

此时项羽大军的人数已经不足10万,而且内无粮草、外无援兵,又正值隆冬,天寒地冻,士气低落,处境相当困难。项羽为此坐卧不安,苦思无计。

---

① 孔熙:汉初名将,随刘邦起事,任左司马,迁将军都尉,封蓼侯。——编者注
② 陈贺:沛人,汉初名将,西汉开国功臣,从刘邦芒砀山起义,南征北战,屡立战功,封费侯。
③ 柴武:西汉开国功臣,汉初名将。秦末响应刘邦起义,随刘邦南征北战,参加过垓下决战。他是刘邦定下的汉初十八功侯之一,排名第十三,后来曾任大将军。

这天夜里,又饥又乏的楚军将士忽然听到从四野传来熟悉的楚歌声。歌声哀怨,如泣如诉。在这寒冷的深夜,那些早已厌恶战争且缺衣少食又笼罩在败亡氛围中的楚军将士深受感染,没过几天,楚军中就有不少士卒逃跑,有的投降了汉军,有的逃回了家。项羽听到楚歌的声音,也十分惊慌,心想:"难道汉军已经完全占领楚国了吗?要不怎么会有这么多的楚人唱歌!"

这一声声楚歌使项羽心情十分烦躁,他回想起自己以前何等的英勇善战,昔日的西楚霸王如今竟然沦落到众叛亲离、穷途末路的地步!他又羞又愤,便在军帐中借酒消愁。

平日里与项羽形影不离的美人虞姬同样心情沉重。项羽看着自己的两个宝贝——虞姬和骏马名骓,听着四面的楚歌声,不禁涕泪横流,起身舞剑,慷慨悲歌。

力拔山兮气盖世,时不利兮骓不逝。
骓不逝兮可奈何,虞兮虞兮奈若何!

歌声悲凉凄苦,表露出项羽对自己功败垂成的事业的留恋和遗憾。一旁侍酒的虞姬闻歌大恸,泪流满面,和而歌之。

汉兵已略地,四方楚歌声;
大王意气尽,贱妾何聊生?

项羽看到虞姬伤心的样子也难以控制自己的情绪,眼泪哗哗地流了出来。帐中的士卒和侍女都被眼前这种悲伤的氛围弄得直流眼泪,转过脸去不忍目睹这对至情至义的情侣。

过了一会儿,虞姬停止哭泣,提出要给项羽舞剑助兴。她舞着舞着就深情地与项羽告别,盼着来世再与他做夫妻,然后举剑自刎。一代佳人,为了自己的君王、爱人,就此香消玉殒!

项羽抱着虞姬的尸体,泪流不止,而后匆忙将虞姬的遗体带出营外安葬。至今,虞姬墓还矗立在安徽省灵璧县虞姬文化园内,南接垓下古战场,北临古汴河,墓碑上刻有"西楚霸王虞姬之墓"几个大字,旁边还刻有一副对联:"虞兮奈何,自古红颜多薄命;姬耶安在,独留青冢向黄昏。"据说这是古代一位不知名的才子写的。

六、乌江悲歌

虞姬自刎身亡后,项羽不愿束手就擒,而是抱定了拼死搏击的念头,所以他在动身突围时,没有通知其他各营帐的将士,只带了800亲骑。这也是为了给数万楚军将士留下一条活路,他走后,这些将士可以自主向刘邦投降。

第二天早上,刘邦闻报项羽突围,立即命灌婴率5000骑兵追击,并许以"千金之赏,封侯万邑"的承诺,索求项羽的首级。汉军备受鼓舞,士气倍增,全力围剿项羽。沿途经过几次交战,等项羽渡过淮河后,还剩下100多名骑兵跟着他。到了阴陵(今安徽定远西北),项羽一行迷了路,派人向一个农夫问路,这位农夫欺骗项羽说向左走,楚军按照农夫的指引,竟然陷入大泽中,行动困难,被灌婴的骑兵追上。又经过一番厮杀,项羽突出重围,向东而去。来到东城(今安徽定远东南)时,项羽身边只剩下28骑。这时,灌婴的数千骑兵又追了上来。

项羽认为自己难于逃脱,就停下来对自己的部下说:"自我起兵反秦到现在已经有8年了,身经70余战,阻挡在我前面的敌人,没有一个不被打败,我所要征服的没有一个不被征服。我从来没有吃过败仗,所以才得以称霸天下。今天被困在这里,是上天要亡我项羽,并不是我不能打胜仗!现在固然只有死路一条,但我愿再次决一死战,斩一敌将,断一敌旗,突破敌人的包围。让大家知道,并不是我不能打胜仗,而是上天要亡我。"

项羽说完,大吼一声,直如狂飙飞扬,冲刺下山,汉军随之纷纷倒下。汉郎中骑杨喜①鼓胆追赶，项羽暴眼怒睁，一声断喝，如同霹雳，杨喜人马俱惊，一下子倒退好几里。项羽接连斩杀了好几员汉军将领，汉军将士惊心动魄，没有人敢上前。在这场厮杀中，项羽只损失了两名骑从。

这时，项羽身边只剩下26名骑兵了，他们一路东驰，来到了长江西岸的乌江亭（今安徽和县境内）。如果能够摆脱追兵，从这里渡过长江，就可以回到故乡，以求东山再起。

他们跑着跑着，看到前面的路上写着"霸王自刎之处"6个大字。项羽心里咯噔一下：老天爷真的是要我死吗？他心里一阵发凉，随即发出一声长长的叹息。其实这是张良的一个计谋。张良派人用蜂蜜在项羽经过的路上写了这6个大字，蚂蚁们都来吃蜜，黑漆漆的，正好组成了6个黑色大字。张良是非常了解项羽的，正是想以此来消弭他的求生欲望。

乌江亭长很佩服项羽的英勇，听说他战败了，就准备好一条船在这里等他，想送项羽返回江东。他激动地对项羽说："江东虽小，但有人口数十万，土地几千里，在那里您还是能再干出一番事业的。这里只有我这条船，您赶快渡江吧。到时候汉军追来，也无船可渡。"

听完亭长情真意切的话，项羽心里很不是滋味，一方面觉得很感动，江东百姓对自己还是怀有眷恋之情的；另一方面，他感觉无颜再面对江东父老，看到亭长前来搭救，觉得十分惭愧，所以就打消了渡江的念头。他自嘲地对亭长说："既然天要亡我，我又怎么能逃得了呢！我率江东八千子弟渡江反秦，而今无一生还。纵然江东父老怜惜，还会拥戴我称王，但我又有何面目去见他们？即使他们不责怪我，我心里也很愧疚！"

接着，项羽把跟随自己出生入死的乌骓马托付给这位亭长，让他好生照顾自己的爱马。亭长见项羽决心已定，就带着乌骓马驾船渡江了。随后，项羽拿起兵器，带着仅存的骁将士卒，与追兵一顿厮杀，又杀死

---

① 杨喜：字幼罗，号德嘉，华阴（今陕西潼关）人。曾官居郎中骑都尉（管理宫廷车骑门户的武官），又执掌宫中更值宿卫（负责宫中夜间安全的武官），后因斩杀项羽有功而封赤泉侯。

汉军数百人，自己也是伤痕累累。就在这时，项羽看见汉军骑兵中有个将领叫吕马童，此人本来是项羽的部下，项羽待他不薄，后来他背楚投汉，做了刘邦的司马。项羽大声地跟吕马童打招呼："这不是我的老朋友吕马童吗？"

吕马童闻言，不敢正视项羽，羞愧地转过脸去，悄声对身旁的中郎王翳说："此人就是项王！"

此时项羽已经筋疲力尽，再也没有力气作最后的挣扎了。他想，死也要死得有尊严，不能做刘邦的俘虏，就大声说："我听说汉王以千金之赏、封侯万邑求我的人头，现在我就来成全你吧！"说罢拔剑自刎。

王翳割下项羽的人头，其余汉将和骑兵一哄而上，争夺尸体，相互践踏残杀，最后杨喜、吕马童、吕胜、杨武各得项羽一个肢体。曾经威风凛凛的西楚霸王，最后竟落得个身首异处、尸体五分的下场！后来，刘邦兑现诺言，将万邑之侯一分为五：吕马童为中水侯、王翳为杜衍侯、杨喜为赤泉侯、杨武为吴防侯、吕胜为涅阳侯。

面对失败和死亡，项羽表现出了最后的英雄气概，以他独有的力拔山、气盖世的英雄形象，以极其悲壮的死，千百年来一直被后人叹惋、佩服！胸怀大志的他24岁随叔父项梁起兵反秦，战无不胜，威震天下；30岁时却众叛亲离，自刎于乌江边，成为一个悲剧英雄。唐代诗人胡曾写了一首《咏史诗·乌江》来感叹项羽的悲惨结局：

争帝图王势已倾，八千兵散楚歌声。
乌江不是无船渡，耻向东吴再起兵。

统帅败亡，季布[①]、钟离眛等楚将并没有像项羽所想的那样投降刘邦，而是据垒坚守，直至城破。在整个垓下战役中，楚将阵亡80000余

[①] 季布：楚地人，曾效力于西楚霸王项羽，多次击败刘邦军队。项羽败亡后，刘邦饶赦了他，并拜他为郎中。汉惠帝时官至中郎将。汉文帝时任河东郡守。他为人仗义，好打抱不平，以信守诺言、讲信用而著称。楚人中广泛流传着"得黄金百斤，不如得季布一诺"的谚语。

人。颇具讽刺意味的是，外姓部将忠诚事主，誓死报国，而以项伯为首的项氏亲属却大多向刘邦投降了，这应该是一向任人唯亲的项羽完全预料不到的。

楚军垓下兵败后，楚国各地闻风请降，只有鲁城（今山东曲阜）父老坚守不降。这是因为早年楚怀王曾封项羽为鲁公，所以鲁城百姓对项羽念念不忘，因此顽强抵抗。刘邦非常恼火，亲自督战，准备破城之后屠杀城中百姓。但是，当他准备攻城之际，却听到城内传来琅琅读书声，他感到很奇怪。张良建议道："鲁城乃是礼仪之邦，百姓们并不怕死，而是在为自己的主人伏节死义，大王还是不要攻城，好言劝他们归顺吧！"于是，刘邦下令停止攻城，并派人把项羽的头颅展示给大家看，并许诺将对项王葬之以礼，鲁人遂献城投降。

鲁人投降后，刘邦特意赶到鲁城，亲自过问项羽的安葬事宜，并以鲁公之礼将项王葬于谷城。葬礼上，刘邦想起自己与项羽并肩作战的场景，百感交集，不禁痛哭失声。祭祀完毕，刘邦下令项氏宗族一律免死。后来封赏功臣时，项伯被封为射阳侯。除此之外，项氏中另有3人分别被封为桃侯、平皋侯和玄武侯，项氏满门被赐刘姓。

至此，历时4年之久的楚汉战争以刘邦的胜利落下了帷幕。盖世英雄竟斗不过一个街巷混混，原因众说纷纭，有人认为项羽失败的原因在于他总舍不得赏赐和分封有功之人，不愿与人共享胜利的果实，导致有才能的人都背楚投汉了；有人则认为项羽刚愎自用，不善于发现和利用人才，还总是怀疑别人。而刘邦虽然学识不深，犹如一个地痞流氓，但他善于用人，愿意听取手下人的建议，该用的就用，只要对自己有利就行。这正是刘邦强于项羽的地方。当然，项羽失败还跟他过于暴躁的性格有关。他带兵所到之处烧杀抢掠，恐吓百姓，没有吸取秦二世灭亡的教训，使自己从处于优势渐渐地转为居于劣势，最后众叛亲离，走向败亡。

第六章 称帝封侯抚功臣

一、筑坛称帝

随着垓下之役项羽的败亡，天下几乎已经没有能跟刘邦抗衡的力量了，这个时候，刘邦的首要任务就是使天下刀枪入库，马放南山，因此，他在鲁城办完项羽的葬礼、安抚好鲁地民众之后，马上率军归还，到达定陶。在定陶，他办了3件大事。

第一件事是向韩信索要兵权。项羽兵败后，拥有30万大军的韩信便成了刘邦的心中刺，好在韩信军团中的两大团队——骑兵团统帅灌婴、步兵团统帅曹参，都是刘邦嫡系。特别是灌婴的骑兵团，在垓下之役中功劳最大。获得项羽尸首的五大将领，均属灌婴集团。

战争结束后，深谙上意的张良和陈平建议刘邦以禁卫队伺机夺取韩信的兵权，以免日后产生祸患。于是，刘邦故伎重演，带着夏侯婴、张良、陈平等亲信臣僚，突然来到韩信的军营，直截了当地要求韩信交出兵权。上有汉王，内有灌婴、曹参，韩信根本没有抗命的资本，只得乖乖交出兵符印绶，服从安排。兵权被夺，韩信心中当然不满，但一想自己还有齐王这一名号，尚可聊以自慰，于是收拾行装，准备随时听从刘邦的命令，返回齐地就国。但刘邦对他还是不放心，因为齐国物产丰富、地势险要，韩信在齐国很可能会迅速崛起，风险很大。刘邦决定改立韩信为楚王，令他称王于淮北地区，都下邳。楚人怀念项羽，肯定对韩信恨之入骨，不会屈服于他，听其召唤。韩信虽然心中大为不愿，但也只得接受。

第二件事是报答彭越的相助，封彭越为梁王。刘邦虽然封彭越为梁王，但只分给他一小块封地，这是为了削弱其实力，与对待韩信的方式大同小异。

第三件事是对付项羽的残余势力。垓下之战后，刘邦派使者去招降占据江陵的临江王共尉（共敖的儿子），可是共尉拒绝臣服。刘邦立即命令卢绾、刘贾等率兵进攻，很快取得了胜利，擒获了共尉。同时，汉军又迅速进攻以吴郡为中心的长江下游地区。至此，当年秦始皇势力所及的地区都被刘邦占领了。

刘邦随即向全国发布命令："天下连年战乱已有8年了，万民百姓深受战争苦难。现在天下大事已毕，大赦天下死罪以下的囚犯。"

当年秦王嬴政统一六国后直截了当地要求群臣议定他的新名号，因为坐拥天下的他感觉一个"王"字已经不足以昭示自己的功绩，于是经过讨论，他称了皇帝。现在刘邦也拥有了天下，尤其在大赦全国后，他的心思也昭然若揭。于是诸侯王们，如韩王信、韩信、臧荼、吴芮、黥布、彭越等人联名上书，恭请刘邦加皇帝尊号。

《汉书·高帝纪》中这样记载：

> 楚王韩信、韩王信、淮南王英布、梁王彭越、故衡山王吴芮、赵王张敖、燕王臧荼昧死再拜言，大王陛下：先时，秦为亡道，天下诛之。大王先得秦王，定关中，于天下功最多。存亡定危，救败继绝，以安万民，功盛德厚。又加惠于诸侯王有功者，使得立社稷。地分已定，而位号比拟，亡上下之分，大王功德之著，于后世不宣。昧死再拜上皇帝尊号。

当然，诸侯王们如此急切地请求刘邦荣登九五之位，也有自己的私心。如果不及时尊刘邦为皇帝，他们在名号上与汉王并列为诸侯王，日后还会有自己的安身立命之所吗？他们这样做也是为了确保自己的安危和既得利益。

刘邦当然也明白，时至今日，皇帝之位已非己莫属，自己梦寐以求的正是早日享受一下做皇帝的滋味。但是，当诸侯王请他"上皇帝尊号"时，他却故意虚伪、客套地谦让了一番，以显示自己的风度，他说："寡人听说皇帝的名号只有贤德之人才能享有，空有皇帝的名号而没有贤德之实，就不能称皇帝，故寡人不敢接受皇帝的名号。诸侯王都推举寡人，这是要把寡人置于何处？"

诸侯王知道刘邦谦让的目的是让他们将其做皇帝的理由说得再充分一些，所以他们更加热切地进行了一番劝说："大王起身于平民，诛灭暴秦，扬威四海。又以偏僻之地，自汉中起兵，行威德于天下，诛灭不义，立有功之人为王侯。现在海内平定，功臣都得到了封地食邑，并不以为私有。大王施恩德于四海，诸侯王的名号已不足以称道，尊皇帝号乃名副其实，请大王以皇帝的名号临幸天下，以安天下人心。"

刘邦见诸侯王和群臣如此坚持尊自己为皇帝，心中十分高兴，但是，姿态还是要再摆一摆的，所以他还是再三谦让，最后似乎出于不得已地向诸侯王说："既然诸位都主张必须这样做，那么为了天下太平，寡人也就勉为其难了。"

于是，诸侯王及太尉、长安侯卢绾等300人，与博士叔孙通①谨择良辰吉日，筹备刘邦即皇帝之位的盛大典礼。

汉高祖五年（前202）二月甲午日，汉王刘邦在诸侯王和群臣的欢呼声中，在汜水之阳（即汜水的北岸，今山东定陶西北）临时筑坛祭祀天地，接受诸侯王及群臣朝贺，登基称帝，庙号"高皇帝"，同时尊王后吕雉为皇后，太子刘盈为皇太子，追尊已逝的母亲为昭灵夫人。

自沛县起兵，历时8年之久，刘邦从沛公到汉王，如今终于成为皇帝。汜水登基，标志着大汉帝国正式建立，继秦王朝之后，中国历史上

---

① 叔孙通：薛县（今山东滕州）人，初为秦博士。后归附项梁，项梁败亡后，跟随楚怀王。怀王迁至长沙，他留在项羽身边。刘邦率领诸侯军队攻取彭城，他转投汉军，被拜为博士，号稷嗣君。刘邦称帝后，他负责制定汉朝的宫廷礼仪。司马迁尊其为汉家儒宗。

又出现了一个新的统一王朝，史称西汉。

二、分封诸侯

从沛公到皇帝，刘邦一路走来，历经重重困难与波折，有好几次差点命丧黄泉。遥想当年，他不禁感慨万千，不过，刚登至尊宝座的他只能稍稍松那么一口气，因为后面还有更多的事情在等着他处理，首先就是诸侯王的问题。

刘邦在定陶完成登基仪式后，连发几道诏令，包括册封皇后和皇太子、建都洛阳、定功行封等。此外他还发了一道诏书，专列诸侯王分封事宜：正式更立韩信为楚王、彭越为梁王；韩王信依旧为韩王，建都阳翟（今河南禹州）；衡山王吴芮改封为长沙王，建都临湘（今湖南长沙）；吴芮手下大将梅鋗跟随入关有功，封番君；封无诸为闽越王，建都东冶（今福建福州）；淮南王黥布、燕王臧荼、赵王张敖等人王位不变。

在各诸侯中，最值得一提的当数吴芮和无诸，为了分封这两个人，刘邦还专门下了一道诏令。《汉书·高帝纪》中这样记载：

> 故衡山王吴芮与子二人，兄子一人，从百粤（越）之兵，以佐诸侯，诛暴秦，有大功，诸侯立以为王。项羽侵夺之地，谓之番君，其以长沙、豫章、象郡、桂林、南海立番君芮为长沙王。
>
> 故粤（越）王无（亡）诸，世奉粤（越）祀，秦侵夺其地，使其社稷不得血食。诸侯伐秦，无（亡）诸身率闽中兵以佐灭秦，项羽废而弗立。今以为闽粤（越）王，王闽中地，勿使失职。

从史料上看，吴芮和无诸在灭秦战争、楚汉战争中基本没有什么特别突出的功绩，那么，刘邦为什么在开国伊始专门下诏封赏他们呢？这就充分显示出了刘邦的政治谋略与胸怀，他是从长远大局考虑之后才这样做的。

吴芮是江西余干（今江西余干）人，战国时期吴国王族之后。越王勾践诛杀吴王夫差、灭亡吴国后，继续追杀夫差的家人，吴国的王子王孙只得逃亡他处避难。吴芮的父亲吴申被贬番邑（今江西鄱阳）定居，后迁徙到余干县善乡龙山南麓（今江西上饶社庚乡），吴芮在此地出生。

吴芮自小聪慧，青年时便经常研究《孙子兵法》和《吴起兵法》，带领族人和南下军士的后代演练阵法；18岁的他就统制兵马17000多人，分布在鄱阳、余干、浮梁的各处要道，部队军纪严明，深受百姓拥戴。

秦始皇统一六国后，在全国推行郡县制，乡亲举荐吴芮为番邑令。秦朝末年，统治严酷，徭役繁重，修筑万里长城、阿房宫、秦始皇寝宫骊山大墓，使百姓妻离子散，田园荒芜，哀鸿遍野，散兵游勇四处抢劫。吴芮为保卫乡亲们不受伤害，组织家丁亲兵抗击流寇。他大胆革除弊政，轻徭薄赋，减轻百姓负担；带领百姓兴修水利，制定了一系列鼓励农耕的措施，提高了农民的生活水平。

秦二世元年（前209）七月，陈胜、吴广在大泽乡揭竿而起。八月，吴芮便响应。番邑令吴芮深得江湖民心，号"番君"，后又支持项羽，起用刑徒（脸上刺字的犯人）带兵，出兵横扫赣、湘、桂一带，威镇江南，各地群众纷纷投奔，秦朝一些官吏也率部归附。不久，流落江上为盗的黥布前来归附，吴芮看出黥布并非等闲之辈，就把女儿嫁给他，并带领当地越族人民毅然投奔起义队伍，北上反秦。后来，吴芮追随项羽，率百越之众和项羽一起入关，项羽起初也承认吴芮参与反秦的功劳，遂在戏亭分封时赐予他衡山王的名号，建都邾（今湖北黄冈），是项羽分封的18个诸侯王之一。不料，后来项羽又反悔了，削夺了吴芮的爵位与封土，将其降为番君。

从吴芮的经历来看，似乎真的没有受封为王的功绩。刘邦之所以对他如此重视，专门下诏封赏他，一方面是因为吴芮长期在江南为官，而且政声颇好，为了稳定江南地区的统治，刘邦自然要封他为王，一方面让他治理南方，可以让他作为汉王朝与宣布独立的南越王之间的缓冲；另一方面，当时的江南虽然地域广阔，气候、地理条件也比较优异，但是人口稀少，还有待开发，经济、文化都比较落后。吴芮名义上虽然领有五郡，实际上只有长沙和豫章两郡，象郡、桂林、南海三郡都属于南越王，吴芮根本无法威胁汉王朝。所以，刘邦一登上帝位，立即以吴芮参加反秦起义有功为由，改封他为长沙王，都临湘，以此显示自己的大公无私。后来的事实证明了刘邦的英明。吴芮当了长沙王后，对汉王朝中央奉命唯谨，丝毫不存在倨傲失礼之处，后来刘邦削平异姓诸侯王时，只有长沙王及其子孙得以世享其禄，保住了爵位和封土。

无诸①，驺氏，春秋晚期称雄东南的越王勾践的后裔，战国后期承袭其祖先为王。秦始皇统一中国后，废去无诸的王位，并在他统治的地方设立了闽中郡（今浙江南部和福建一带）。秦末农民起义爆发之后，无诸认为复国的时机到了，就追随番邑令吴芮参加了推翻秦王朝的斗争。可是，项羽入关实行大分封时却没有赐予他任何爵位和封土，这让他极为愤怒和不满。楚汉战争时期，他义无反顾地加入了刘邦的阵营。无诸受先祖荫护，在闽越地区的少数民族中有着较高的威望和影响，所以，刘邦称帝后封他为闽越王，以闽中郡为封地，建都东冶，以此稳定汉皇朝在闽越地区的统治。

闽中地处东南海隅，也是荒远之地，而刘邦把治理重点放在中原地区，只要能维持闽中地区的和平和安宁，使少数民族与中原人民和睦相处，他是不会吝惜一个"王"位的。况且，在当时的条件下，让无诸治理闽中之地，远比从汉朝中央选派郡县官吏要便利得多。后来的事实也证明了这一点，尽管中原地区的诸侯王与汉王朝中央剑拔弩张，甚至兵戎相见，但江南地区一直保持着稳定，无诸的确尽到了守土牧民的责任。

---

① 无诸：闽越王，驺氏，越王勾践后裔，西汉时期闽越国国君。越国解体后，无诸移居闽地，占有福建及周边地区，自称闽越王。

定陶分封诸侯后,刘邦诏令各诸侯王罢兵就国,然后自己也移驾前往新国都洛阳。在此期间,刘太公、吕雉、刘肥、刘仲①等亲属已陆续赶到洛阳。远在关中的丞相萧何也派人将故都栎阳府库中的钱粮珠宝、典籍文书以及刘邦的后宫美人一并搬到了洛阳。刘邦决定在新都大展宏图,全面治理这个新生的、满目疮痍的国家。

三、南宫置酒

汉高祖五年(前202)五月,刘邦回到新国都洛阳后,向全国发布了一道诏令,这便是历史上著名的"五月诏书"。刘邦在诏书中明确命令大部分将士复员返乡,旨在安定天下,恢复和发展生产,按军功授爵以建立新的社会秩序。内容如下:

诸侯后代在关中的,免赋役十二年,回乡的减一半。以前有的民众聚集躲在山泽中,没有户籍,今天下已安定,让他们各回原籍,恢复原来的宅田爵位,官吏讲解法律条文分辨义理,使百姓明白,不得鞭打羞辱。民众因饥饿自卖为别人的奴婢的人,都免为平民。军官士兵遇到大赦,无罪而无爵及虽有爵位但不到大夫的,一律赐给大夫爵位。原有大夫以上爵位的,各赐爵一级;七大夫以上,都受食邑。不是七大夫以下,都免自身及一户的赋役,不事差役。

七大夫、公乘以上的,都是高级爵位。诸侯后代及从军回乡的,有很多高爵,我多次下诏官吏先给他们田宅,还有他们向官吏请求应当得到的,要从速办理。爵位高的称人君,都是被天子尊敬礼遇的,有些长时间摆在官吏面前的事,不给解决,真是不足为训!过去秦民爵位在公大夫以上,就与县令、县丞行平等礼节。今天我对爵位并非轻视,为什

---

① 刘仲:中阳里(今江苏丰县)人,西汉诸侯王,刘邦的二哥,被封为代王。后来匈奴攻打代国,他弃国逃到洛阳,被刘邦废去王爵,改封合阳侯。

么官吏敢这样对待爵位？况且法律规定有功劳的给田宅，今小吏未曾从军者多自满足，而有功者反而得不到，背公立私，郡守、郡尉、长吏、县长管教得很不好！今命令官吏们都要很好地对待高爵，让我满意。今后将要察访，有不按我诏书办理的官吏，从重论处！

不难发现，这道诏令包括两个方面的内容。

一是令流民回乡生产，免除因饥饿而卖身的奴婢身份，这对扩大自耕农户的数量、恢复和发展农业生产、增加国家税收和服役人数、安定社会秩序等都具有重要意义。同时，汉朝廷承认原秦王朝赐予的爵位并在汉王朝享有同等地位和特权，这对于稳定刚刚建立起来的汉政权而言也具有积极意义。

二是对复员官兵（主要是中下级军官和士兵）按军功高低赐予第五等爵位，并享有免服徭役的特权。实际上，复员官兵大多数获得了七大夫、公乘以上的高爵，可以享有食邑及优先得到田宅的特权。刘邦对地方长官没有认真落实有功劳行田宅的法令十分不满，严加训斥，并提出今后如不认真对待此诏令，要从重论处的警告。刘邦赋予有军功的复员官兵种种特权，目的是在全国各地造就一批军功地主阶层，把这些曾经跟随自己南征北战、建国后又因皇恩浩荡而对大汉皇帝感恩戴德的人，作为汉王朝在地方上的政权支柱。

总之，刘邦想以此诏书来维护官僚贵族阶级的利益，通过收买功臣豪强来巩固自己的统治。至于其中恢复散民的住宅户籍，命令官府善待教化百姓等内容，客观上给民众创造了一个安定祥和的环境，但主观上还是为了巩固其统治地位。"五月诏书"对汉政权的巩固和社会经济的恢复和发展确实起到了积极作用。

"五月诏书"颁布不久，刘邦在洛阳南宫大摆庆功酒宴，款待王侯将相、高级官员。欢宴之余，他问大家："诸位，今日庆功宴会大家不必有顾虑，有什么说什么。你们说说看，朕为什么能夺得天下，而项羽又为何会失去天下？"

在座之人不明白皇帝提出这个问题的用意，纷纷交头接耳，小声议论。过了一会儿，王陵率先站起来说道："陛下您性情傲慢，动辄侮辱别人，而且毫不在意；项羽性情仁厚，平时很注意关怀、爱护别人。但是有一点他不如陛下，陛下每每派人攻城略地，所下城池皆作为封赏，与大家共享利益，所以能得天下；而项羽却妒贤嫉能，有功者害之，德贤者疑之，战胜不给记功，得地不予分利，失尽天下人心，所以他会失去天下。"王陵发言后，高起①也发表了类似的看法。

大伙发表见解时，刘邦一直捻须聆听，微笑不语，等大家说得差不多了，他才淡定地开口道："你们是只知其一，不知其二。运筹帷幄之中，决胜千里之外，朕不如子房；镇守国家，抚慰百姓，筹集粮草物资，朕不如萧何；统率百万之兵，战必胜，攻必取，朕不如韩信。这3位都是人中之杰，但他们都能为朕所用，这才是朕取得天下的原因。项羽只有一个范增，却不能令其全面发挥才能，所以他才会失败。"

刘邦这番话充分证明他看问题可谓一针见血、入木三分。这番高论被后人当作他知人善任并善于总结的典范。事实确实如他所说，他之所以能击败项羽，确实是在人才的聚集和运用上占了优势。如果没有这些豪杰俊才，凭他刘邦一个地方混混，怎么可能战胜震慑诸侯的西楚霸王项羽呢？

刘邦做出这样的总结也是有原因的，他亲眼看到强大的秦帝国竟然二世而亡，还有项羽的失败，都给他留下了极其深刻的印象。为了巩固政权，防止得而复失，他在夺取政权后，必定会首先考虑如何吸取历史的经验教训，巩固得之不易的政权。这恰是刘邦的过人之处。后来，刘邦还特意命令太中大夫②陆贾为他总结秦朝之所以失掉天下、他之所以得到天下，以及古代国家兴亡成败的经验教训，以资借鉴。

---

① 高起：西汉初年将领，曾对刘邦为何得到天下表达看法。——编者注
② 太中大夫：古代官职，秦朝置，掌管论议等事宜。

也正是有了这次宴会上的总结，刘邦为自己树立了新的目标——坐稳江山，巩固政权。

四、消除隐患

各诸侯王受封后，相继回到自己的封地就国，大汉天下表面上看似乎安定了。然而，刘邦心里仍然不踏实，因为还有一些不愿臣服于他的豪杰没有清除。为了去除这块心头之病，他命萧何等人起草诏书，通缉一些朝廷要犯。为配合通缉令的实施，他还特意下诏：反抗朝廷及隐藏朝廷罪犯的，夷灭三族，而且犯人在伏法之前还要遭受割鼻、斩足等酷刑。这些法令都继承了暴秦酷法，相当严厉苛刻。他想以此来震慑天下人心，捕获漏网之鱼。

其中一个漏网之鱼便是故齐王田横。韩信平定齐地，田横兵败，走投无路之下投奔了彭越。刘邦称帝后，天下初定，彭越被封为梁王。田横见复国无望，又不愿向刘邦投降，也担心受到刘邦的打击报复，于是带着手下的500多位勇士逃到东海的一座小岛上。

刘邦听说此事后，认为田横平定齐国功不可没，齐国贤人大多拥护他，如果让他久居孤岛而不安抚，恐怕今后会产生变乱，于是派使者前往东海招降田横，称如果田横前来自首，便赦免其背汉从楚之罪。

但是田横谢绝了使者，他说："我曾烹杀陛下的使者郦食其，听说他的弟弟郦商在汉为将，而且深受皇帝宠信，臣恐怕他报复，所以不敢奉诏。臣宁愿为一介百姓，终老于海岛之中。"

使者回来如实禀报，当时郦商正在刘邦身边担任卫尉，刘邦警告他说："田横即将来降，包括他的侍从人马，你如果敢伤害他们，朕会灭你全族！"而后，刘邦又派使者持节前往东海传谕田横，告知皇帝专程诏令郦商之事，同时命令："田横归服，大则封王，小则封侯。如果违诏不至，朝廷将发兵诛之。"

田横接到诏令后，不敢再违背圣意，便带着两名门客跟随使者前往洛阳。一行人日行夜宿，一路颠沛，等到达距洛阳城只有30里的尸乡（在今河南洛阳偃师西）驿站时，田横对使者说："人臣朝见天子，应沐浴洁身，以示尊敬。"于是，一行人留宿驿馆。

第二天早上，田横悄悄对门客说："过去我与汉王都是诸侯王，如今汉王做了天子，而我却成了亡国奴，还要北面称臣侍奉他，这种耻辱难道还不够大吗？况且，我曾烹杀郦食其，假如再与其弟郦商同朝侍奉陛下，即使他慑于天子之威不敢动我，难道我内心不惭愧吗？我认为，陛下之所以要见我，不过就是想看看我的模样罢了。这里距离洛阳只有30里路，现在砍下我的头，送到洛阳，容貌尚能辨认。"说完拔剑自刎。两位门客抚尸大哭，急报使者。使者问明缘由，只得依田横遗言，令两位门客斩下田横的头颅，急驰洛阳。

刘邦见到田横的头颅，感慨良多，叹道："田横起于市井，而兄弟三人全都当王，岂不是贤能之人？"于是下令以王者之礼厚葬田横，并授那两位门客以都尉之职，率领士卒2000人负责为田横筑墓。

不料，安葬好田横后，两位门客在田横墓旁各挖了一个洞穴，然后扑入穴内，自杀殉主了。刘邦闻报震惊不已，心想：客从主死，可知主人之贤；又想到田横属下的500名壮士还在东海，着实令人放心不下，于是立即派出使者去招安孤岛上剩下的500名门客。

使者来到海岛，谎称田横已受封为王，自己乃奉皇帝之命及田横委托，前来召回故属。500名壮士信以为真，跟随使者前往洛阳。到了洛阳，他们才知道田横和两位门客已死，便集体前往田横墓前且哭且歌，深情祭拜。仪式完毕，500名壮士竟然同时拔剑自刎，田横墓前顿时血流成河。这就是历史上著名的"田横五百壮士"的故事。

田横死了，刘邦内心的担忧也去掉了一块，但500名壮士宁死不称臣的壮举也令他深思：如今天下的对立情绪仍然很严重，国内还没有万众归心。所以，他下令继续加大力度搜捕其他漏网之鱼——季布和钟离眛。

季布是项羽的五大将领之一，曾多次击败刘邦军队。项羽败亡后，季布便从人们的视线中消失了，其实他一直躲藏在濮阳一位姓周的朋友家里。周家是当地大户,季布隐藏在此,衣食无忧。可是,当朝廷的通缉令传到濮阳后,他的朋友害怕了,与季布商量:"朝廷正在加紧缉拿将军,我有一策可保将军性命,希望将军听从我的安排。不然,我将先自刎于将军面前。"

季布闻言只得依允。于是,周氏将季布的头发剃掉,再在他的脖子上套上一根铁链,穿上麻衣,将其扮成刑余①的奴仆,混在数十名奴仆之中,辗转来到鲁地,卖给当地豪强朱家为奴。

朱家是当地富豪,平素最讲义气,为乡邻所尊重,而且胆识大,常解救人于危难,曾藏匿各地亡命豪士百余人,是当地著名的侠义之士。朱氏是周氏的旧识,他一眼就看出这位奴仆模样打扮的人就是赫赫有名的季布将军,聪明如他,自然明白是怎么一回事,便将季布托付给儿子,并叮嘱儿子每餐必须与季布同吃,田园生产之事皆要听从此人的意见,以示尊重。朱氏则乘车前往洛阳,为季布打点开脱。

朱氏找到现已封为滕公的夏侯婴,直言相告:"季布到底是犯了什么罪呢?人各为其主,这是应尽的责任,项羽的部属难道都要杀光吗?陛下刚刚平定天下,如果为了一己私怨,去跟一个亡国将领计较,岂不是心胸太过狭窄了?况且,以季布之能,如果逼之过急,他不向北投诚胡人,就会向南投诚百越,这不是将壮士赶去资助敌人的愚蠢行为吗?当年伍子胥之所以鞭尸楚平王之墓,不也是如此这般产生的祸端吗?公既为陛下的亲信大臣,何不将这件事向陛下进谏,以免引起重大错误!"

夏侯婴认为朱氏讲得有理,于是寻机将此事禀报刘邦,刘邦深以为然,便下令赦免季布,召见他并拜为郎中。季布感激涕零,自此忠心耿耿侍奉高祖、惠帝,成为汉初名将。当刘邦想召见朱氏时,朱氏已弃家避走,从此不再见其踪迹。

比之季布,另一个人就悲惨多了,此人是在彭城之战中徇私放刘邦

---

① 刑余:指受过肉刑(对肉体的惩罚)。——编者注

逃脱的楚将丁公,他曾有恩于刘邦,结果反倒被杀。巧合的是,丁公是季布的舅舅。垓下之战后,丁公蛰伏于民间,后来听闻外甥季布被赦授官,自以为曾对皇帝有恩,便主动前往洛阳谒见,想捞个一官半职。不料刘邦见了他,竟然不带半点笑容,反倒一脸怒气,下令左右:"捆起来!巡回示众!"军吏押着丁公到各军营巡游,宣读其罪状:"身为项王麾下,竟生二心,使项王失去天下的就是他这种人!"然后当众斩首。众人对这种有仇者赦免、有恩者反而斩首的做法很不理解,刘邦却说:"这样做是为了使后世做臣子的,再不要效法丁公啊!"

的确,刘邦这样做是有自己的考虑的。他从丰沛起兵,网罗豪杰,招降纳叛,张良、韩信、陈平、黥布等人都成了他夺取江山的关键人物。然而彼一时此一时,争夺天下时,人们没有固定的主人,谁有机会出头,谁就可能灰飞烟灭;谁能够招降纳叛,谁就有可能取得胜利,所以刘邦当时审时度势,对前来投奔的人一律接受。但是统一天下、做了皇帝之后,情况发生了变化,各方面的策略也应随之改变。四海之内子民,此时如果不强调礼教仁义,臣民们还像过去那样怀有二心,各谋私利,那么这个好不容易打下的江山也就不会长治久安。这就是丁公虽然有恩于刘邦反被斩首的原因。刘邦旨在用这个案例来晓谕民众:大义是子民的行为标准,背叛主人去私结个人恩德,连新主人也不会饶恕他!这一招叫杀鸡儆猴。由此可见,刘邦确实是个深谋远虑的政治家。对于刘邦这一举动,司马光在《资治通鉴》中给予了高度赞许。

高祖起丰、沛以来,网罗豪桀,招亡纳叛,亦已多矣。及即帝位,而丁公独以不忠受戮,何哉?

夫进取之与守成,其势不同。当群雄角逐之际,民无定主,来者受之,固其宜也。及贵为天子,四海之内,无不为臣;苟不明礼义以示之,使为臣者,人怀贰心以徼大利,则国家其能久安乎!是故断以大义,使天下晓然皆知为臣不忠者无所自容;而怀私结恩者,虽至于活己，犹以义不与也。戮一人而千万人惧，其虑事岂不深且远哉！子孙享有天禄四百馀年，宜矣！

五、迁都长安

刘邦于定陶称帝时下诏定都洛阳。洛阳是周公在周朝建国之初所建立的东都，周平王东迁后即将都城定于此。刘邦定都于此：一是因为它地形险要，二是因为它地处全国中心，而且离家乡比较近。这一决策受到了军中将士的拥护，但也有明智之士提出反对意见，比如戍卒娄敬。

娄敬是齐国人，汉五年被齐国征发到陇西服役，在途经洛阳时，他决定就迁都一事去拜见刘邦。

娄敬先去求见同乡虞将军，对他说："我希望觐见陛下，报告一件有利于国家的事情。"当时娄敬身穿一件朴素的羊皮袄，虞将军要给他换身新衣服去面见刘邦，娄敬谢绝道："臣现在如果身穿丝绸，那就穿着丝绸去拜见；如果身穿麻布短衣，那就穿着短衣去拜见，不敢临时改换衣服。"

虞将军入内向刘邦汇报，刘邦当即召见娄敬，并以饭食赏赐他。用餐之后，刘邦问娄敬有什么重要之事相告，娄敬不答，反问道："陛下定都洛阳，是想与当年的周王室一比隆盛吗？"

刘邦答："朕正有此意！"

娄敬说："臣以为陛下此举不妥，因为您取天下与周室不同。周的始祖后稷，被尧封于邰（今陕西武功西南），积德累善，传至十余代。到公刘①时，为躲避夏桀，迁移到豳地（今甘肃宁县、正宁、陕西彬县、旬邑县一带）。到太王古公亶父②时，又因为戎狄逼迫迁到岐山周原（今陕西岐山北），部族的人都争相与他同行。等到太王的孙子姬昌

---

① 公刘：姬姓，名刘，"公"为尊称。创建了部落国家，是古代周部族的杰出首领。
② 古公亶父：姬姓，名亶，又称周太王。上古周族的领袖，西伯君主，周文王的祖父，周王朝的奠基人。

做了殷王朝的西伯，因出色地解决了虞、芮两国的争端①，才承上天之命。当时的贤人吕望、伯夷都从遥远的海滨前来归附。待周武王兴兵伐殷纣王，到达孟津（今河南孟津东北）时，不待相约而前来与武王会师的有八百诸侯。诸侯们都说'是讨伐殷王的时候了'，于是一举灭掉了殷王朝。

"周成王时，周公等人辅佐天子，于是营建成周于洛阳，以为洛阳是天下的中心，各路诸侯从四面八方到洛阳向周王室纳贡述职，所走的路程都差不多，有德行的君主在这里是容易称王天下的，没有德行的君主在这里却很容易亡国。凡是在洛阳建都的，都是想让后世用德政招致远方的人民，而不是想凭借险阻令后世骄奢淫逸来暴虐百姓。周朝兴盛时，天下和平，四方外族都仰慕周天子的道义，怀念他的恩德，心甘情愿地追随并侍奉周天子，而不用在边疆驻守部队。周边的大国无不顺服，向周天子纳贡述职。等周天子衰弱后，京畿分裂成西周君和东周君两个小国，天下再也没有人来朝见他们，再也不能驾驭四方诸侯了。这并不是周王室缺少德行，而是形势衰弱导致的。

"今陛下于沛县、丰邑起兵，收集士卒3000人，率领他们一直向西方进军，席卷蜀郡、汉中，平定三秦，与项羽在荥阳激战，争夺成皋的险要隘口，经过70余次大战、40余次小战，使天下人民肝脑涂地，父子暴骨于中原，因战乱而死者不可胜数，至今哭泣之声未绝，伤残者尚不能起身行走，而要与西周成王、康王的盛世一比兴隆，臣私下以为是不妥当的。

"再说，关中秦地靠着华山，面临黄河，四方都有险要可以固守，以为天然屏障。如果突然发生紧急情况，上百万的军队可以立即动员起来。凭着秦国原有的基础，凭借着富饶肥美的土地，这就是人们所说的天府之国啊！陛下入关中定都，纵使山东发生变乱，秦国的故地可以保

---

① 虞芮之诉：指发生在虞（今山西陆县）、芮（今陕西大荔县）两国之君争田的事件。——编者注

全。譬如与人搏斗，不卡住他的咽喉，只是捶他的脊背，是不能完全取胜的。今陛下如果入函谷关，定都于关中，据有秦国的故地，这也是如同卡住天下的咽喉而又捶打它的脊背，胜券在握啊！"

娄敬一口气说了这么一通长篇大论，刘邦听了感觉颇有道理，但迁都事关重大，他不敢独断专行，于是征询群臣的意见。追随刘邦的大臣多是中原人士，饱尝思乡之苦，一听在关中建都，纷纷反对：

"周朝以洛阳为都，兴盛长达数百年；而秦朝建都关中，只二世就灭亡了，可见在洛阳建都比关中吉利！"

"洛阳东面有成皋天险，西面有崤山、渑池，北靠黄河，南有伊水、洛水，坚固犹如铜墙铁壁，绝对可以依赖！"

大臣们的意见听起来似乎都有道理，刘邦一时没了主意，便请来张良征询意见。张良心胸宽广，高瞻远瞩，一直深受刘邦信赖。

张良听了刘邦的介绍，特别是刘邦对于洛阳地理地势的想法，略作思考之后，分析道："陛下，洛阳虽然也有险固，但方圆只有数百里，地方狭小，土地贫瘠，而且地处中央，四面受敌，确实不是长久用武之地。相比之下，关中左临淆函，右据陇蜀，沃野千里，关河阻塞；南有巴蜀之富饶，北有胡苑之便利，背依三面而坚守，独留东面以制诸侯。诸侯咸服时，可溯河、渭而上，以输贡赋；诸侯有变时，顺流而下，以运粮草。这样的地方确实是'金城千里，天府之国'！娄敬的见解的确是深谋远虑！"

先有娄敬的长篇大论，再有张良的精确分析，于是刘邦不再犹豫，决心定都关中，遂下诏迁都长安。

定都之事确定后，刘邦说："最初建议定都于秦地的是娄敬，娄敬有大功。'娄'就是'刘'嘛！"于是赐娄敬改姓刘，并任命他为郎中，封"奉春君"。

刘邦一向雷厉风行，决心定都关中后，他马上下令启程返回关中。由于秦王朝故都咸阳城早年被项羽烧毁，刘邦只得暂居栎阳，命萧何进驻咸阳，负责监修咸阳宫殿。

刘邦选定位于渭水南岸的原秦朝兴乐宫故地作为汉帝国新都的基地，取名长安。它位于今陕西西安城西北约10公里处的渭水南岸一块南高北低的台地上，城市平面近似方形。刘邦在此营建了两个宫殿——长乐宫和未央宫。长乐宫在都城南半部分的东侧，未央宫在都城南半部分的西侧，两个宫殿区占据了主城面积的三分之一。据资料显示，长乐宫的宫墙周围超过10公里，未央宫的宫墙周围近九公里。另外，城内还有九市和一百六十闾，分布于地势低洼的北阪。

汉高祖七年（前200）二月，经过整整一年的紧张施工，长乐宫终于建成，刘邦在此接受诸侯王、群臣的朝贺。当时，群臣按叔孙通制定的礼仪，"以次奉贺""竟朝置酒，无敢喧哗失礼者"。长乐宫从此正式启用，也作为皇后的居所。

汉高祖九年（前198），未央宫也终于落成，刘邦再次驾临长安，当他看到豪华壮丽的未央宫时，生气地对萧何说："天下动乱，战乱连年，百姓疾苦，成败尚未可知，为什么将宫室修建得如此豪华呢？"

萧何解释道："正是因为天下还没有安定，才要趁此机会营建宫室。况且天子以四海为家，宫室如不壮丽，不足以显示天子的威严，而且可以令后世宫室的建筑规模不得超过它。"

刘邦闻言转怒为喜。同月，汉都城从栎阳迁到长安。

刘邦在未央宫前殿举办盛大宴会，会见诸侯、群臣。宴会开始后，刘邦手捧玉杯，起身向太上皇敬酒祝寿，说："当初您常说朕没有出息，不能治产业，不如二哥有能力。如今您看，朕的产业与二哥相比，谁的多？"

群臣见刘邦如此高兴地开玩笑，都高呼万岁，大笑着取乐助兴，太上皇也尴尬地跟着干笑。

六、论功行赏

早在汉高祖五年（前202）刘邦平定楚国后，就开始论功行赏，分封功臣，但因群臣相互争功，这件事一拖就是一年多。汉高祖六年（前201）十二月，刘邦再次与群臣商议此事，想以此提高朝廷官员的地位，尤其是文官的地位。

这些文武功臣与那些异姓王不同，都是多年以来跟随刘邦出生入死的左右亲随、股肱之臣，是他打江山的依靠，更是他今后巩固江山的支柱，必须好好赏赐他们才行。刘邦认为萧何功劳最大，封为酂侯，赐予的食邑也最多。

诏令一出，众将都不服气，纷纷抗议道："臣等披坚执锐，多者百余战，少者数十战，攻城略地，战功赫赫。而萧何未曾立下任何战功，只是舞文弄墨，发表议论，为何封赏在臣等之上？"

刘邦不答反问："诸位知道狩猎吗？"

大臣们回答说："知道！"

"知道猎狗吗？"刘邦又问。

"知道！"

刘邦接着说："狩猎的时候，追杀野兽、兔子的是猎狗，而放开系狗绳索并指示野兽、兔子踪迹的是人。如今诸位只是能捕捉到野兽、兔子，功如猎狗。而萧何善于出谋划策，功如猎人。再说了，诸位只是以自身跟随朕，多的也不过两三人；而萧何整个宗族数十人都跟随朕转战南北，这个功劳是不可忘记的。"

众臣听罢无言，不能再说什么。

此外，同样未曾立下战功的张良也受到了重赏。刘邦对诸臣说："子房运筹帷幄之中，决胜千里之外，朕赐他齐地3万户食邑。"

此言一出，全场又惊，张良更是受宠若惊，连忙辞谢道："臣起于下邳，与陛下相会于留县，这是上天把臣授予您啊！陛下采纳臣的计谋，侥幸时常奏效，臣希望封在留县即可，万不敢受3万户封邑。"

对于张良的这种态度，刘邦赞赏有加，当即表示依允，封张良为留侯，而后又封陈平为户牖侯（户牖在今河南兰考东北，一说今河南原阳东南），陈平辞谢道："承蒙陛下隆恩，这不是臣的功劳，臣不敢当。"

刘邦说："朕采用先生的计谋,克敌制胜,这不是功劳是什么?"

陈平答道："如果没有魏无知的推荐,我怎能觐见圣上?"

刘邦称赞道："你真是不忘本啊。"于是又赏赐了魏无知。

此次大会,刘邦共封赏了十几位功臣,除张良、萧何、陈平之外,封周勃为绛侯、樊哙为舞阳侯、灌婴为颍阴侯、郦商为曲周侯、靳歙①为信武侯、周昌为汾阴侯、陈豨②为阳夏侯、陈贺为费侯、董渫为成侯、孔聚③为蓼侯、刘缠(即项伯)为射阳侯。

分封列侯完毕,再排功臣位次,刘邦仍然想把首位给萧何,群臣则多推举曹参:"平阳侯曹参身受70余处伤,攻城略地,功劳最大,应位列第一。"这时,关内侯鄂千秋进言道:"大家的议论都错了。曹参虽然立有野战夺地之功,但只是一时之事,而萧何有万世之功。陛下与项羽相持5年,失军亡众,只身脱逃就有数次,每次都是萧何从关中补充兵员,使陛下度过危急时刻,这些都不是陛下命令的。荥阳相持数年,萧何从水陆两路运输粮秣,使前线军队从来没有断过粮。反观项羽,就是因为没有萧何这样的人,最后才陷入绝境。陛下多次丢失关东地区,而萧何总是保全关中以待陛下,这是万世不朽之功啊!曹参这种人,即使少了几百,于大汉王国又有多少亏损?有了他们也不一定能够保全,怎么能让一旦之功凌驾于万世功劳之上呢?"

刘邦听了,大声称赞:"讲得好!"于是确定萧何位列第一,恩赐他可以佩带宝剑、穿着鞋子上殿,朝见皇帝时可以不必按规定的礼仪小步快走。

刘邦又说:"朕听说推荐贤才的人应受到上赏,萧何的功劳虽高,有了鄂君才得以彰明。"于是,在鄂千秋原来受封的关内侯食邑2000户

---

① 靳歙:宛朐(今山东菏泽)人,西汉开国功臣。秦末从刘邦起义,初为中涓,以军功赐爵建武侯,迁骑都尉。随刘邦定三秦,败赵将贲郝于朝歌,破项羽于陈,封信武侯,后又以骑都尉击代,攻韩王信于平城,有功,升为车骑将军,并从击陈豨、黥布。

② 陈豨:秦末汉初宛朐(今山东菏泽)人,刘邦部将,任赵国相国。后在代地起兵反叛,自立代王,兵败被杀。

③ 孔聚:沛县人,孔子第九世孙,汉初名将,西汉开国功臣,被封为蓼侯。

之上，又加封为安平侯（今河北安平）。

这次分封只封赏了萧何、陈平、张良等一些亲信大臣，还有众多立有战功的将领没有得到封赏，他们心中焦躁，日夜争功，闹得不可开交，封功只好暂停。

一天，刘邦在洛阳南宫的复道上，远远看到许多将领三五成群地坐在沙地上议论。他颇为不解地问跟随在身边的张良："我最近常见他们在洛水河沙滩上聚会，他们在谈什么呢？"

"陛下难道不知道吗？他们在那里图谋造反呢！"张良语出惊人。

刘邦闻言大惊："天下刚刚平定，他们为什么又要造反呢？"

张良说："陛下以一介平民起事，如今贵为天子，您是靠这些人才打下的江山。可是您封赏的都是您的亲属和旧好私交，诛杀的都是平时怨恨的人。现在把那些人的功劳算一算，恐怕把天下之地都封了也不够。这些人既怕得不到封赏，更怕日后陛下想起他们的过失而遭到诛杀，所以就聚在一起准备谋反呢。"

听了张良的话，刘邦惊出了一身冷汗，担忧地问道："那该怎么办呢？"

张良问："陛下平素憎恨厌恶且群臣也都很清楚的人中，以哪个为最？"

刘邦不加思索地回答："雍齿！"雍齿不仅在丰邑背叛过刘邦，而且后来还多次在战斗中围困侮辱他。后来雍齿又跟随魏王归顺刘邦，只因他英勇善战，屡建奇功，刘邦一直找不到理由杀他。直到现在，刘邦提起他还恨得牙根痒痒。

张良说："请陛下尽快封赏雍齿，让群臣看看。群臣看到连雍齿都受到了封赏，便会坚信自己肯定能受到封赏了。"

刘邦马上在宫中设宴，款待群臣。在宴席上，他宣布再行封爵，封雍齿为什邡侯，然后当众催促丞相、御史赶快评功行封。酒宴的气氛顿时活跃起来，群臣都高兴地说："雍齿尚且受封为侯，我们这些人就不必担忧了。"刘邦又一次化解了一场潜在的叛乱危机。

在实施这一补救措施后，论功封赏的工作加快了步伐，到汉高祖六年（前201）十月，约有80位元勋功臣被封为彻侯①，其余大小封爵者多达数万人。

七、分封宗室

刘邦在大封异姓诸侯王、大肆封赏功臣彻侯的同时，也对同姓宗室进行了分封，其中比较突出的有：封刘贾为荆王，领淮东原东阳郡、鄣郡、吴郡52城，建都于吴（今江苏苏州）；封刘交为楚王，领薛郡、东海、彭城36城，建都于彭城（今江苏徐州）；封刘仲为代王，领云中郡、雁门郡、代郡53城；封庶长子刘肥为齐王，领胶东、胶西、临淄、济北、博阳、城阳郡70城。

其实，刘邦对于宗室是分封诸侯王国还是承秦制郡县天下，是经过一番认真考虑的。他对秦王朝短命的历史十分了解。秦统一六国后，对郡县还是分封的问题，朝廷上曾发生过两次大争论。当时，丞相王绾等大臣向秦始皇进言："诸侯刚刚被消灭，燕、齐、楚地处偏远，不设置诸侯王，无以镇抚这些地区。请立皇子们为诸侯王，唯圣上定夺恩准。"秦始皇一时也拿不定主意，便把问题交给群臣讨论，前有周王室分封诸侯，兴盛数百年的例子，所以群臣都认为分封诸侯王对国家更有利，但廷尉李斯则不这样认为。《史记·秦始皇本纪》中记载了李斯的反驳之言：

周文武所封子弟同姓甚众，然后属疏远，相攻击如仇雠。诸侯更相诛伐，天子弗能禁止。今海内赖陛下神灵一统，皆为郡县。诸子功臣，以公赋税重赏之，甚足，易制。天下无异意，则安宁之术也。置诸侯不便。

---

① 彻侯：古代的一种官名，爵位名。秦、汉二十等爵的最高级，由商鞅变法时设立，岁俸一千石粮食。汉武帝时，以避帝名讳（武帝名彻），改名通侯，亦称列侯。

意思是说:"周文王、周武王分封子弟和同姓亲属很多,可是他们的后代却逐渐疏远,互相攻击,就像仇人一样。诸侯之间彼此征战,周天子也无法阻止。现在天下靠您的神灵之威获得统一,都划分成了郡县,对于皇子功臣,用公家的赋税重重赏赐,这样就很容易控制了。要让天下人没有邪异之心,才是使天下安宁的好办法啊!设置诸侯没有好处!"

秦始皇一向信任李斯,对他的这一套说辞表示赞同:"以前,天下人都苦于连年战争无止无休,就是因为有那些诸侯王。现在我依靠祖宗的神灵,天下刚刚安定,如果又设立诸侯国,这等于是又挑起战争。想要求得安宁太平,岂不困难吗?廷尉所言甚有道理。"于是,秦始皇没有分封诸侯王,而是将全国分为36郡。

后来,秦始皇在咸阳宫置酒设宴,仆射周青臣为秦始皇歌功颂德,其中也谈到了郡县与分封的问题,他说:"以诸侯为郡县,人人自安乐,无战争之患,传之万世,自上古不及陛下威德。"这时,顽固的博士淳于越听不惯了,起来反对道:"臣听说商、周两个朝代,历时千余年,分封王族子弟和有功之臣,作为国家的辅弼。今天,皇上您统一了天下,您的皇族子弟却没有分封,就算有田常和六卿这样的大臣,但是没有人辅弼您,怎么能相互照应呢?从来没有听说过一件事不遵守古制而能长久维持的。"

此时李斯已升任丞相,他马上站起来反驳淳于越的观点:"五帝的制度不是一代重复一代,夏、商、周的制度也不是一代因袭一代,可是都凭着各自的制度治理好了,这并不是它们故意要彼此相反,而是由于时代变了,情况不同了。现在陛下开创了大业,建立起万世不朽之功,这本来就不是愚陋的儒生所能理解的。"后来,李斯提出了焚烧《诗》《书》的主张,秦始皇批准并下达了焚书令。

善于总结历史教训的刘邦在总结秦短命而亡的教训时,认为秦始皇"自号为皇帝,而子弟为匹夫,内亡骨肉本根之辅,外亡尺土藩翼之卫。陈、吴奋其白挺,刘、项随而毙之"。刘邦决定更改秦朝的制度,以实行分封诸侯王的办法来避免重蹈秦王朝覆辙。

其实，这是刘邦对秦王朝灭亡的错误总结，他错误地将秦王朝短命而亡归结于没有分封诸侯王，故"惩戒亡秦孤立之败"，大肆分封同姓诸侯王。

不可否认，秦王朝没有分封诸侯王，陈胜、吴广起义后，六国旧贵族势力也乘势而起，起兵反秦。但是，导致秦末农民起义的并不是郡县制度，而是秦朝统治者的暴政。当时首倡起义的是戍卒陈胜、吴广；起义军中的大部分人都出身平民，如刘邦的队伍，再如黥布、彭越等人，这些人不是刑徒，就是群盗的头头。反秦队伍中，只有项梁、项羽出身六国旧贵族，其他的六国之后不过是乘势起兵而已，他们只想浑水摸鱼，谋点私利。六国旧贵族势力在反秦斗争中并不是主力，他们所起的作用也只能说是推波助澜。

由此可见，是秦王朝的暴政引发了秦末农民起义，最后也是农民起义大军推翻了秦王朝的统治。农民起义的主要领袖人物是刘邦和项羽，六国宗室的后代虽然也有人参加了农民起义，但通常只拥有"王"的称号，被称为诸侯，并不是灭亡秦王朝的主要力量。

刘邦把六国旧贵族势力在反秦斗争中的复起，误认为秦的灭亡与没有分封同姓诸侯王有关，这是他只从表面上直观地分析问题所导致的。他以秦为鉴而大封同姓王，没过多久就尝到了苦果。

刘邦分封诸侯后，全国近三分之二的土地为诸侯王国所有，归中央朝廷直辖的只有包括京师在内的15个郡，而这15个郡中，还包含有彻侯、公主的食邑在内。这些诸侯王国很快发展成为与国家政权相对抗的势力，正如《汉书·诸侯王表序》中所说："藩国大者，夸（跨）州兼郡，连城数十，宫室百官，同制京师。"为此，刘邦的后继者文帝、景帝、武帝，不得不采取"众建诸侯而少其力""削藩""推恩"等政策来削弱诸侯王国的势力。汉景帝时还爆发了吴楚七国之乱，使西汉王朝为削弱诸侯国势力而在长时期内付出了沉重的代价。这一切都是因为刘邦错误地总结秦朝灭亡的历史教训，分封诸侯王国所留下的祸端。

八、发展生产

当上皇帝之后,刘邦并不轻松,因为农民战争对封建统治造成的巨大冲击还没有完全消失,更为严重的是,长年战争对国家造成了巨大破坏,使全国经济濒临崩溃,百姓生活在贫困苦难之中。

先是秦王朝 10 多年的残暴统治,无以复加的赋役征发几乎耗尽了劳动人民的最后一点脂膏,紧接着是遍及中原大地的 7 年战争的惨重破坏。据史料记载,仅 4 年的楚汉战争,就是大战七十,小战四十,"使天下之民肝脑涂地,父子暴骨中野,不可胜数,哭泣之声未绝,伤痍者未起"。战争之后,人口锐减,经济凋敝,田园荒芜,哀鸿遍野。据说刘邦有次路过曲逆(今河北顺平东南),发现这里竟然还有人口 5000 户,禁不住惊呼:"壮哉县!"说该县是洛阳之外最富庶的地方,殊不知在战争之前,曲逆是一个拥有数万户人口的繁盛之地。

百姓穷困至此,国家也面临着极其严重的财政困难。据《汉书·食货志》记载,西汉建立之初,上至天子,乘车的 4 匹马都难以配齐相同的毛色;而将相有的甚至只能乘坐牛车。

面对如此困窘的经济状况,为了巩固新王朝的统治,牢固大汉江山,刘邦经常与大臣们议论亡秦之鉴,并采取了一系列恢复生产的措施,比如上文提到的复员军队、招抚流亡、"以军功行田宅"等,对社会经济的恢复和发展都起到了积极的作用。

为了减轻农民负担,提高农民的生产积极性,刘邦决定废除秦朝苛法,使法律简明而宽缓,并减轻田租,收取十五分之一的赋税;还根据官府及官吏的开支费用,向百姓征收赋税。此外,上至天子下至封君,均以山林川泽以及市租、汤沐邑①的收入作为私奉养②,不再

---

① 汤沐邑:源于周代的制度,是指诸侯朝见天子,天子赐以王畿以内的、供住宿和斋戒沐浴的封邑。后指国君、皇后、公主等受封者收取赋税的私邑。而贵族受封的汤沐邑,则是一种食邑制度。

② 私奉养:汉朝皇室及封君在汤沐邑内所得的赋税收入。因皆为私有,不属于政府财政收入,故称之为私奉养。

从国库中领取经费；从各地运到京师供应各官府的粟米，每年不超过 10 万石。

以上各项轻徭薄赋政策，很好地缓解了汉初的经济困难。然而，据《汉书·高帝纪》记载，由于当时进献章程很不完善，有些地方长官和诸侯在实施这些措施的过程中，为了讨好皇帝，采取向百姓多收赋税的办法来向宫廷进献。刘邦获知情况后，非常愤怒，特地发出诏令纠正偏差，制定相应的法规。比如，刘邦发布诏令说："国家一向以减轻赋敛为当务之急，然而至今还没有完备的章程和法规，郡县长吏有的多收赋税向宫廷进献，而各诸侯王向宫廷的献物又多于郡县，百姓以此为疾苦，甚不可取。今令各诸侯王、彻侯以每年十月入都城朝见献物；各郡县按人口数计算上献费用，每人每年按六十三钱交纳，作为上献的费用。"

据考古发现，秦朝法律规定，百姓欠官府的债务，如果用服役偿还，每人每天的工钱是八钱。以此计算，每人每年交纳的六十三钱口赋，约相当于 8 天的工钱。这一赋税并不算多。

为了增加和保护社会劳动力，刘邦多次发布诏令，赦免罪人，使他们回到土地上从事生产。比如，楚汉战争刚刚开始，还定三秦的战争还没完全结束，刘邦在夺取北地郡之后就宣布"赦罪人"；同年六月，又借立汉王太子之机，在栎阳再次发布"赦罪人"的诏令。垓下之战结束后，刘邦即刻下令"诸民略在楚者皆归之"；又在定陶下令："兵不得休八年，万民与苦甚。今天下事毕，其赦天下殊死以下。"以上诏令赦免的大都是原秦王朝、三秦诸侯王和项羽统治地域的"罪人"，带有明显的争取同盟者的意思，但这在一定程度上也解放了不少的劳动力。

后来，刘邦也开始赦免那些触犯汉王朝法律的罪人。据《汉书·高帝纪》记载，刘邦在计擒韩信后，就地发出了大赦天下的诏令："天下既安，豪杰有功者封侯，新立，未能尽图其功。身居军九年，或未习法令，或以其故犯法，大者死刑，吾甚怜之。其赦天下。"汉高祖九年

（前198）春，刘邦再次下令"前有罪，殊死以下，皆赦之"。太上皇去世时，下令"赦栎阳囚死罪以下"。平定反叛的韩王信以后，刘邦在洛阳发布诏令："大赦天下！"讨伐反叛的淮南王黥布后，刘邦最后一次下诏"赦天下死罪以下"。刘邦在其统治的10年间，数次下达赦免罪人的诏令。尽管他下诏时的目的不同，有的是与敌对势力争取民众，有的只适用于某些地域，有的还加上了一些附加条件，使被赦罪人数大打折扣。但是，这些诏令释放了一些与土地脱离的罪犯，使之与土地重新结合，无疑增加了生产劳动力，同时也大大调动了这部分人的生产积极性。

汉高祖五年（前202），刘邦还发布了一个"民以饥饿自卖为人奴婢者，皆免为庶人"的诏令，使相当一批奴婢获得了解放，回到土地上从事农业生产。

为了增加从事农业生产的劳动力，刘邦还采取了鼓励增殖人口的政策，比如下令凡"民产子"，可免除两年的徭役。

汉初由于人口锐减，增加劳动力便成为恢复农业生产的关键，因此，刘邦采取的以上措施对促进农业生产的正常进行有着重要意义。

为了实现生产者与生产资料相结合，刘邦也注意解决土地问题，比如他在诏令中强调"复故爵田宅""以有功劳行田宅"等，便是这方面的重要措施。另外，他还采取了一些其他办法，比如下令"故秦苑囿园池，皆令人得田之"，以解决关中地区无地或少地农民的一部分土地问题。

此外，为恢复和发展农业生产，防止大工商业者特别是投机商人以投机倒把、囤积居奇的手段侵犯农民的利益，刘邦还实行重农抑商的政策。比如，他颁布法令，不准商人穿丝织品和细葛制作的衣服，不得携带兵器，不得乘车骑马，不得做官；向他们加倍征收人头税，为商人另立户籍称为"市籍"。这些规定从政治上和社会地位上对商人实行限制，对汉初农业经济的恢复和发展起到了一定的积极作用。

总的来说，刘邦君臣制定和实施的一系列恢复发展生产的政策、措施适应了时代的要求,反映了各个阶级特别是劳动人民的愿望。这些政策稳定了当时的社会秩序,促成了生产者与生产资料的结合,刺激了劳动人民的生产积极性,为社会生产的正常进行创造了必要条件,促进了汉初社会生产的恢复和发展,为西汉王朝的繁荣奠定了一个良好的基础。

第七章 建章立制固皇权

一、制定朝仪

众所周知，刘邦是平民出身，乘秦末农民起义之势，靠着一批亲信，比如樊哙、夏侯婴、王陵等人，通过打拼最终夺取了天下。在战争年代，这些人的豪放勇猛、桀骜不驯算是一种好的品质，可是到了和平时期，再这样狂放不羁、无视礼仪，就不太合适了。就连一向豪放的刘邦本人对此也深有体会，甚为头疼。每逢宴会甚至朝会，将领们就争论不休，或显摆战功，或使酒斗气，大呼小叫，吵吵嚷嚷，有时甚至剑拔弩张，整个朝堂乌烟瘴气，跟年少时哥们聚会毫无区别，没有一点儿诸侯将相的样子。

刚开始，刘邦并没有太放在心上，可是渐渐地，他越来越无法容忍，于是经常当庭斥骂，但是他的声音完全被湮没在闹哄哄的争吵声中，虽然有时稍有收敛，但没过一会儿又吵嚷起来。刘邦拿这群出身低微、战功赫赫的兄弟实在没招，十分郁闷。这一切都被一个儒生看在眼里，觉得这是一个建功立业的大好机遇。此人便是博士叔孙通。

叔孙通是薛地人，秦始皇时以文学应征，进入朝廷，被封为待诏博士。秦二世时，陈胜起义，消息传到咸阳，秦二世召众博士、儒生前来，问他们对农民起义有什么看法。儒生们一向忠君忧国，纷纷发表意见，都说："陈涉等人身为人臣，却叛逆造反，死罪难赦。请陛下立即发兵，剿灭叛逆！"

秦二世受赵高糊弄，成天听的都是歌功颂德的赞歌，如今众儒生竟然说天下混乱，楚人造反，他觉得很没面子，不禁大怒。叔孙通一向机灵圆滑，见此情形，马上上前奏道："陛下，别听他们胡说，现在江山一统，天下一家，旧诸侯的城池皆被摧毁，兵器被销熔，天下将永不用兵。再说陛下英明，施法于下，人人各尽其职，四方都来朝贡，天下哪里还有敢于造反的人呢？陈涉等人只是一些鼠窃狗盗之徒而已，不用放在心上，令郡守、郡尉抓捕即可，不劳陛下烦忧！"

一直深居皇宫的秦二世根本不知道天下的形势，听了叔孙通这番话，果然龙颜大悦，连连称赞他说得好。他再问众儒生，其中一些人也学乖了，学着叔孙通说那只是盗贼，但还是有一些书呆子坚持原则，说是造反。于是，秦二世下令将那些说造反的书呆子全部抓进监牢，对那些改口的儒生不予追究，而对乖巧的叔孙通则赐帛二十匹、上好衣服一套，并将其从"待诏博士"擢为"博士"。

叔孙通出宫后遇到那些儒生，一些儒生愤恨地讥讽他说："先生把拍马逢迎真是做到家了。"叔孙通苦笑着解释道："你们有所不知，我也几乎难逃虎口啊！"没过多久，他便寻机逃离了咸阳。

叔孙通先是逃回故乡薛地。当时薛地已被复辟的楚国占据，不久，项梁率大军来到薛地，叔孙通就投靠了项梁。项梁败亡定陶后，叔孙通来到彭城，在楚怀王熊心身边做事。后来，熊心被项羽流放到郴州，叔孙通又转而为项羽效命。再后来，刘邦率诸侯军攻破楚都彭城，叔孙通投到刘邦麾下，成为一名大汉臣子。

叔孙通知道刘邦厌恶峨冠博带、宽大迂阔的儒服，于是改穿短衣短衫、紧身窄袖的楚人服装。归汉之初，叔孙通门下的100多名儒生弟子都随他一起投了汉，可是他不曾向刘邦举荐过一个人，而是不断举荐强盗豪杰等。他的门生弟子十分不满，私下议论道："我们跟随先生这么多年，如今有幸归汉，可是先生不向汉王举荐我们，却一味地举荐那些豪杰强盗，真不知先生是怎么想的。"这话传到叔孙通耳中，他平静地向弟子们解释道："汉王现在正值披坚执锐打天下的时期，需要的正是那些豪杰。试想你们中哪一个能帮他征战沙场？现在我只能先举荐那些能征善战的猛士。你们就耐心等待吧，一旦时机到来，我不会忘记你们的。"

事情的发展正如叔孙通所料，他果然等到了这个时机。楚汉战争结束，天下大势已定，叔孙通及其弟子们的才能逐渐派上了用场。刘邦拜叔孙通为博士，赐"稷嗣君"，令众儒生负责研究实施定陶称帝的相关礼仪。

然而，刘邦毕竟是平民出身，而且一向不喜儒生，讨厌烦琐的礼仪。当叔孙通依照秦始皇称帝时的典章制度制定一套礼仪呈给刘邦时，刘邦一看那密密麻麻的奏章就烦了，大骂道："把秦朝那些烦琐的东西统统去掉，越简单越好。朕那么多事情，哪有工夫跟这些竖儒瞎耗！"叔孙通只得将那些礼仪大量删减，简单到实在不能再减少的程度。刘邦就此在定陶汜水之滨完成了登基典礼。

如今叔孙通见刘邦对属下臣僚酒醉后失态失礼的行为愈发厌恶，知道机会来了，便向刘邦进言："陛下，您现在已经得到了天下，臣以为下一步应该认真整顿、建立君臣礼法上下秩序。儒家的礼制对于治理朝廷、统御百官是最为适宜的。"

刘邦虽然讨厌儒生，但他不得不承认叔孙通说得有道理，尤其是叔孙通所说的"君臣礼法上下秩序"，正是他近日来甚为忧心的事情，于是示意叔孙通说下去。

叔孙通接着说："陛下虽然很难靠那些儒生去夺取天下，但是可以用他们保守已成之业。臣愿征召鲁地的诸生，与臣的子弟一起制定朝会的礼仪。"

刘邦还是心有疑虑，问道："这些礼仪执行起来该不会很难、很麻烦吧？"

叔孙通说："陛下不必担心。五帝的乐制不相同，三王的礼制相互也有很大区别。礼乐制度，本是根据时事和人情的变化而有所删节、增饰。所以，从夏、商、周三代礼制的继承和删节、增饰的过程，可以推知将来的礼制。这就表明古今的礼制并不相重复，它根据时代、社会、观念的不同而不断改变。臣愿采纳古礼并结合秦朝的礼仪，来制定新的朝仪。"

刘邦同意了，不过还是指示道："那就试着制定吧，一定要让人容易了解，要考虑到朕能做到。"

于是，叔孙通出使鲁地，征召了30余名诸生，请他们到京城共制朝仪。鲁地儒生中有两人不肯西行，他们当面讥讽叔孙通说："先生前后侍奉了10多个主子，都是靠阿谀奉承换取荣华富贵。如今天下初定，死者未葬，伤者未起，您就想制礼作乐。礼乐是何等大事，没有积累上百年的道德教化，怎有资格制定！我们实在不忍心去做这种不符合古代礼法的事情，您自己去吧，不要玷污了我们！"

听了这两个儒生的言论，叔孙通笑着说："腐儒！你们哪里懂得天下时势的变化！"

叔孙通带领鲁地征召的30名儒生取道西行，回到京城，然后会同刘邦身边有学术修养的近臣和随从自己的子弟共100多人，来到京城郊外，拉起绳索代表宫室处所，树立茅草表示君臣尊卑位次，演练朝会的礼仪。

经过一个多月的演练，叔孙通感觉效果可以了，便上奏道："陛下可以去观看排练了。"刘邦随他来到城郊的演练场，叔孙通让儒生扮演群臣，按照朝仪程序如此这般地演练上朝、退朝、请安、叩头等一系列程式，然后教授皇帝应对之法。

刘邦看后高兴地说："这些朕能做到！"于是下令群臣演习朝会礼仪，准备参加十月岁首（汉沿袭秦朝制度，以十月为岁首）的盛大朝会。

汉高祖七年（前200）长乐宫落成，诸侯、群臣都参加十月朝会。按照叔孙通制定的朝仪，天亮之前，由掌管传达的谒者主持典礼，引导参加朝会的诸侯、大臣依次进入殿门。廷中排列着战车、骑兵、步兵和侍卫官员，配备武器，树立旗帜，然后传令："趋（即快步走）！"与会的诸侯、大臣按次序快步登上殿堂，殿下有郎中在台阶两旁侍立，台阶上站有几百名郎中。功臣、彻侯、众将军、军官按次序排列在殿上的西面，面向东方；文官丞相以下的官员按次序排列在殿上的东面，面向西方。

排好站定后，掌管交际礼仪的大行令设置9个傧相，从上到下传令，这时皇帝乘坐辇车出房，众官员举旗传呼警戒，由傧相引导诸侯王以下至俸禄六百石级的官吏按次序朝拜皇帝。在官员们依次朝拜皇帝期间，自诸侯王以下的百官，无不因这一等级森严的拜见仪式而震恐肃敬。

朝贺结束后，刘邦赐群臣法酒。法酒是依照礼仪所设，有数量限制，不准饮多和饮醉。如此一来，刘邦过去那些随从再也不能像以前那样昂首入席并开怀畅饮，也不准像过去那样毫无尊卑地与皇帝对等交谈。皇帝就案而饮，众臣分席侍宴，而且必须依照职位的尊卑次序，捧觞为皇帝祝贺，如此循环往复。一般饮到第九轮，便有礼官宣布罢酒。整个酒宴过程由御史监督，如有违背礼仪者，当场轰出。所以，整个酒宴过程规范肃静，再无从前喧哗吵闹的场景出现。这种场景令刘邦很受用，高兴地说："朕今日才体会到做皇帝的尊贵！"

为了奖励叔孙通主持制定汉家朝仪之功，刘邦拜他为太常，位居九卿，赏赐黄金五百斤，并命他继续制定其他礼法。

叔孙通不忘当初自己对门下子弟的承诺，趁机为他们表功，进言道："那些儒生及臣的弟子追随臣已久，他们与臣一起共制朝仪，希望陛下也能赐他们一官半职。"刘邦正高兴呢，遂满口应允，将那些儒生全部赐封郎官。

当叔孙通将皇帝的封赏告诉众儒生，并将自己的赏金分赐给他们时，大家才真正明白叔孙通是一位通晓世故之人，禁不住称赞道："先生能知当世要务，乃真正的圣人啊！"他们过去对叔孙通的怨言瞬间消失了。

叔孙通主持制定的朝廷礼仪，对汉朝乃至中国整个封建时代都具有重大影响。春秋战国时期，百花齐放，百家争鸣，君臣之间促膝谈心，游侠谋士纵情天下，于是便产生了苏秦、张仪、管仲、商鞅等英杰俊才，创造了无比灿烂的文化。到了秦代，秦始皇开创了中央集权统治，结束了人们豪放自由的任侠时代，但秦王朝短命而亡，它所建立的各种政治制度、礼仪法度以及由此形成的观念风俗，对世人的影响并不算大，真正对后世起决定性影响的，正是汉王朝对秦制的承袭和发挥，其中尤以叔孙通主持制定的朝仪为甚。

二、汉承秦制

中国封建时代的中央集权制度是由秦始皇确立起来的，秦朝制度对巩固统一的多民族国家、发展早期的封建经济和封建文化都具有重大意义。刘邦即位后，基本上继承了这一制度，这就是人们常说的"汉承秦制"。

汉朝的政治体制主体基本上承袭了秦朝的制度，不同的是，由于大汉建立之初，天下尚处于混乱之中，汉王朝实行的其实是中央集权与裂土分封同时并行的政治制度。各诸侯王由皇帝册封，并听命于皇帝；但诸侯国在政治、经济上实行自治，每年承担一定数额的贡赋和徭役；而在中央朝廷辖区内实行中央、郡、县、乡四级政权结构。

汉代沿袭秦朝旧制，地方一级政权为郡。秦始皇称帝之初，将全国分为36郡，后来又陆续增加，到秦朝末年，全国共有40郡。汉朝初建时，由于实行中央集权与诸侯分封共存的政体，所以由中央直接统辖的只有河东、河南、东郡、颍川、南阳、汉中、巴、蜀、广汉、陕西、北地、上郡、上党、云中、内史15个郡，后来又增加到20多个。

郡内设郡守和郡尉。郡守执掌一郡的行政，郡尉主要负责一郡的军事。郡下设县，其长官的称谓根据县的大小有所不同。一般万户以上的县，长官称县令；万户以下的称县长。每县配备县丞、县尉各一名，县丞协助县令或县长处理政务，县尉负责全县的军事和治安。

县下设乡，乡下设亭，亭下设里，里下设什，什下设伍。每乡由三老、秩、啬夫、游徼等基层吏员负责施行政务。其中，三老负责教化，秩、啬夫负责掌管民事纠纷和收纳赋税，游徼负责地方治安。

亭是介于乡、里之间的一级机构，主要负责往来官吏的接待和社会治安的维护，并不过多介入行政事务。里正（父老）、什长、伍长不属于吏员范围，相当于现代的村主任。

从以上内容来看，汉初的郡县制与秦代基本相同。汉朝的官府机构与秦朝一样，设三公九卿的职位，皇帝总揽大权。

"三公"是指丞相、太尉和御史大夫。丞相是"三公"之首，主要职责是辅助皇帝处理国家政务。秦朝设左右丞相，刘邦建立西汉后只设一位丞相，西汉开国之后的第一位丞相是萧何；后来，刘邦改丞相为"相国"，并拜萧何为相国。到汉惠帝刘盈时又增设为两位丞相。太尉是全国最高军事首脑，掌管全国军事。卢绾是首任太尉；汉高祖五年（前202）八月，刘邦封卢绾为燕王，太尉一职便空缺下来，多年后周勃任第二任太尉。御史大夫是全国最高监察首脑，由于大汉建立之初法律比较严苛，贪赃枉法的事情很少出现，所以比较清闲的御史大夫还要协助丞相处理政务，掌管符玺和典籍文件。从职务上讲，它也相当于副丞相。西汉的第一位御史大夫是周苛，后来周苛被项羽焚杀，御史大夫一职便由其弟周昌继任；周昌调任赵国相国后，江阴侯赵尧接任御史大夫。

"九卿"指奉常、郎中令、卫尉、太仆、廷尉、典客、宗正、治粟内史、少府九种职务。其中，奉常掌管宗庙祭祀、朝廷礼仪以及主持考试，属下的太史令掌史书、历法、天象、灾异等事，如司马迁父子便曾担任这一职务；郎中令相当于皇帝的最高警卫官及朝廷政务秘书长；卫尉是皇宫内的警备长官；太仆是管理皇帝车马的官员；廷尉是国家最高司法长官；典客是负责少数民族事务的官员；宗正是负责处理皇室事务的官员；治粟内史是专门管理钱粮的官员，是国家最高财政长官；少府是管理国家山海池泽的税赋征收的官员。

众所周知，刘邦是楚人，并且很长一段时间依附在楚怀王的麾下，所以他最初采用的是原来楚国的爵位制度，如曹参曾封执帛、樊哙曾封国大夫，用的都是楚制爵称。戏亭分封后，刘邦受封汉王，迁到巴蜀，受秦地习俗影响，同时也是刻意与项羽划清界限，刘邦改用秦制封爵，不过在一定程度上还保留着楚爵。及至登基称帝，由于面临着大规模的分封，萧何、周昌等人经过反复研究，一致认为秦朝爵制比其他爵制更具实用性和合理性，于是上书奏请刘邦采用秦爵。刘邦予以批准，此后开始统一沿用秦爵，不过名称则改为汉爵称谓。

经过群臣优化组合之后的汉爵共分二十级，自下而上分别为：一级为公士，二级为上造，三级为簪褭，四级为不更，五级为大夫，六级为官大夫，七级为公大夫，八级为公乘，九级为五大夫，十级为左庶长，十一级为右庶长，十二级为左更，十三级为中更，十四级为右更，十五级为少上造，十六级为大上造，十七级为驷车庶长，十八级为大庶长，十九级为关内侯，二十级为彻侯。

爵位的级别越高，对应的政治、经济权力就越大。总的来讲，一级至四级，其实仍是普通百姓身份，只不过稍稍多了一些政治待遇。自第七级往上便可称为高爵，能够获得一定数量的食邑，县尉、县令的爵位通常是七级至九级。十级到十八级的爵位通常与卿的职位相配套。十九级的关内侯和二十级的彻侯则是封疆大吏的级别。最高级别的彻侯，必须由皇帝亲自授封，且授封仪式颇为讲究，叫作"剖符作誓"，意思是将一个铁符（也叫铁券）一剖为二，内面用朱漆刻写"使河如带，泰山若厉，国以永存，爰及苗裔"等誓文。意思是说，君主誓保受封功臣的封邑像黄河一样绵长，像泰山一样安稳，惠及其子孙后代，而功臣及其子孙后代也必须同样为君主效忠。君臣盟誓之后，一半铁符给予受封功臣，作为封侯证明；一半留在皇帝手中，装于金质盒中，藏在宗庙石室，作为赐封凭证。

据史料记载，西汉初建的两年内，因功被封彻侯的多达140余人，其余大小封爵者达数万人之多。

西汉承袭秦制建立了一整套政权机构，从上至下织成了一张封建中央集权的统治网，对于维护国家统一、巩固新的政权、发展封建经济文化，都是十分必要的。

三、汉律兵法

法律是统治阶级实行统治的工具，秦代以法治国，既有苛暴的一面，又有巩固新兴的地主阶级政权的积极作用。刘邦入关灭秦之后，在宣布废秦苛法的同时，也宣布"约法三章"来限制掠夺百姓，这在当时对稳定社会秩序，取得关中地区地主阶级和广大劳动人民的拥护方面都起了较好的作用，收到了"蠲削烦苛，兆民大悦"的效果。

然而，随着时间的推移与形势的发展，刘邦及其属下官员发现，"约法三章"过于简单，越来越难以适应西汉建国以后巩固和加强封建统治的需要。因此，刘邦即位后，命丞相萧何研究秦朝法令，选取其中合乎时宜的，制定了九章法律。《汉书·刑法志》记载如下：

汉兴，高祖初入关，约法三章曰："杀人者死，伤人及盗抵罪。"蠲削烦苛，兆民大悦。其后四夷未附，兵革未息，三章之法不足以御奸，于是相国萧何攈摭秦法，取其宜于时者，作律九章。

由此可见，萧何是在秦法的基础上删减、增补而制定汉律的。所谓《汉律九章》，是在《秦律》的基础上，选取其中适应汉初情况的六章（即《盗法》《贼法》《囚法》《捕法》《杂法》和《具法》），又增加了《户律》《兴律》《厩律》3章，合为9章。《汉律九章》的条文并没有流传下来，由于《秦律》是在战国初年李悝为魏国制定的《法经》6篇的基础上制定的，所以我们只能从《法经》6篇以及汉代留下来的史料来推断了解《汉律九章》。

据史料记载，战国初年，李悝参考各国法律，撰写了《法经》6篇。李悝认为，社会秩序遭到破坏，通常是来自于社会上的刺杀和偷盗活动，因而将《盗法》《贼法》两篇列于《法经》之首。《盗法》讲的是对盗的惩治，是有关惩处盗窃犯罪的法律条文；《贼法》是对贼的惩治，是有关惩处杀人及伤人犯罪的法律条文。为了逮捕、审讯盗窃及杀人伤人的罪犯，又著《捕法》，讲的是有关逮捕刑事罪犯的条文；而《囚法》讲的是断狱，是有关审讯刑事罪犯的法律条文。《杂法》是对轻狡、越城、博戏、借假、不廉、淫侈、逾制等犯罪行为的惩治，是对有关轻狂犯法、偷越城墙、赌博、欺诈、贪污贿赂、荒淫奢侈、所用器物超越身份等几种违法行为的惩治。《具法》讲的是根据具体情况依法加重或减轻刑罚的某些具体规定。

从《法经》6篇的内容可以看出，这是一部刑法法典，讲的是对刑事犯罪的惩治。由于这部法典具有一定的稳定性和适用性，所以商鞅在秦国变法、改法为律，《法经》6篇被沿用下来。从出土的很多秦国法律文书可知，秦国后期的刑法和刑事诉讼法不仅是《法经》六篇的继续和发展，而且远远超出了商鞅《秦律》的内容。

萧何制定的《汉律九章》，其中《盗律》《贼律》《囚律》《捕律》《杂律》《具律》取自《法经》，是在《秦律》的基础上再根据汉初社会实际情况拟定的。

《户律》是有关户籍、赋税和婚姻方面的法律条文。在云梦出土的《秦律》中，也有关于户籍、赋税、婚姻方面的法律条文，而且附有魏国的《户律》法律条文。可见汉律的《户律》是对上述秦魏等国《户律》的继承与发展。《徭律》是有关征发徭役、城防守备方面的法律条文。在云梦出土的秦律中，有与徭役相关的法律《徭律》、与成年男子登记名籍相关的法律《傅律》，还有与征发边防戍卒有关的法律《戍律》。汉律的《兴律》也是《秦律》中上述有关法律、法规的继承和发展。

《汉律九章》中的《厩律》也是对《秦律》相关法律、法规的继承和发展。《厩律》是与牛马畜牧和驿传之事等有关的法律条文，而在云梦出土的《秦律》中也有关于饲养牲畜的厩圈和苑囿的管理等方面的法律《厩苑律》、有关于考核牛羊畜养的法律《牛羊课》、有关于驿站供应饮食的法律《传食律》，还有关于传送文书的法律《行书》。

总之，《汉律九章》所增加的3篇，借鉴了《秦律》中的有关法律法规的成果，结合汉王朝的实际情况，把《秦律》中有关的法律法规合并为若干章，使之更加系统化、条理化、规范化，并与《秦律》的6章相并列，对汉代及此后中国封建时期法律制度的建设均产生了很大影响，是中国法制发展史上的一个里程碑。

此外，汉代沿用了秦代的大部分禁令，少数禁令如禁止学习古书的"挟书律""夷三族、妖言令"，一人犯法，家属连坐的"收帑相坐律令"等，在汉初也有沿袭使用，后来才分别予以废除。到汉武帝时期，张汤制定《越宫律》27篇、赵禹作《朝律》6篇，连同萧何的《九章律》和叔孙通的《傍章（律）》18篇，共计60篇法律文书，基本奠定了《汉律》的规模。

总体而言，《汉律》比起《秦律》，其严酷程度有所缓和，汉惠帝、吕后、汉文帝又沿着宽刑的方向发展，从而给百姓创造了一个较为宽松的生活环境，这对生产的恢复和发展是十分有利的。

在命令萧何制定《汉律》的同时，刘邦还命令韩信等人制定了军法。韩信是楚汉战争期间汉军统兵大将，刘邦称他"连百万之众，战必胜，攻必取"，与张良、萧何并列为"汉初三杰"，在楚汉战争中发挥了至关重要的作用。韩信不但用兵如神，而且治军有方，凡招收来的士卒，在他手下经过短时期的训练和作战实践，都会很快成为战斗力极强的精锐部队。刘邦在楚汉战争的艰难岁月曾多次征调韩信手下的精兵，但韩信总能很快地训练出新的精锐部队。因此，让韩信来制定军法，是再合适不过了。

四、历法章程

与萧何制汉律、韩信定军法、叔孙通制朝仪同时进行的，还有张苍定章程。

张苍是秦朝陈留郡阳武（今河南原阳东南）人，受过良好的教育，喜好诗书、音律，尤精律历。秦朝时为御史，后因触犯秦朝法律，偷偷逃回故乡。刘邦进军关中途经阳武，张苍投奔了刘邦。大军进至南阳时，张苍犯法，依法论为死罪。当他被脱掉上衣伏在砧板上时，只见他身体高大，又肥又白，像个葫芦瓜。统兵将领王陵看见后，认为他是一个美男子，与众不同，便劝刘邦饶过他，未予斩首。于是，张苍随刘邦西入武关，到达咸阳。刘邦被立为汉王、还定三秦后，陈馀打败常山王张耳，张耳归附刘邦，刘邦任命张苍为常山郡郡守。之后，张苍随从韩信攻击赵军，并俘虏了陈馀。赵地被平定后，刘邦任命张苍为赵王的相国，负责守备边境，防止敌寇入侵。没过多久，刘邦又改任张苍为赵王张耳的相国。张耳死后，儿子张敖继任赵王，张苍仍任赵相，后改任代国相国。

燕王臧荼反叛，刘邦率兵亲征，张苍以代相的身份随从攻燕，立有战功。汉高祖六年（前201），刘邦封张苍为北平侯，食邑1200户。

西汉建立之初，张苍升任计相，主管朝廷的财政收支；一个月后，又以彻侯的身份任主计4年。当时萧何担任相国，而张苍因为在秦朝担任过柱下史[①]，熟悉天下的图书典籍、统计报表；又懂得算术、音律、历法，所以受命以彻侯的身份居于相国府中，负责管理各郡县、诸侯王国呈报给朝廷的财政收支统计、图表等事宜。

刘邦身边的谋臣武将数不胜数，但是像萧何那样精通吏事的没有几个，像张苍那样天下书无所不读，天下学术无所不晓，尤其精通天文历法、音律数算的更是凤毛麟角。所以，西汉建国后，刘邦在命萧何条定律令、韩信编申军法、叔孙通制定朝仪的同时，又命令张苍主持制定章程。"章"是指历法、算术的"章数"；"程"是指"法式"，即有关权、衡、尺、斗、斛等度量衡的统一法式，制作度量衡的标准器；章程

[①] 柱下史：古代官职，御史大夫之一，掌管中央的奏章、档案、图书以及地方上报的材料。

也就是为汉王朝制定历法，统一度量衡。

根据刘邦最初是十月份到达灞上的事实，张苍沿袭秦代运用的颛顼历，把十月作为岁首。他还根据当时流行的五德运行的规律，推定汉王朝正当水德的时代，与秦王朝同属一德，因而旗帜服色应崇尚黑色。这样做可以减少历算改革在全国引起的混乱，正好与刘邦"与民休息"的旨意相合，有利于社会的稳定和发展。

张苍精通音律，他吹奏律管，调整音阶，谱进乐章，为刘邦采用叔孙通制定的朝仪、以礼制治天下补上儒家"乐制"这一方面，为刘邦以"文"治天下做出了不可磨灭的贡献。他还用音律作模拟来确定时令，确定天下百工制作工艺流程的规程模式，以及确定度量衡制度，规定了各种器物的标准、尺寸等。

到汉文帝时代，鲁人公孙臣上书，主张修改历法，认为汉朝应该值土德之运，必须改正朔，易服色，以示与秦朝的区别，其征象是将有黄龙出现。汉文帝将这本奏章交给张苍处理，张苍认为是胡说八道，否定了公孙臣等人的意见。后来，在甘肃成纪（今甘肃通渭东）果然出现了黄龙，于是，汉文帝征召公孙臣为博士，负责制定适应土德的新历法。此后张苍失去了皇帝的信任，只得谢病称老，辞官家居。

在萧何、张苍、叔孙通、韩信等人的努力下，汉王朝的各项制度建设初具规模，也为汉王朝的长治久安奠定了制度基础。

五、陆氏《新语》

刘邦以"武"得了天下，再不能以"武"来治天下了，不得不起用文人。但是，他从小就讨厌文墨，起事后也不改旧习，尤其讨厌儒生，见了儒生就破口大骂，甚至往儒生的帽子里撒尿。他在楚汉战争中虽然也重用了一些儒生，但始终没有改变对儒生的看法，一直认为自己的天下是以武力夺取的，不需要腐儒来指手画脚。

据说在南宫酒宴上，刘邦和群臣讨论今后治理国家应该怎么办，大家纷纷发表意见,有人说今后治理天下需要用随何那种人。刘邦一听就不高兴了,说:"你们说什么?用那个酸儒?治理天下难道非得用这样的书呆子吗?"

当时随何也在场,他不慌不忙地起身跪到刘邦面前,说:"陛下,当初您率领大军攻打彭城,楚王的大军当时还在齐国战斗。那个时候,假如您调拨50000步兵、5000骑兵,您认为能夺取淮南国吗?"

刘邦干脆地回答:"不能!"他知道当时自己的军事力量还很弱,何况对手还是骁勇的黥布。

随何继续说:"可是,当时陛下让我率领20人出使淮南国,我一到达就了却了陛下的心愿。在这件事上,我的功劳堪比50000步兵、5000骑兵吧?陛下怎能说我是书呆子,还说治理天下用不着我这种人呢?"

一席话说得刘邦无言以对,他马上转变态度,呵呵一笑道:"朕不是正在估算先生的功劳吗?"后来由丞相御史核算诸将功劳后,刘邦任命随何担任护军中尉。

其实,西汉建立后,刘邦及其文臣武将一直在思考如何治理天下这个问题,很多人已经意识到战争时期那种唯武至上的思想已经不合时宜了,他们千方百计地想为新生的汉王朝找到可以长治久安的思想和制度。刘邦作为秦末农民起义军的著名领袖,曾亲身体会过秦朝暴政所带来的痛苦,并把"伐无道,诛暴秦"作为自己和部下行动的口号。他刚进关中地区,便宣布"约法三章"以示"与民更始"。汉朝建立后,在制度和政策上虽然大多承袭秦制,但同时也采取了一系列有别于秦王朝的措施,力求在实践中与暴秦划清界限。但是,如何从思想理论上总结秦朝灭亡的教训,同时给汉初的政治、经济政策进行理论上的总结,却是汉初君臣难以做到的。恰在这时,一个名叫陆贾的谋士站了出来,以自己精心创作的《新语》一书,在汉初的反思潮流中承担了这一任务。

陆贾是楚国人,以客卿身份跟随刘邦参加了反秦战争和楚汉战争。他能言善辩,学富五车,满腹经纶,经常作为刘邦的使者完成各种复杂而艰巨的任务。比如,在进军关中的道路上,他奉命收买守卫峣关(今陕西蓝田境内)的秦将,使之丧失警惕,为起义军突袭峣关创造了有利条件;在楚汉战争中,他出使楚营,说服项羽释放了被掠为人质的刘邦的父亲和妻子;西汉建立后,他又出使南越,以口才降伏了自封为南越王的赵佗[①],对于缓和汉越关系和保证汉朝南方边境的安定做出了贡献。刘邦任命陆贾为太中大夫,在皇帝左右掌管议论。

陆贾读过许多先秦典籍,对儒家经典《诗》《书》等文献很有研究,与刘邦交谈时经常加以引用。有一次,陆贾又在刘邦面前大谈《诗》《书》,刘邦听了很不高兴,恼火地说:"朕居马上得天下,哪里用得着《诗》《书》?"

陆贾闻言,毫不畏惧地说:"居马上得之,难道还可以居马上治之吗?商汤、周武虽以武力夺取天下,但在夺得天下之后都能顺应形势,以文治理天下,巩固政权。文武并用,才能长治久安!穷兵黩武,像吴王夫差、晋国智伯,最后只能自取灭亡;秦朝任用严刑苛法而不知改变,最终覆灭。假使秦统一天下以后,施行仁义,效法前代圣王,陛下怎能取秦朝天下而有之?"

陆贾这番话很直白,切中了刘邦的要害,刘邦听了自知理亏,脸上现出不悦而又惭愧的表情,他对陆贾说:"那您就为朕总结一下秦朝为什么会失去天下,朕为什么能取得天下的原因吧,同时谈一下古代各国成功失败的史事。"

陆贾受命之后,开始夜以继日地赶写奏章,将国家存亡的种种最初表露迹象加以总结。他每写完一篇就上奏给刘邦,刘邦看后无不称赞,群臣也禁不住叫好。陆贾一共写了12篇总结历史上统治经验的文章,刘邦将之命名为《新语》。

《新语》12篇不仅内容精辟深刻,将历代兴盛、衰亡的情况和原因

[①] 赵佗:即南越武帝,恒山郡真定(今河北正定)人,秦朝南海龙川令,南越国创建者。秦末大乱时割据岭南,建立南越国。

分析得鞭辟入里，而且纵横捭阖，妙论不绝，使武帝时期的司马迁看了都觉得陆贾堪称当世辩才。史学家根据史料总结了《新语》的主要内容：像秦始皇、项羽那样不知节制，穷兵黩武，最后一定会灭亡；作为君临国家的人主，只有崇尚推行礼教，国家才能兴盛。陆贾认为礼教的作用巨大，用于个人，动静有法，尽善尽美；用于家族，内外有别，敦睦九族；用于地方，长幼有分，浸润民俗；用于国家，君臣有序，政通人和；礼教御统天下，则四海臣服，纪纲永行。

陆贾在《新语》中对秦王朝灭亡的教训进行了细致总结，认为秦灭亡的主要原因是刑罚过重，"武"用得太过，因而主张用"文"与"武"两手，把教化与法令结合起来，实行无为而治，用文治来治理国家。

陆贾的《新语》第一次把儒、法、道糅合在一起，以"无为"为最高政治思想，以仁义、礼法、任贤为基本内容，对西汉初年统治者奉行无为而治的理论、制定并实行黄老政治产生了重要影响，为西汉王朝的长治久安奠定了思想理论基础。陆贾作为古代优秀的政治家和思想家，虽然官位不高、权力有限，但在汉初的政治和思想领域中却做出了不可替代的巨大贡献。

而刘邦命陆贾写作《新语》，表明他注重从秦王朝的灭亡中总结经验教训，将秦王朝的短命而亡引以为鉴，并以此作为制定基本国策的理论根据之一。事实证明，从秦亡中总结教训，以秦为鉴，对西汉初年的统治者实现长治久安确实起到了积极作用。

六、迁徙豪强

为了加强中央集权统治，刘邦还实施了迁徙豪强以实关中的政策。

这一政策并非刘邦首创，而是秦王朝固有政策的延续。史料记载，随着秦军依次灭亡六国，六国旧贵族及其依附者富商大贾等，大都被强行迁离原地，比如在汉代以冶铁致富的蜀地之卓氏和程郑，就是从东方六国迁来的，所以司马迁称程郑为"山东迁虏"。秦始皇统一全国后，迁徙豪强载入史册的有两次：第一次是秦始皇二十六年（前221）迁徙天下富豪12万户到咸阳，这是秦代迁徙豪强唯一有明确数据统计的一次记载，也可能是数量最多一次；第二次是秦代末期，迁徙不轨之民到南阳。

秦朝时，在迁徙豪强的同时，还有更大规模的徙民。从秦昭襄王到秦朝末年的数十年间，有记载的徙民就有十四五次，大概平均5年一次。秦始皇统治时期徙民最为频繁，共进行过8次大规模迁徙活动，其中向岭南一次就迁徙罪徒50万人，创下了历史纪录。由此可见秦王朝迁豪徙民的规模之大、频率之高。

在封建时代，徙民在很大程度上是出于军事和国土开发的需要，虽然带有军事强制性，但从总体上讲具有积极作用，它巩固了国防，加速了边远地区的开发，促进了民族的融合和先进文化的传播。

统治者迁徙豪强是对六国旧贵族及其依附富人的惩罚性、管制性措施，旨在巩固封建统一，加强中央集权，防止他们兴风作浪，从事复国活动，威胁中央政权。

西汉建立之初，齐人刘敬根据自己出使匈奴途中的观察和思考，向刘邦提出了迁徙豪强到关中地区的建议。刘敬认为这样做，当国内平安无事的时候，可以依靠他们防备匈奴；如果所封诸侯发生叛乱，也能率领他们进行讨伐。刘邦觉得刘敬说得很有道理，便同意了，并让他负责这项工作。刘敬一次就将东方六国旧贵族及其后裔十余万人迁到八百里秦川，让他们散居于长安附近地区。汉高祖九年（前198）十一月，刘邦又一次下令迁徙旧齐国、楚国的大族昭氏、屈氏、景氏、怀氏、田氏五族及豪强到关中地区，给予便利的田宅安顿，共迁来十余万人。

这样做一方面增加了关中地区的人口，使关中地区的经济得到了较快的发展，成为汉王朝稳定的中心区域；另一方面，在对异姓诸侯王和同姓诸侯王的斗争中，特别是平定吴楚七国之乱及后来反击匈奴的斗争中，这里都成为汉王朝的战略后方，起到了不可替代的作用。另外，将豪强富贾迁徙到关中，置于自己的眼皮底下监视起来，等于消除了这些人复兴故国的隐患，使刘邦安心了不少。

迁移豪强到关中的政策被西汉历代帝王继承下来，刘邦的子孙沿袭秦朝的做法，将迁豪与徙民结合起来，进行过多次：景帝年间，兴建阳陵邑；夏季，景帝下令招募百姓迁居阳陵，赐给 20 万铜钱。汉武帝建元年间，迁一批人到茂陵，并赐给每户钱 20 万，田二顷；元朔年间，迁郡国豪杰及富户 300 万户到茂陵；元狩年间，迁天下奸猾之人到边地；太始年间，又迁郡国吏民豪杰到茂陵、云阳（今陕西淳化西北）。昭帝于始元年间，徙民到云陵（昭帝生母钩弋夫人之墓），并赐予钱财与田宅；后又迁徙三辅富人到云陵，并下令每户赐钱 10 万……

以上迁徙豪强富人都是为了充实园陵，另外还有规模不等的边郡徙民，则是为了军事需要和边疆开发，比如元狩年间，迁徙关东贫民 70 余万人到陇西、北地、西河、上郡、会稽等郡；元鼎年间，徙民到张掖、敦煌；元封年间，徙东越之民到江淮之间，等等。

西汉一朝共进行过至少 8 次豪强迁徙，其中，高祖 1 次、武帝 3 次、昭帝 1 次、宣帝 3 次。各位帝王把移民迁到关中，赏赐钱财、田宅，并从中选拔一些有才之士到官府任职，使其中不少人成了汉王朝的支持者、拥护者。

第八章 深谋远虑定边疆

一、匈奴崛起

大汉帝国的各方面基本建成，刘邦总算可以松口气，享受一下当皇帝的滋味，然而还有件危险而艰难的工作，正等着他紧急处理。这便是北方异族——匈奴的威胁。

匈奴是我国北方一个古老的游牧民族，据《史记·匈奴列传》记载，匈奴族是夏后氏的后裔，始祖叫淳维，殷时称獯鬻，周代称猃狁，秦代称匈奴，秦人称匈奴人为"胡人"。自淳维到秦朝时1000多年，匈奴一直处于原始社会阶段。

大约在战国中期，匈奴已经迁居到长城以北。匈奴人擅长骑马射箭，民风剽悍，秦始皇统一六国后，匈奴单于头曼也统一了匈奴各部落，建立政权，进入了奴隶制社会。头曼单于建立了刑法和监狱。他总是四处掠夺，发动战争，下令战争俘虏尽归获者所有，所以匈奴士兵作战时，人人争先，残酷凶悍。头曼单于成了一个富有侵略性、掠夺性的奴隶制军事贵族统治集团的首领。

头曼单于把匈奴的国家统治机构按军事系统进行编制，设置了左右贤王、左右谷蠡王、左右大将、左右大都尉、左右大当户、左右骨都侯，共二十四长，大的率数万骑，小的领数千骑，都是单于的直接臣属，官员职位可以世袭。单于由一大贵族挛鞮氏世袭，加上呼衍氏、兰氏、须卜氏家族，称为四大贵族。呼衍氏、须卜氏常与单于通婚。二十四长长官也各置千长、百长、什长、裨小王、相封、都尉、当户、且渠等官职。

匈奴是游牧民族，社会发展较为缓慢，靠畜牧、狩猎和劫掠为生。汉景帝时，晁错对匈奴有过这样的描述："匈奴的技艺与中原不同。上下山坡、出入溪涧，中原的马不及他们；在陡峭的险道一边飞驰，一边射箭，中原的骑兵也不及他们；栉风淋雨，忍饥挨饿，不知疲倦，中原人又不如他们。"

匈奴的野蛮、强悍让汉人闻之胆战，直逼得赵武灵王不得不"胡服骑射"、秦始皇不得不修万里长城。匈奴自崛起之日，就对中原地区构成了极大的威胁。匈奴骑兵所到之处，踩躏庄稼，劫夺财产，杀掠吏民，抢掠人口，把大批汉人掳为奴隶。战国时期，匈奴与燕、赵、秦三国接壤，匈奴不断南下劫掠，使得这三国一边逐鹿中原，一边穷于应付匈奴，苦不堪言。

秦二世元年（前209），头曼被其长子冒顿所杀。当时头曼宠爱后娶的阏氏所生的儿子，就把冒顿送到月氏为人质，并对月氏发动猛烈进攻，企图借刀杀子，为爱子继位扫平道路。可是，冒顿夺马单骑逃脱，头曼为了嘉奖其骁勇，命他统领一万骑兵。冒顿很聪明，发明了一种响箭，叫"鸣镝"，用来训练他的骑兵。他要求这支骑兵队要唯他马首是瞻，鸣镝所射，所有部将必须遵从，若有不从，一律杀头。冒顿用鸣镝直射自己的宝马，有的骑兵不敢射，冒顿就亲手砍了这些人的头。不久，冒顿又射杀自己的爱妻，还有骑兵不敢跟随，他又立即把这些人杀了。后来有一次，冒顿出猎，将箭头直指头曼单于的坐骑，这一次骑兵们不敢再违抗了，都毫不犹豫地朝目标射箭。直到这时，冒顿才认定这支军队可用。一天，冒顿随父出猎，突然以鸣镝射向头曼。他的骑兵立即跟着发射，射杀了头曼。冒顿就这样一步步地训练精兵，最后夺取了王位，自立为单于。

冒顿即位不久，东胡王认为他立足未稳，派使者向他索要千里马。冒顿为了麻痹东胡，不顾群臣反对，将千里马送给了东胡王。东胡王得寸进尺，又提出索要单于阏氏。匈奴左右大臣都恼怒地要出兵攻打东胡，但冒顿还是选择了忍，满足了东胡王的要求。至此，东胡王认为冒顿软弱可欺，不再将他放在眼里。冒顿乘机稳固统治，扩充军备，等觉得自己足够强大后突然发兵东胡。东胡毫无防备，一触即溃，东胡王被杀，其民众及畜产都成了匈奴的战利品，东胡就这样灭亡了！冒顿趁势西攻河西走廊雍州的月氏，逼迫月氏西迁，从而解除了西面的威胁。

随后，冒顿又率领匈奴兵征服了楼兰（今新疆罗布泊周围）、乌孙、呼揭（今阿尔泰山北端）等20多个小国，控制了西域的大部分地区；又向北征服了浑瘐、屈射、丁零、鬲昆、薪犁等国，向南吞并了楼烦（今山西东北）及白羊河南王之辖地，重新占领了河套以南地区。

经过几年的疯狂掠夺，匈奴成了一个拥有几十万人口，东接朝鲜、北至西伯利亚、西达西域、横跨蒙古高原、与羌相接，向南延伸到今晋北、陕北一带，与汉王朝相接的奴隶制国家，号称将诸引弓之民并为一家，拥有控弦之士30余万，是当时北方最强大的民族。

二、白登之围

在匈奴逐渐发展壮大的时候，刘邦和项羽正对峙于荥阳，中原疲于内战，根本无暇边防，也正因为如此，冒顿的势力得以迅速扩张。他不断侵犯燕代，抢掠人口、牲畜，云中、辽东一带每年被杀被掳的人口达一万以上。

汉高祖六年（前201）春，刘邦认为韩王信有雄才武略，封地北面紧靠巩地（今河南巩义西北）、洛阳，南面逼近宛县（今河南南阳）、叶县（今河南平顶山），东面是淮阳，是天下驻扎强兵的战略要地，于是诏令他统治太原以北地区，以晋阳（今山西太原晋源一带）为都，抵抗胡人。

刘邦这样做是出于对韩王信的不信任，担心他哪天占据兵家重地造反，到时必定会给自己致命一击。而让韩王信屯驻太原以北地区，一方面可以使他失去造反的地理优势，另一方面可以借助他的力量抵御胡人安定边疆。此外，当韩王信攻打胡人的时候，势必会削弱自身的力量，那样他更没有实力造反了。刘邦这一招可以说是一举多得。韩王信也知道皇帝对自己不信任，于是上奏说："韩国毗邻边界，匈奴多次入侵，晋阳距离边塞遥远，我请求移都马邑（今山西朔州境内）。"刘邦同意了。

汉高祖六年（前201）秋天，冒顿单于派大军将韩王信重重包围在韩国首府马邑。韩王信抵挡不住匈奴铁骑的凶猛进攻，几次派人冲出包围圈，一边去向刘邦求救，一边与匈奴求和，拖延时间。

刘邦听说韩王信被匈奴包围，赶紧调集军队前去营救，救兵到达后，发现韩王信多次私下里派使者与匈奴联系。刘邦接到报告后，龙颜大怒，马上致书责备韩王信，言辞切峻，态度严厉。韩王信十分恐惧，最后索性献出马邑，投降了匈奴，带领部下攻打晋阳。

汉高祖七年（前200）冬季，刘邦在长安接受百官朝拜，体会了做皇帝的尊贵后，遂亲自率32万大军出征，北上去迎击匈奴和韩王信的军队。此时韩王信的部队已经越过太原300多里，到达铜鞮（今山西沁县南）。汉军在这里大败韩王信的部队，斩杀其部将王喜，韩王信仓皇逃到匈奴。他的其余部将，以曼丘臣、王黄为首，拥立原赵王歇的同宗赵利为赵王。匈奴、韩王信、赵王三家决定联合起来抵抗刘邦。

冒顿在上谷（今河北张家口宣化）接到韩王信来报，说刘邦亲自带兵出征，他马上派得力将领率兵与韩王信一起抵抗汉军。尽管有了冒顿援助，韩王信还是打了败仗，汉军一直将其追至离石（今山西吕梁高石）才罢休。

时值隆冬，风雪交加，天寒地冻，汉军难以抵挡严寒的侵袭，很多士兵的手指头都被冻坏了。

刘邦率兵屯于晋阳（今山西太原），冒顿的40万兵屯于上谷。为了防止匈奴使诈，刘邦先派人去打探对方的情况。几天后，打探的人回来了，说匈奴大军基本上都是些老弱残兵。刘邦不敢大意，又派刘敬再去打探，同时率大军北上。

汉军一路上没有遇到什么挫折，顺利到达广武（今山西山阴境内）。这时，刘敬也回来了。

刘邦问道："情况怎么样，可以攻打匈奴了吗？"

刘敬说："我认为还是不要轻易出兵为好！"

刘邦忙问道："为什么呀？"

刘敬解释说："两军交战时，本来应该相互炫耀自己实力强大。但臣一路上看到的都是老弱残兵，如果真是这样，冒顿怎能在塞外立足呢？臣听说冒顿善于使计，所以臣认为这是冒顿的计谋，陛下一定要慎重呀！千万不要中了敌人的诱兵之计！"

刘邦率大军已经出发，而且正处在上风，根本听不进刘敬的劝告，还对刘敬大发脾气说："你这个小人，凭着能说会道当了个小官，今天竟然敢对敌情乱加猜测，扰乱军心，阻止我大军冲锋陷阵，你该当何罪？"随即下令把刘敬暂时囚禁在广武监狱里，听候发落。

几天后，刘邦见大军一路没有遇到匈奴的抵抗，求胜心切，觉得大部队一起行进速度太慢，就自己领着一支骑兵在前面带路，紧追匈奴大军。

刘邦的先行部队一路马不停蹄来到了平城（今山西大同），大家都已经疲惫不堪了。刘邦下令在平城东7里的白登山（今山西大同东北马铺山）扎营休整，忽然，匈奴军像马蜂一样涌了上来，密密麻麻，足有几十万人，将白登围了个水泄不通。

匈奴军骑兵四面包围着白登，西面的都骑白马，东方全是青马，北方一色黑马，南方全跨红骑，极其整肃剽悍。匈奴国社会关系简单，律法也简洁明确，完全按习俗加以勒肃，比如拔刀杀人，如果伤口长及一尺，伤人者处死；盗窃则没收家属的财产，轻罪者处以压碎骨节的刑罚，重罪者处死；坐牢最多10天，所以全国没有几个犯人。在战斗中，若有所斩获，赐一壶酒，抓到的俘虏、缴获的战利品归本人所有。所以匈奴作战，人人自动趋利，冲锋则奋勇异常，溃败便土崩瓦解。这样的军队战斗性强，掠夺性强。如今将汉朝皇帝围困在平城白登，匈奴人个个跃跃欲试。

直到此时，刘邦才意识到刘敬说得对，冒顿真的使了诱兵之计。他后悔没有听从刘敬的劝告，但是现在后悔也来不及了，只能和匈奴决一死战。

刘邦命令部下分头抵抗冲上来的匈奴军。匈奴军个个横眉怒目、杀气腾腾。两军刀兵相见，打得不可开交，原本寂静的平城被浓浓的杀气笼罩着。

刘邦被困在白登山上，等着后面的大军前来援助，但七天七夜过去了，他们带的粮草已经用尽了，大军仍未赶来。刘邦非常着急，想尽了逃脱的各种办法都不可行。就在刘邦烦躁不安的时候，陈平想出了一条妙计。刘邦听后脸上顿时由阴转晴，让陈平火速按此计行事。

陈平准备了大量珠宝首饰和一幅美人图，派陆贾和一个机灵的部下，带着这些东西，趁着大雾弥漫悄悄下山，想方设法混进匈奴军营里。

原来，陈平看到冒顿与新得的阏氏整天形影不离，想必对她宠爱有加，如果从这位阏氏身上下手，可能会找到出路。

陆贾用钱财买通了各关卡的士兵，终于见到了这位阏氏，献上了陈平准备的礼物。

阏氏看到这么多漂亮的珠宝，乐得合不拢嘴。她又打开画卷，一看是位娇艳欲滴的美人儿，有点不高兴了，问道："这美人图又是干什么的？"

陆贾回答道："汉帝是想与冒顿单于和谈，所以特派我带些珠宝首饰送给您，又觉得不妥，所以愿意将我国的一位美女献给单于。这幅图是那个女子的画像，先让单于看看是否满意。请您代为转送。"

阏氏见图上的女子如此貌美，心想：要是把这个美人送来，自己还有什么好日子过？她对陆贾说："你回去转告汉帝，解救他的事包在我身上。这美人图你拿回去，就当没这回事！"

陆贾回到营中，把事情的经过告诉刘邦，刘邦喜出望外。

阏氏唯恐冒顿知道美人之事，便马上派人叫冒顿回来，柔声细语地说："妾有一件事不知当讲不当讲。"

冒顿连忙说："快快说来听听！"

阏氏道："人们常说'两主不相困'，现在汉帝被困在白登山上，如果杀了他，我们两国不就结下了仇恨吗？汉人肯定不会就此罢休的。再说，您就算打败了汉帝，得了汉国的土地，那个地方也不适合我们久住。倘若有失，便不能共享安乐了！"

冒顿想了想，觉得阏氏说得挺有道理。这时，阏氏又说："我听说汉帝乃是天生的龙种，有老天保佑。他被困7天了，却不惊慌。大王怎么能与老天爷对着干呢？"

第二天，冒顿本来想与韩王信、赵利商量此事，但等了半天他们都没来。冒顿怀疑他们与刘邦合谋，便下令让开一条路，放刘邦回去。

天刚亮，夏侯婴来报，说匈奴军已经让开一条路。刘邦立即派夏侯婴驾车，准备带着大军开逃。这时，陈平突然说："陛下不要急，派一队人先行，看冒顿是不是在使诈。倘若没什么异常，再让弓弩手护送陛下下山。"

刘邦依计行事，先派了一队人下山，自己跟在后面。匈奴军则站在一旁，为刘邦放行。

刘邦逃出匈奴的包围后，在平城与后续部队会合，此时匈奴也撤兵了。刘邦心中的石头终于落了地。

大部队回到广武后，刘邦做的第一件事就是把刘敬放了。他对刘敬说："朕没有听你的话，结果被困在平城数日，险些丢了性命！这个教训朕一辈子都会记住的！"他立刻封刘敬为关内侯，外加食邑2000户，并把第一次去打探匈奴情况的骑兵问斩。

回师途中，刘邦路过曲逆，登上城楼俯瞰城景，不由惊叹道："好大的城市！我走遍天下，观城无数，只有洛阳可以与它相比。"于是改封陈平为曲逆侯，把全城所有的人家都作为他的食邑民户。

白登之围完全是刘邦轻敌所致，好在有陈平献计才得以解围。对于自己的错误，刘邦能够及时承认，并吸取教训，又重奖敢于进言的刘敬，表现出了一个成熟政治家的风度和素质。这也是他世代受到敬重的原因之一。

三、公主和亲

汉高祖七年（前200）冬，刘邦撤军回到长安，留樊哙率军再次收回了代、雁门、云中各郡。这些地方都是代国的属地，当初刘邦大封刘氏族人，即封他的二哥刘仲为代王。

在刘邦撤离平城没多久，冒顿与韩王信、赵利三方联军再次大规模袭扰了代国。刘仲从来没有打过仗，匈奴军一到，他就吓得弃国南逃，几乎与刘邦一前一后抵达洛阳。刘邦闻报气得破口大骂，马上将刘仲贬为合阳侯，等樊哙一收复失地，马上下诏封自己的幼子刘如意为代王。

韩王信败逃到匈奴后，冒顿单于越发兵强马壮，仅射手就有30万，汉军撤退后，他又多次进犯北部边境。连年战争，人力物力的消耗无法计算，各诸侯王尚未平定，刘姓王又多不顶用，比如刘如意，年仅7岁，眼前的形势让刘邦感到孤立无助，忧虑不已。

这时，他想起刘敬在跟随自己远征匈奴的过程中曾提出过颇有见地的建议，于是刘邦召刘敬询问对付匈奴的办法。一趟匈奴之行，刘敬俨然成了匈奴问题的专家，听了皇帝的询问，他胸有成竹地说："天下刚刚平定，士卒们被战争搞得太疲累了，我们无法使用武力制服匈奴。此外，冒顿杀父自立，娶庶母为妻，只知凭借武力逞威风，这种人根本不懂得仁义道德，所以我们也不能用仁义道德去劝说他。目前唯一的办法是使用谋略，让他的子孙后代做汉朝的臣子，只不过陛下未必愿意这么办。"

刘邦一听有办法，催促道："只要能行得通，为什么不做！你就别卖关子了，快说究竟是什么办法。"

刘敬回答道："陛下如果能够把皇后所生的公主嫁给冒顿，再送一份厚厚的彩礼给他。他一定会敬重公主，把公主立为阏氏，等将来公主生了儿子，则会被立为太子，将来接任单于。为什么能这样呢？这是因为冒顿贪图汉朝的财富。而后拿我们大汉国多余而他们缺少的东西，每年派人去慰问、馈赠，真挚地以礼义劝告说服他。这样，冒顿活着，自然是我大汉国的女婿；他死了，就由我大汉国的外孙接任单于。哪有外孙敢跟外祖父平起平坐的呢？这样，我们就可以不对匈奴用兵，而让他们逐渐臣服。"

刘邦闻言喜不自胜，认为送女和亲的办法实在妙不可言，不动干戈，少费民力，却可以降伏匈奴，使他得以腾出手来安定国家，于国于民都是大好事。办法是好，但有一件事比较难办。刘邦只有吕雉所生的一女，即鲁元公主，早年曾将她许配给赵王张耳的儿子张敖，马上就要完婚。刘敬这个主意岂不是要拆散一对情侣、离间皇帝父女于万里之外吗？于是刘邦试探性地问道："非得皇后所生的公主才行吗？"

刘敬一看刘邦的表情，马上明白了他的心思，于是语重心长地说："陛下，要送只能送公主，如果您不送公主，随便找个女子冒充公主，冒顿肯定会发现，之后就不会尊重她，也不会亲近她。如此一来，和亲还有什么用呢？请陛下深思！"

刘邦闻言，决心立定：送鲁元公主到匈奴和亲。他本想瞒着皇后吕雉，等鲁元公主到达匈奴，她也就无可奈何了。可是和亲的消息很快传到了吕雉耳中，她日夜哭泣，对刘邦说："妾只育有太子、公主这一双儿女，陛下怎么忍心将她弃之匈奴？再说公主早已被陛下许配给了赵王张敖，为人君者怎能食言于天下？"一番话说得刘邦无言以对。

刘邦只得从宗室挑选一个女孩冒充公主，让刘敬送到匈奴和亲，以观效果如何。

刘敬奉诏带着这位假冒的公主出使匈奴，陪嫁的还有许多珠宝布匹、絮缯酒米。冒顿见汉朝皇帝主动送来如花似玉的公主，并且每年还有许多财物奉送，自尊心得到了极大满足，当即答应立这位汉公主为阏氏，并承诺以后不再侵扰汉地。

刘敬见时机成熟，就建议双方订立议和联姻盟约，汉王朝将每年馈赠丝绵、绸绢、酒、粮食和其他食物给匈奴，冒顿同意了。

完成和亲使命后，刘敬返回长安，向刘邦汇报了匈奴之行的见闻，并说如今的匈奴在冒顿的统治下极为强大，其白羊、楼烦（北狄的一支）等藩属国，距离长安最近处只有700里，轻骑一日一夜即可到达。所以，和亲之策是十分必要的，否则后果不堪设想。之后，刘敬又献上自己谋划的对策："和亲只是防范匈奴的策略之一。此外，陛下可将关东六国的豪强大族以及富户豪杰，迁到因战乱而人口稀少的关中地区，这样做既可防止他们在故乡叛乱，又可充实关中，万一匈奴入侵，还可以把他们组织起来尽一分力量，这就是所谓的强本弱末之策。"

刘邦听了认为很有道理，便令刘敬负责此事。刘敬很快将齐国的田氏、屈氏、景氏以及燕、赵、韩、魏等国的豪族大户，10余万人强制迁移到关中地区定居。

此后，在汉武帝以前的汉惠帝、吕后、汉文帝、汉景帝期间，在与匈奴的关系上，汉朝一直奉行刘敬所制定的和亲政策，以妥协的方式来减轻匈奴在北部边境上所造成的祸害。

四、贯高谋刺

正所谓一波未平，一波又起，刘邦自白登山脱险后，又遇到了一件危险的事情。当时他起驾还都，大队人马在曲逆略作休整，便来到赵地。

当时的赵王是张耳的儿子张敖，张耳在世时与刘邦关系甚密，刘邦曾与之定下婚约，将自己的长女鲁元公主嫁与张敖。现在虽然还没有完婚，但双方已有婚约，所以张敖既是刘邦的臣子，又是其准女婿，关系非同一般。

刘邦来到赵国后，赵王张敖以最恭敬的礼节到郊外跪迎，而且每天早晚都脱去外衣，戴上套袖，亲自给刘邦进献食物，这是当时最为谦恭的礼节。此外，为了讨得刘邦欢心，张敖还把自己后宫中最宠爱的一名侍妾——史称东垣美人的赵姬，献给刘邦，可谓殷勤备至。

可是，刘邦却动辄破口大骂，而且在召见张敖时，当着赵国群臣的面，摆出古人最忌讳的三种坐式之一——箕踞，即大叉双足而坐。不仅如此，他在召见张敖时，一直对张敖横挑鼻子竖挑眼，肆意谩骂，如斥奴仆，侮人至极。张敖唯唯诺诺，态度一直十分谦卑。

此番情形激怒了赵国群臣，赵相贯高、赵午等几位老臣最为生气。这些人都是当年追随张耳的门客，个个任侠义气，图的是快意人生，哪里能够忍受刘邦以这种态度对待赵王？他们私下聚在一起发牢骚："皇帝真是岂有此理，我们的君王也太懦弱了！"大家商量之后，便找到赵王张敖，对他说："大王，如今天下豪杰并起，能者先立。而今大王侍奉皇上如此谦卑恭敬，而皇上对大王竟然如此傲慢无礼，臣等愿为大王杀了他！"

张敖闻言吓得魂飞魄散，咬破手指发誓道："赵国的一草一木，都是皇帝陛下的恩赐，我绝不敢做这种丧家灭国的事情！诸位不要再说了。"但是贯高等人不肯罢休，决定瞒着张敖谋划刺杀之事："大王是个忠厚之人，不愿背弃恩德。如今是我们怨恨皇帝侮辱我们大王，所以想杀死他，怎会玷污大王？如果事情办成，归功于大王；失败了，我们自己领罪而已。"

汉高祖八年（前199）闰九月，韩王信的余党侵犯赵国的东垣地区。刘邦再次御驾亲征，两个月后击退叛军，班师南归。贯高等人觉得这是一个天赐良机，决定在刘邦南归的必经之路柏人（今河北隆尧西）设下埋伏。刺客就隐藏在柏人县城馆舍的夹壁墙中，准备伺机刺杀刘邦。

刘邦来到柏人，正准备休息，突觉一阵心惊肉跳，他问随行人员："这个县叫什么名字？"

"柏人。"随行人员回答。

"柏人嘛,就是逼迫人吧,此名不祥!"于是,刘邦没有在柏人县的馆舍留宿,继续向前赶路,从而避免了一场劫难。

汉高祖九年(前198),贯高的仇人得知他曾想要暗害皇帝的阴谋,秘密向朝廷告发了此事。此时赵王张敖与鲁元公主在"和亲匈奴"的背景下已经完婚,正处于新婚宴尔之中的张敖,万万没想到一场灾难已经向自己逼近。

刘邦下令一并逮捕赵王张敖、相国贯高等人。同案的十余人争着要自刎而死,独有贯高非常冷静,冲他们呵斥道:"是谁让你们谋刺皇帝的?我王并未参与谋划,如今却一同遭到逮捕。你们都去自杀,谁来证明我王的清白呢?"

大家闻言都冷静下来,主动跟随赵王,一道被押送到长安。刘邦下令审理张敖的罪行,同时诏令张敖的大臣和宾客,有敢于跟随张敖的一律灭族。贯高与张敖的宾客孟舒等十多人,都自己剃光头发,用铁环束着脖子,作为赵王的家奴一起来到长安。贯高到达长安后接受审讯,他说:"都是我们这些人干的,赵王确实不知情。"

狱吏在审讯时进行逼供,对贯高百般毒打折磨,打得他体无完肤,再也找不到可以用刑的地方,可是贯高始终不肯诬陷赵王。

在此期间,吕后多次找到刘邦替女婿求情,说张敖是自家女婿,绝对不会做出这等大逆不道之事。刘邦怒道:"真是妇人之见,假使他行刺成功,据有天下,还会缺少女人吗?"

廷尉将贯高受审的情况奏报刘邦,刘邦说:"真是壮士啊!还有谁了解他,试着用私情问问他。"

中大夫泄公说:"贯高与我是同乡,我平时了解他。他在赵国最是讲究道义,不肯背弃诺言。"刘邦于是派泄公持节前往狱中打探。

此时贯高因遍体鳞伤,不能行走,在躺椅上接受讯问。泄公走到近前,轻唤数声,贯高缓慢地睁开眼睛,抬眼仰视,声若蚊蝇,问道:"您是泄公吗?"

泄公安慰了他一番，然后以老朋友的身份将话题转移到眼前这桩案子上，问道："这次谋逆事件，赵王张敖果真没有参与谋划吗？"贯高闻言忍痛坐起，目视泄公，回答道："按照人之常情，难道有不爱自己父母妻子的吗？如今我的三族都要被论罪处死，哪有拿自己亲人的性命去换赵王活命的道理！赵王确实没有参与谋反，真是我们这些人干的。"

同时，贯高还向泄公诉说了他们刺杀皇帝的本意及赵王对此一无所知的情况。泄公见贯高依然这样表态，便不再多问，安慰几句便告辞，然后据实向刘邦禀报。

刘邦听了泄公的汇报，心中愈发佩服贯高这种讲究信义的品格，开始有些相信"柏人谋逆案"与张敖无关，但依然令廷尉对相关人员进行审讯。又过了一段时间，刘邦见继续审讯下去也不会有什么结果，便下令释放了张敖，并让泄公把这一消息告诉贯高。

贯高听说赵王被赦，十分高兴："我们的君王果真被释放了吗？"

"是的！"泄公说，并且告诉他，"皇上非常赞赏您，所以把您也赦免了。"

贯高闻言不由得警觉起来，他神情庄重地说："我之所以忍受酷刑，苟且偷生，就是为了证明我王的清白。如今我王已经出狱，我的责任已尽，死而无憾。况且，我身为人臣，背负弑主之名，还有何面目再事主上？纵然皇上不杀我，我心中就不感到惭愧吗？"说完仰头折颈而死。事发后，贯高的名声传遍了天下。

张敖被释放后，因为娶了鲁元公主的缘故，被封为宣平侯。刘邦很欣赏张敖的许多门客，那些自己束颈作为家奴跟随张敖来到关中的门客，后来都官至诸侯卿相、郡守。直到汉惠帝、吕后、汉文帝、汉景帝时，赵王门客的子孙都得以担任二千石级（郡守一级）的官职。

五、南越归汉

缓和了北方边境的问题后，刘邦又把注意力转移到南方的南越。

南越王赵佗本是中原赵地真定（今河北正定）人，是秦朝派往南越的宿将。秦始皇曾派50万大军南征，在扫平南越诸地以后，设置桂林郡①、南海郡②、象郡③三郡。军中的南征将领，就地转任地方军政长官，任嚣任南海郡尉，赵佗任龙川令。

秦末天下大乱，任嚣④见有机可乘，便想独霸南越，无奈体衰多病，难以实现自己的心愿。他找来亲信赵佗面授机宜：

"秦朝苛政无道，天下共苦之，目前听说有陈胜者起兵作乱，天下不知会发生什么样的变化。南海属僻远之地，我恐怕乱事会影响到我们这里，所以准备与其断绝互通之道，做为防备，并观察众诸侯之变化，不幸却重病如此，所以一直未付诸行动。

"我们这里西方有番禺之崇山峻岭，东方又有南海阻断，东西长数千里，若有中国人的智慧相辅，此亦可为一州之王，必要时可宣布独立，成为一国。但郡中长吏，无有胆识者，故召见先生以共谋大事。"

任嚣还当场立书据，提升赵佗为南海尉。

任嚣死后，赵佗移檄昭告横浦关、阳山关、湟谿关："乱兵即至，紧急断绝道路，结集兵力，谨守家乡安全。"并遵任嚣遗嘱，除掉那些忠于秦朝的官吏，命令部将严守各关隘。不久，秦朝灭亡，赵佗率军攻打桂林郡和象郡，独揽三郡大权，宣布脱离中央朝廷，自立为南越武王，以番禺为都，在岭南地区实行自治。

楚汉争战时期，赵佗采取隔岸观火的策略，注重改善与南越本土居

---

① 桂林郡：秦朝设置的郡级行政区，位置约在今广西一带，桂林郡之所以取名桂林，与境中多桂树有关。
② 南海郡：秦朝设置的郡级行政区。自古以来是汉地九州的一部分。因临近南海得名，初辖番禺、四会、博罗、龙川四县，治番禺县。
③ 象郡：秦朝设置的郡级行政区，辖今两广的西部、越南中北部。
④ 任嚣：秦朝将领，曾领兵攻打岭南，失利。后与赵佗再次进入岭南并统一该地区。——编者注

民之间的关系,任用当地越人吕嘉①为相,与其结为儿女亲家,并鼓励官兵与南越当地人通婚。这些政策的实施,使得整个南越地区蓬勃发展,逐渐强盛起来。赵佗也开始侵扰其北部中原地区。

刘邦定陶称帝后,一度想用武力解决南越这个麻烦不断的地方割据政权,最终因为时机不成熟而不得不放弃。刘邦被内部叛乱和北疆战争拖得疲惫不堪,又接二连三地接到南疆被扰的报告,不禁忧虑不已,可是南疆问题又无法以武力解决,他只得谋求政治解决,派陆贾出使南越国。

陆贾知识渊博,阅历丰富,能说会道,处变不惊。此次奉命出使南越国,赵佗穿戴异族服饰接见了他。陆贾见状,连礼也不行,大声说道:

"足下原是中原人,父母兄弟的坟墓仍在真定。今足下却弃绝中国礼俗,反依从落后的蛮邦习俗,欲以区区南越与天子相抗衡,我看祸将及自身了。秦国无道,诸侯、豪杰纷起争雄,唯有汉王率先攻入关中,据有咸阳。项羽背弃约定,自立为西楚霸王,诸侯皆向他屈服,不可谓不是至强的势力。

"然而,汉王由巴蜀起兵,争夺天下,诛灭项羽,5年内海内平定,此非人力,天意也。也就是说,当今陛下属天运之所属。今足下僭号称王南越,不助天下诛除暴逆,所以天朝将相都主张集结兵力南下问罪。唯独天子体察人民劳苦,希望不动兵戈,于是派臣到这里来册封足下,足下应该出郊相迎,北面称臣才是啊!"

陆贾停顿片刻,接着说道:"没想到足下自认为势力强大,居然妄想抗命,如果朝廷闻之,掘毁足下祖坟,夷灭宗族,派遣偏将率10万大军前来,南越国吏民可能会共怨足下,足下的性命就在旦夕之

---

① 吕嘉:南越国丞相,越族人首领,被称为越众酋师。赵佗建立南越国以后,他被任命为丞相。后来连续担任三代南越王的辅臣,权倾一时。他积极推广中原文化、先进的农耕技术,促进了岭南的越、汉民族融合,使南越国壮大起来,元鼎年间,因杀掉主张归汉的南越王赵兴,与中央朝廷抗衡,被汉军擒杀。

间了。"

赵佗听了陆贾这番滔滔宏论,蹶然而起,连忙道歉:"寡人久处蛮邦,有失礼仪,请勿怪罪!"

陆贾说:"足下知过能改,也算贤王!"

赵佗进而问道:"我和萧何、曹参、韩信等比较,谁较贤能?"

陆贾行走于诸侯之间多年,阅历丰富,此时观其行听其言,赵佗也是一个英雄豪杰,于是顺着他的心思答道:"足下似乎稍胜一筹!"

赵佗闻言心中欢喜,又问:"我和当今皇上相比,谁较贤能?"

陆贾见他愈说愈不像话,遂以训诫的口气说道:"皇帝继五帝、三皇之业,统理天下。大汉的人口以亿万计,地方万里,万物殷富,政由一家统理,这种事情即使在中国也是头一遭。今君王人数不过数万,又僻居蛮夷,崎岖山海间,不过汉王朝的一个郡罢了,怎么比得过当今皇上呢?"

赵佗出身中原地区,与传说中的夜郎国王不同,自然知道自己和刘邦之间的差距,对陆贾的训诫也不以为意,大笑说:"寡人不在中原起义,所以才会在这里当王,倘若让我居于中原,也未必不如当今皇上呢!"

双方交谈一番之后,赵佗对陆贾心生好感,执意挽留他多住一段时间,日日设宴款待。陆贾本是博学多才之人,加之经常出使诸侯,见多识广,令常年居于蛮夷之地的赵佗每每与之交谈听得欣然忘倦,感慨万分:"此地乏才,没有可与畅谈之人,自先生到来后,日日令寡人闻所未闻,真是痛快啊!"

关系融洽了,事情自然就好办了。在这期间,赵佗举行仪式,高兴地接受了刘邦的册封,为南越王,签订和约,向汉称臣,双方共同维护南方边疆的安全和发展。数月之后,陆贾辞别归汉,赵佗送给陆贾价值两千金的礼物,而对刘邦,赵佗没有进献任何礼物。

此次南越国接受册封,等同于"易帜",与其他诸侯国和中央朝廷的关系不同,南越国无须承担诸如朝见、纳贡、奉诏出兵之类的义务,只是做出"毋为南边患害"的承诺；而中央朝廷则解除了过去"不得向岭南输入铁器、牲畜等物"的禁令，并向南越国开放边境贸易。不管怎样，这次和谈行动还算比较成功，南疆从此无患了。

陆贾回到长安，向刘邦报告和谈成功之事，赵佗接受了册封。刘邦十分高兴，拜陆贾为太中大夫。

第九章 君臣猜忌叛乱起

一、计擒韩信

随着西汉王朝的统治逐渐步入正轨，当初所封的异姓诸侯王便成了刘邦的眼中钉、肉中刺。因此，他开始暗中实行削藩政策，剪除异姓诸侯王，第一个目标是燕王臧荼。

燕王臧荼本是项羽所封，楚汉战争期间，韩信大破赵军于井陉口，威震河北。之后，韩信采纳广武君李左车的建议，派使者前往燕国劝降。臧荼因畏惧而归附刘邦。刘邦即皇帝位后，封臧荼称王于燕地。

汉高祖五年（前202）十月，燕王臧荼就举起了反汉大旗。这让刘邦气愤至极，他亲率大军北上，太尉、长安侯卢绾随从击燕，臧荼兵败被俘，燕地被平定，刘邦封卢绾为燕王。

臧荼之乱刚刚平息，颍川侯利几又起兵叛乱了。利几过去是项羽的部将，项羽兵败时，他担任陈县县令，投降了刘邦，被封为颍川侯。后来，刘邦来到洛阳，召见在籍的全部彻侯，利几畏惧之下便举兵反叛。刘邦再次亲征，利几兵败逃走，叛乱被平定了。

平定北疆叛乱后，刘邦班师回到洛阳，还没来得及喘口气，就接到了韩信谋反的举报信。韩信自定陶被刘邦收回兵权、改封楚王后，便回到楚地就国。他先是带着全副武装的卫队巡抚诸县，算是衣锦还乡。然后，他令人把当年寄食的南昌亭长、河边赐食的漂母以及使他受胯下之辱的屠中少年——找来，分别给予不同的待遇：赐漂母千金，以报当年的一饭之恩；给南昌亭长百钱，以示羞辱；对屠中少年，授予中尉官职，留用军中。众人对韩信厚待屠中少年的举动颇为不解，他解释道："这位也算是一个壮士，他当年侮辱寡人，难道寡人就不能杀死他吗？由此来说，他挑衅寡人也是冒着生命危险的。寡人当时认为杀死他没有任何意义，小不忍则乱大谋，所以忍耐下来，才有了今天。"众人齐声表示敬佩。

正当韩信在家乡大肆显摆的时候，危险却向他一步步逼来。这还得从项羽的旧属钟离眜说起。

钟离眜素来与韩信交好。项羽死后，钟离眜逃到韩信处藏身。刘邦怨恨钟离眜，得知他在楚国，便诏令楚国逮捕钟离眜。韩信来到楚国就任楚王之初，巡行所属县邑，进出都派军队戒严，但对刘邦的命令却阳奉阴违。而刘邦也没有确凿的证据证明钟离眜在楚国藏匿，故而对韩信的行为无可奈何。当刘邦收到告发韩信谋反的奏折时，极为愤怒，想要发兵攻打楚国。但他也清楚，韩信善于用兵，绝非藏荼之辈，发兵攻打的风险实在太大。他一时犹豫不决，便询问各位将领，大家都说："急速发兵坑杀算了。"

刘邦闻言沉默不语，思索片刻又询问陈平。陈平推辞道："将领们都怎么说？"刘邦把将领们的话向陈平复述了一遍。

陈平又问："有人上书告发楚王谋反之事，还有别人知道吗？"

"没有！"刘邦回答。

"韩信本人知道吗？"

"不知道！"

陈平心中有了主意，又问："陛下自忖，您的军队能与楚王的军队相比吗？陛下的将领中，有谁用兵能超过韩信的？"

刘邦诚实地回答说："这两方面都不如韩信。"

陈平说："既然陛下的兵不如楚国精良，将领的才能又赶不上韩信，如果发兵攻打他，就等于促使他起兵反抗，我私下认为陛下这样做十分危险啊！"

"那该如何是好？"刘邦急切地问道。

"陛下可以效法古代天子巡狩召会诸侯的传统做法，以巡狩为名出游云梦，遍召诸侯会于陈地。陈地在楚国西界，韩信见陛下无事之际巡游打猎，肯定不会过于戒备。如此，待他前来拜谒时，陛下只需一位力士便可将其擒拿，何必大动干戈呢？"刘邦听了点头赞同，于是着手实施。

当刘邦即将到达楚国时，韩信感到事有蹊跷，本想起兵反叛，但又觉得自己并没有什么罪过；然而去拜见刘邦，又担心自己会被擒拿，一时拿不定主意。就在他犹豫不决之际，一个属下给他出了一个主意："大王您本无过失，大概是收留钟离眛之事已被皇帝知晓，依属下看，不如杀了钟离眛，然后持其首级去见皇帝，皇帝见到钟离眛的首级，必然高兴，如此大王也就不会有什么祸患了。"

韩信去见钟离眛，与他商议此事。钟离眛从韩信的言辞中猜到了他的来意，知道他是想借自己的人头去作为拜见皇帝的见面礼，只是不好意思明说而已。这让钟离眛既意外又气愤，当即指出韩信的幼稚："皇上忌惮你已经很久了，之所以没有发兵攻楚，是因为我在这里的缘故；你若擒我去讨好刘邦，今日我死，明日你也将随我灭亡。"

钟离眛原本想把韩信骂醒，共同反汉，可他等了半晌，韩信只是沉默不语，可见铁了心不想叛汉。于是，他长叹一声："足下不是一个值得敬重的人！"说罢拔剑自刎。

随后，韩信提着钟离眛的人头到陈县拜见刘邦。刘邦笑纳了钟离眛的人头，然后当场喝令武士将韩信捆绑起来，装在后面的副车上，押往洛阳。

韩信大叫："韩信无罪！"刘邦坐在御车里，回过头来淡淡地说："有人告发你谋反！"

直到这时，韩信才知晓自己落入了刘邦的圈套。想当初蒯通劝他自立，说他"戴镇主之威，挟不赏之功"是极其危险的，还用功成业就后文种身死、范蠡逃亡的先例警示他，但他始终不信。想到这里，韩信喟然长叹道:"果真如人们所预料的,'狡兔死,走狗烹;飞鸟尽,良弓藏;敌国破,谋臣亡'。今天下已定,我固当烹。"然而,此时醒悟已经晚了。

刘邦带着韩信回到洛阳,由于没有查出韩信谋反的有力证据,便赦免了他,封他为淮阴侯。韩信知道刘邦畏惧和厌恶自己的才能,从此常常借口身体有病而不肯参加朝见和侍从。他日夜怨恨,平时总是居于家中,闷闷不乐,为自己与周勃、灌婴等人并列于侯而感到羞耻。一天,他去拜访樊哙,樊哙受宠若惊,跪拜相迎送,口中称臣,说:"大王竟肯光临小臣家门!"韩信出门后仰天长叹:"我这一生,竟然与樊哙之流为伍了。"

有一次,刘邦和韩信聊天,谈及将领们的才能高下,韩信认为他们各有高下。刘邦忍不住问道:"依你看,我能带多少兵?"

韩信诚实地回答:"陛下不过能带10万。"

刘邦闻言心中不悦,反问韩信:"那你呢?"

韩信说:"臣带兵当然多多益善、越多越好呀。"

刘邦一听笑了,说:"多多益善?那你为什么反被我所擒?"

韩信心中长叹,说:"陛下虽不善于统驭士兵,却善于统驭将领,这是我之所以被你俘虏的原因。况且您的才能乃上天授予,不是人力所能及的,我无法与您相比。"

韩信在京城居住期间,曾受命与张良一起序次各家兵书。

刘邦制服韩信后,虽然不能高枕无忧,但总算可以放下心中那块最为沉重的石头了。所以在韩信被押解到洛阳当天,他便宣布大赦天下。这时,有个叫田肯的人上章祝贺,提出了一个重要建议:齐地,东面有琅琊、即墨之饶,南面有泰山作屏障,西面有浊河天堑,北面有渤海的渔盐之利。方圆两千里,执戟之士动辄可以征集百万。齐地与诸侯国也是相隔千里。如果诸侯动兵百万,那么齐国只要20万人马就可以制服诸侯之兵。所以,田肯提议:"齐国实是东方的秦国,所以除非陛下的宗亲子弟,千万不可封地齐王!"

这番话正说到了刘邦的心坎上,他当即拍案而起,大叫道:"好极了。"马上吩咐赐给田肯黄金500斤。不久,他封刘肥为齐王。再后来,刘邦将原韩信的封国楚国一分为二,分别封给自己的两个兄弟:淮河东南53县称荆国,封给堂兄刘贾;淮河西北部,薛郡、东海、彭城为楚国,封给幼弟文信君刘交。

二、北伐陈豨

汉高祖十一年(前196)秋,正当刘邦暂时放下削藩计划,与诸侯王们的关系有所缓和时,一场出乎他意料的危机出现了。他曾经非常倚重的大臣陈豨自立为代王,发动叛乱。

陈豨是宛朐人,最初带500人马随刘邦入关,又以游击将军参加攻打臧荼之战,平定代地,后被封为阳夏侯。汉高祖七年(前200),韩王信叛乱,刘仲奔逃,代地落入匈奴之手,刘邦任命陈豨为代相,指挥赵代两国的军队,既是统帅又是监军。北部的边防部队都归他统辖。

陈豨的家乡宛朐在战国时代属于魏、梁。陈豨少年时非常敬慕信陵君,钦慕信陵君结交天下英雄豪杰、门下食客数千,于是极力仿效,广招门客,态度恭谨,所以四方士人多来相投。陈豨担任代相后,曾休假回乡,归途中路过赵国,其随行门客乘坐的车辆竟达1000多辆,浩浩荡荡,好不威风,邯郸的官府馆舍也被他的人住得满满的。

此时,赵相是原御史大夫周昌。由于赵王刘如意年幼,刘邦调迁周昌为赵国相国。周昌对刘邦极为忠诚,他看见跟随陈豨的宾客阵势后,进京向刘邦详细述说了陈豨宾客盈塞道路的情况,提醒道:"陈豨手握重兵,在外几年,恐怕会发生变故,请皇上明察!"

刘邦闻言,立刻派人到代国暗察陈豨的宾客们在财务方面的各种违法行为。特使们查访到的事实中,几乎每一件都与陈豨有关,陈豨闻报恐慌无比。就在这时,逃亡到匈奴的韩王信派其心腹部将王黄、曼丘臣等来游说引诱,陈豨便让自己的宾客暗中与他们接触来往。这事很快传到了刘邦耳中。太上皇病逝,葬于万年,刘邦派人召唤陈豨赴栎阳参加葬礼,还特意告知楚王刘交、梁王彭越都会来送葬。陈豨害怕刘邦借机对自己下手,便推脱病重,拒不奉诏。

陈豨随后公开反叛,自称代王,勾结王黄等人,发兵攻打赵国、代国,劫掠土地。

刘邦闻讯,亲自率领大军北征陈豨。此次出征,刘邦采取了打击少数首要、争取多数的策略,诏令:"陈豨曾是朕的部下,本来很讲信用。当初因代郡是紧要之地,故封陈豨为彻侯,以相国的身份镇守代地。朕实在没想到他竟然会跟王黄等人劫掠国土,只能亲自前去征讨。但是代地的官吏百姓是无罪的,应该赦免他们。"

刘邦到达邯郸后,见邯郸平静无事,顿时高兴异常,说:"朕就知道陈豨是个无能之辈,邯郸是多么重要的地方啊!不占领邯郸,只顾在南面的漳水上设防,有什么用呢?实在愚蠢!"

这时,周昌上前报告:"常山郡25城,竟然丢了20座,应该将郡守、郡尉斩首。"

刘邦问:"他们谋反了?"

周昌回答:"没有。"

刘邦说:"城池丢了是因为他们兵力不够,有什么罪?"遂宣布赦免并复任常山郡郡守、郡尉。二人本以为小命不保,没想到竟然被皇帝赦免,顿时感动不已,表示誓与城池共存亡。

刘邦又问周昌:"赵国有没有可以领兵打仗的壮士?朕要重用他们。"周昌引来4个人来谒见。

刘邦见这四个人毕恭毕敬地跪在面前,突然大骂起来:"你们这种人怎能当将军?"这4人既怕又愧,跪伏在地上不敢抬头。谁知刘邦突然又大笑起来,说:"好,朕封你们为将军,每人再封一千户。"他们刚被惊出的冷汗还没下去,这又接到封赏,一时悲喜交加,千恩万谢,誓为皇上效忠。

刘邦身边的大臣也被这种不同寻常的封赏惊呆了,等这些人一离开,他们便进言道:"陛下,跟随您征伐楚王项羽的,到现在还没有普遍得到封赏,这几个人凭什么呢?"

刘邦长叹一声道:"你们懂什么呀,陈豨反叛,邯郸以北都被他占领了。我用紧急文告征召天下各封国的军队,可是没有征召来一兵一卒,眼下就只有邯郸城中的赵国军队。你们说,朕不依靠他们依靠谁呢?朕能吝啬这四千户封赏,不去抚慰赵国子弟吗?"左右臣子听了都十分钦佩,赞叹不已。

之后又有人向刘邦举荐了一个人,即燕国名将乐毅的后代,名叫乐叔,居于赵地。刘邦命人将他找来,封在乐乡,号华成君。这种争取多数、打击首恶、收拢民心的策略,是在局势不利时的灵活选择,也是刘邦最后得以顺利平定陈豨之乱的保证。

除了实施争取多数的策略外,刘邦还对陈豨部队采取了分化瓦解的策略。他问对赵国情况比较熟悉的人:"陈豨所用的将领都是什么人?"

"是王黄、曼丘臣,他们都是商人出身。"

刘邦闻言,笑着说:"朕知道该怎么办了。"于是他下令悬赏千金,购求王黄、曼丘臣等人的人头。果然,陈豨的部将有不少人投降了。后来王黄、曼丘臣二人被部将杀死,首级也被献给了刘邦。

汉高祖十一年(前196)冬,汉军在曲逆击败并斩杀了陈豨的部将侯敞、王黄,在聊城(今山东聊城西北)击败陈豨部将张春所率领的部队,斩首10000多人。太尉周勃率军平定了太原、代地。

同年十二月,刘邦亲率大军攻打叛军所占据的东垣城(今河北石家庄境内),一时未能攻下。有的守城士卒在城楼上辱骂刘邦。刘邦极其愤怒。不久东垣守将开门投降。刘邦入城后,将那些辱骂过他的士卒统统斩首;未曾辱骂的士卒一律黥面,以示惩罚,并下令将东垣城改名为"真定"。

陈豨的叛乱终于基本平定。刘邦从河北返回洛阳,说:"代地处在常山郡北,赵国却从山南去统治它,太远了。"他下令将赵国一分为二,划常山以北地区为代国,封四子刘恒为代王,都于中都(今山西平遥西南），代郡、雁门郡都隶属于代王。

汉高祖十二年（前195）冬，樊哙军斩杀陈豨于灵丘，至此，陈豨叛乱彻底平定。

三、剿灭彭越

刘邦这次亲率部队征伐陈豨，行至邯郸时，曾派人征召诸侯军队。梁王彭越声称自己患病，仅派部将率领一支队伍到达邯郸。刘邦勃然大怒，把那个部将一脚踹倒在地，并派人到梁国责问彭越。

使者到达梁国，按照皇帝的意思严厉地斥责彭越。彭越惊恐万状，想亲自到邯郸向皇帝请罪。这时，他的部将扈辄劝阻道："大王，您一开始不去，现在皇上发火了，您挨了骂才去，难道不怕像淮阴侯那样被抓起来吗？"彭越一听顿时没了主意，问道："依你看，寡人该怎么办？"扈辄说："依小臣之见，不如就此也反了吧，也好彼此有个呼应。"彭越听了并没有表态，继续装病，此事不了了之。

没想到二人所议之事传到了梁国太仆的耳中，太仆自以为掌握了梁王的隐私，行事日渐骄横，以致激怒彭越。彭越扬言要治其死罪，太仆非常害怕，便设法逃出梁地，跑到刘邦那里，告发彭越和其部下扈辄谋反。

刘邦接报，紧急部署，派使者连夜出发，赶到定陶，在出迎的仪式上逮捕了彭越，然后宣布："梁王彭越和部将扈辄谋反，与其余众等无关！"然后让人将彭越带到洛阳囚禁起来。有司经审讯，判定彭越谋反罪状，请仿照律法屠灭三族。刘邦接到呈报，特别开恩赦免，只削去彭越的王爵，降为平民，流放到蜀郡青衣县（今四川芦山）。整件事就如同戏台上的过场，快得让人还没反应过来就结束了，彭越就这样稀里糊涂地被流放了。

彭越西去途中，经过郑县（今陕西渭南境内），正好遇到皇后吕雉从长安东回洛阳。彭越自认为与吕后相熟，并且自己确实冤枉，所以见到皇后如同见到救星，痛哭着申辩自己实在冤枉，他不敢企望恢复王位，只求皇恩浩荡，将自己改判流放回故乡昌邑。彭越跪倒在地，一把鼻涕一把眼泪地哭着，哭得吕后心软了，她下车亲手扶起彭越，说："梁王，这其中肯定有什么误会！我一定好好向陛下陈述，为梁王洗清冤情。"

吕后让彭越随她一起折回洛阳，晋见皇帝请求赦免，彭越欣然随行。

正当彭越庆幸自己遇到大救星吕后重获生机时，吕后一回到洛阳就对刘邦说："彭越可不是一个甘于平庸之人，如今陛下将他流放到蜀地去，天高皇帝远，岂不是放虎归山，给了他一个为所欲为的机会？不如干脆杀了他，所以妾才冒着风险，一路小心地把他带了回来。"

其实，刘邦也早有杀彭越之心，只是碍于理由不够充分，才将彭越流放到蜀郡。如今听了吕后的话，他虽然认同，却有些犯愁："朕已经赦免了他的死罪，怎能反悔呢？"

吕后说："只要陛下同意诛杀彭越，剩下的事情就交给妾来操办，不劳陛下费心。"于是，吕后将彭越交给廷尉王恬开，又让人召来彭越的一个舍人，指使他告发彭越又欲谋反。在这种时候，为了活命而出卖主人的人大有人在，这位舍人就是其中之一。他按照吕后的意思检举了彭越。廷尉据告呈报，奏请依谋反罪论处，诛灭彭越三族。刘邦允准。

于是，彭越及其三族在洛阳城外被集中处决，封国被削除。彭越的首级被高悬于洛阳城头示众。有司下令："有胆敢收敛彭越及其族人尸首的，一律斩首。"

梁国大夫栾布是彭越少年时期的好朋友，他出使齐国归来，见到彭越惨死，悲愤至极，就在彭越的人头之下跪拜行礼，汇报自己出使齐国的经过，然后焚香祭拜，放声大哭。

栾布早年曾在齐国的酒馆做伙计，后被贩卖到燕国为奴。陈胜起义，韩广自立为燕王时，栾布在韩广的部将臧荼手下任都尉。后来臧荼当上了燕王,又因叛汉被杀,栾布则被朝廷下狱,准备连坐处死。彭越听说后就向刘邦求情,将栾布保释出狱,并委任他为梁国大夫。

彭越被诛时,栾布正奉命出使齐国,等他赶到洛阳,彭越的首级已经被悬市示众。他不顾朝廷"不准收视"的禁令,对着彭越的首级设祭哭拜,被守吏当场擒获。

刘邦听说有人胆敢公然违抗禁令,祭拜彭越的首级,便亲自审问。他问清栾布的情况后,下令烹杀栾布。栾布面无惧色地说:"请容我讲一句话,再烹不迟!"刘邦允准。

栾布大声说道:"想当年陛下走彭城,困于荥阳、成皋之间,项王之所以不能西进,全靠彭越在梁地联汉抗楚。当是时,彭越向楚则汉破,从汉则楚破,特别是垓下之战,如果没有彭越参与,项王未必会败。后来天下大定,梁王剖符受封,欲传之万世。可陈豨叛汉,正值彭越有病不能前往,陛下便因此而怀疑彭越谋反,将其诛身灭族,悬首醢①肉!臣担心自此以后,功臣将人人自危,被逼而反。如今彭越已死,臣亦生不如死,请烹杀吧。"

刘邦明知彭越的谋反之罪是莫须有的,现在被栾布如此直说,内心既虚又愧,竟无言以对,于是就赦免了栾布,并封他为都尉。

事实正如栾布所说,彭越并没有谋反,他所遭遇的是比韩信更为明显的"诬以谋反"的陷阱。对此,刘邦内心深处并不那么坦然,他也担心寒了功臣们的心,与自己产生矛盾,因此他在可能的范围内尽力做些补偿,尽可能地笼络广大文臣武将,他赦免栾布或许正是出于此意。

诛杀彭越之后,刘邦将梁地一分为二,东北之地仍为梁国,西南之地取名淮阳,然后搞了个"举贤"大会,下诏"王侯将相,可举能为梁王、淮阳王者"。各位诸侯王早就学聪明了,此诏一出,纷纷推举皇室宗亲为王。刘邦也就来了个顺水推舟,册封皇子刘恢为梁王,皇子刘友为淮阳王。至此,刘氏宗亲已占诸侯王的半数以上。

---

① 醢:本意是指肉酱,这里指古代的一种酷刑,将人剁成肉酱。——编者注

四、捕杀韩信

刘邦正在北方征伐陈豨期间,又有人告发韩信谋反。

原来,韩信由楚王降为淮阴侯,被留在京城中,整天闷闷不乐,逐渐生出谋反之心。恰在这时,陈豨被任命为代相,镇守赵、代边防重镇。出发前,陈豨来到韩信府邸辞行。韩信屏退左右,拉着陈豨的手,在庭院中散步,忍不住长叹一声,对陈豨说:"可不可以与君说几句心里话?"

陈豨顿住,向韩信深深一揖,说:"一切听从将军吩咐!"

韩信说:"君所管辖的地区,是天下精兵聚集之地,而您又是陛下亲信的大臣。如果有人报告说您谋反,陛下一定不会相信;但是消息再次传来,陛下就会产生怀疑了;第三次消息传来,陛下必定会勃然大怒,亲自带兵讨伐。"

陈豨听了深以为然,又感觉这种话只有信得过的人才会说,看来韩信是把他看成自己人了。韩信见陈豨点头,又接着说:"等陛下讨伐您时,我就从京城起兵,做您的内应,那时天下就可以在掌握之中了。"

陈豨早有此心,加之素来敬佩韩信,于是爽快地回道:"谨遵将军指教!"

陈豨果然发动了叛乱,刘邦亲率大军征讨,韩信推托有病没有随同前去。此时韩信已经没有直接统率的部队,刘邦知道他待在京城闷闷不乐,因此也没有在意。等刘邦一离开京城,韩信便暗中派人前往陈豨处,对他说:"您只管起兵,我在京城协助您。"

韩信与家臣谋划,准备趁黑夜假传诏书,大赦各官府中做苦工的罪犯和奴隶,然后征调他们去进攻皇宫,袭击吕后和太子刘盈。他们部署停当,开始等陈豨方面的消息。

恰在此时,韩信的一个家臣得罪了韩信,韩信便将他囚禁起来,准备杀掉。这个家臣的弟弟情急之下,上书告发韩信谋反。

刘邦出征在外，朝中有吕后坐镇，吕后想把韩信召到宫中，趁机将他逮捕，但又想到万一韩信不肯就范，就会打草惊蛇。于是，吕后把相国萧何招来商量对策。萧何给吕后出了一个计策：派人假装从前线归来报捷，说陈豨已经被捉拿处死，皇后准备在长乐宫举行盛大的庆功会，让韩信参加。

为了不使韩信产生怀疑，吕后又派萧何去韩信府邸传信。萧何对韩信说："您虽然有病，但是这是朝廷大庆，诸王、彻侯都要从封国专门进京，作为臣下当然不能不去朝贺。您不去会引起朝廷上下猜忌，所以无论如何也要挣扎着进宫一趟。"

韩信是萧何举荐给刘邦的，他逃走后又是萧何连夜把他追了回来，拜为统兵大将军，所以，萧何对他有大恩。这一次，他当然不好驳了萧何的面子，于是答应去长乐宫朝贺。

这边吕后也做好了一切准备，等韩信一进长乐宫，一群武士便蜂拥而上，七手八脚，将他捆得结结实实。可怜韩信这位军事天才，直到此时才幡然醒悟，知道自己的末日到来了。他也不再挣扎、喊叫，只是长长地叹了一口气，说："悔不当初没有听蒯通的话，今天竟落到这样的下场，岂不是天意？"话还没说完，武士们一拥而上，将他处决了。为了永绝后患，吕后下令迅速擒拿韩信族人，全部杀光。

韩信发迹于萧何的举荐，最后又死于萧何的圈套，这就是成语"成也萧何，败也萧何"之典故的由来。

刘邦从征讨陈豨的前线回到京城，听说韩信已死，不禁又喜又怜，喜的是，韩信果然有谋反之心，吕雉等人为他除去祸患，今后便可无忧了；怜的是，韩信一代军事天才，死了实在可惜。

刘邦问吕后："韩信临死时说了什么吗？"

吕后说："韩信只说他后悔没有采纳蒯通的计策。"

"蒯通？就是那个齐国能言善辩的说客？"刘邦说罢，下令缉拿齐国蒯通，蒯通很快被捉拿归案，迅速解押到京城。

刘邦亲自审问："是你教唆淮阴侯谋反吗？"

蒯通坦然回答说："是的，当初我是这样劝说过他，可是他不听我的谋划，结果自寻死路，落得如此下场。倘若他采纳了我的意见，恐怕今天就不是陛下您杀他了。"

刘邦听了勃然大怒，拍案而起，几乎把案子拍碎，大声呵斥道："烹杀他！"左右武士一拥而上，拖起蒯通就走。

蒯通大声疾呼："冤枉，烹杀我冤枉！"

刘邦骂道："你唆使韩信谋反，有什么冤枉的？"

蒯通说："秦朝纲纪败坏，政权解体，山东英雄群起，中原逐鹿，风卷云涌。当是时也，谁力疾足快，谁就能得到它。跖犬吠尧，不是唐尧不仁，是因为盗跖的狗忠于自己的主人。那个时候，我只知有韩信，不知有陛下。况且，天下磨快武器、手握利刃的人多的是，大家都想做陛下您所完成的大事业，不过是力量不够，或者是能力不足罢了，陛下您能把他们都杀光吗？"

刘邦听了，被蒯通的刚正不阿感动，于是哈哈一笑，说："算了，饶了他吧！"于是赦免了蒯通。蒯通就这样凭借急智与辩才为自己争取了一条活路。

之后，刘邦又封举报韩信者为慎阳侯，食邑两千户；加封萧何五千户，并为他配备一支500人的私人卫队，由一位都尉统领。不过，萧何因为听了广陵人召平的提醒，辞谢了这次封赏。

五、东征黥布

刑徒出身的黥布与韩信、彭越一样，本想在称王之后终身安享太平，并传位于子孙后代。然而，刘邦接连以"谋反"之名诛杀韩信、彭越两位异姓诸侯王，着实让他又惊又寒心。

尤其是刘邦诛杀梁王彭越后，还将其尸体剁成肉酱分赐给诸侯。当彭越的肉酱被送到淮南国时，黥布正在郊外打猎，看到罐子里的肉酱后大为震惊，更生伤感。

黥布、韩信、彭越三人都参加了秦末农民大起义，在楚汉战争中都是独当一面的统兵将领，实力很强，也是刘邦击败项羽所依靠的主要力量。没有他们，刘邦是不可能打败项羽的。他们三人有着类似的经历，在楚汉战争中都发挥过重要作用，但又都不是刘邦的嫡系将领。因此，韩信、彭越的死令黥布恐惧万分，如今见到彭越的肉酱便知自己也将大祸临头，于是开始暗中调兵遣将，加强边境守备。

这时发生了一件意外之事，导致了黥布起兵反叛。

黥布有一个爱姬，因患病常去一位医师家就诊。医师的家和侍中大夫贲赫的家门相对。贲赫认识黥布的这位爱姬，出于讨好的心理，美姬每次路过他家，贲赫都会送上珍贵的礼品，还曾随爱姬到医师家饮酒。爱姬感念贲赫的美意，日日思报。一次，爱姬在侍奉黥布时，闲谈间谈到贲赫，称他是个忠厚老实之人。黥布听爱姬称赞贲赫，又见她脸上神采飞扬，便很不高兴地问道："你怎么知道他是个忠厚老实之人？"爱姬便把贲赫向医师送礼以及同在医师家饮酒的事情，一五一十地告诉了黥布，没想到黥布听后醋意大发，怀疑爱姬与贲赫关系暧昧。

贲赫是黥布身边的近臣，很快便得知淮南王为饮酒一事发怒，十分恐惧，于是推托有病，不再到王府履行公务。这让黥布更加恼火，想要逮捕贲赫。贲赫感到大难即将临头，为免遭一死，决定上告黥布谋反，并连夜逃出城去，乘坐驿车直奔长安。

当时刘邦正染病在身，便让相国萧何处理此事。由于当时部属因报私仇或贪图功利而举报诸侯王谋反已成常态，萧何对贲赫的举报心存疑。此外，由于朝廷连年用兵，民众多有怨言，萧何身为相国，不愿意国家再次陷入战争之中，于是请奏皇帝："贲赫有诬告之嫌，可暂且将其下狱，由朝廷派遣使者去淮南国调查，待查证之后再做定夺。"处于病中的刘邦对此类捕风捉影之事也不大感兴趣，便任由萧何处置。

贲赫逃亡长安后，黥布料定他肯定会向朝廷告密，所以一直密切关注朝廷的动静。果然不出他所料，没过多久，朝廷使者便来到了淮南国，声称奉诏巡视各诸侯国。黥布知其来意，密令亲信严密监视这些使者的举动。几天后，亲信来报，朝廷使者所住的馆舍门前，每天都人来人往，主要是调查淮南国的兵马部署及收集淮南王图谋不轨的言行举止等罪证。

了解到朝廷使者的真实来意后，黥布意识到与皇帝摊牌的时候到了，他不愿坐等朝廷兴师问罪，便对部将训话："我等助皇上成就大功，今天下方定，皇上便不念旧情，疑诸王，诛功臣。楚王韩信、梁王彭越先后被诛。今皇上有病，厌倦战争，定不会亲自出征，我等干脆先起兵反汉，汉廷诸将领中，只有韩信、彭越能战，如今他们都死了，余者不足为虑，愿诸君奋勇向前，必能夺取天下。"

这些将领多是追随黥布多年的部下，纷纷发誓效命。于是，黥布将贲赫全家人杀死，灭其三族，正式起兵反叛。

黥布反叛的消息传到长安，举朝恐慌，不巧的是，刘邦因病一直不愿见人，一连十几天不理朝政。萧何、周勃等人多次求见，都被皇宫卫士阻挡于宫门之外。正当群臣无计可施之际，适逢樊哙从北疆回京述职，樊哙见大敌当前，皇帝却拒不临朝，再次拿出当年鸿门宴闯帐的劲头，冲撞卫兵，直入皇帝寝宫。群臣随后跟入。

进入皇帝寝宫后，群臣都大吃一惊，只见刘邦瘫软在地上，头枕在一名宦官身上，一副病恹恹的样子。群臣见状，面面相觑。樊哙是刘邦的连襟，哭道："想当年陛下与臣等起于沛丰，克定天下，何其壮也！如今天下已定，却又何其惫也！陛下染病，群臣震恐，但总不能永远和宦者相守于此而不与臣等议事吧？陛下难道忘了赵高亡秦之事？"萧何、周勃等人也纷纷含泪劝说，并将黥布叛乱之事进行了汇报。刘邦受众老臣的感染，强打起精神，宣布临朝议事。

黥布原是项羽手下勇冠全军的猛将，封地又大，而且已经经营多年，如今举兵反叛，刘邦不能不分外重视。他问群臣："黥布已经举兵反叛，应该拿他怎么办？"

"发兵出击，坑杀算了，他能成什么气候？"那些迷信武力的将领纷纷出言。但刘邦深知黥布骁勇，以武力擒杀实在没有必胜的把握，他正在犹豫之时，夏侯婴推荐了自己的门客薛公。

薛公曾与黥布共同侍奉过项羽，还曾做过西楚国的令尹。项羽覆灭之后，他寄食于夏侯婴家，为人颇有见识。几天前，黥布叛乱的消息传到长安，夏侯婴曾征询过薛公的看法。薛公认为，黥布与韩信、彭越同功一体，而皇帝前年杀韩信、去年杀彭越，黥布因此震恐，担心祸及自身，反叛不足为怪！

夏侯婴又问："黥布起兵，结果会如何？"

薛公说："不好预料，关键看皇帝如何用兵。"夏侯婴闻言便知道薛公心中已有对策，便找机会向刘邦举荐了他。

刘邦马上召见薛公，询问讨伐黥布的对策。薛公回答说："眼下黥布有上、中、下三策可用，如果黥布用上策，整个关东地区将非汉所有；如果他用中策，双方胜负难以预料；如果他用下策，陛下则可高枕无忧。"

刘邦闻言，急切地问道："上策怎么讲？"

"向东攻取吴国，向西攻取楚国，同时兼并齐国，夺取鲁地，再乘胜向燕国和赵国下一道文书，牢牢守住这些地方，山东六国的故地就不是汉朝的了。"

"中策怎么讲？"刘邦又问。

"向东攻取吴国，向西攻取楚国，兼并韩国，夺取魏地，据有敖仓的粮食，封锁成皋的要道，谁胜谁负的命运就不好说了。"

"那么下策呢？"刘邦再问。

"向东攻取吴国，向西攻取下蔡（今安徽淮南境内），把贵重的东西放到南越，自己在不利时投奔长沙王，如此陛下就无忧了。"

刘邦认为薛公的分析颇有道理，再次追问道："黥布会采用什么计策？"

"他会采用下策。"薛公回答。

"这是为什么？他为什么不用上策呢？"刘邦疑惑地追问道。

"黥布过去只是修建骊山陵墓的一名刑徒，虽然自己做了大国的国王，但是他眼光短浅、见识极差，从他以前的行为来看，明显是一个只顾眼前、不顾身后的人。他只会自保，不可能为百姓和子孙后代着想，所以他必然会采取下策。"薛公说。

刘邦听了，连连称赞，马上封薛公食邑一千户。

黥布的反叛，是对汉王朝政权的一次严重挑战，刘邦在反击之前不得不在战略上做出充分的筹划。若在以前，他一定会亲征，但现在他的病情一直没有好转，有些力不从心。他思来想去，决定派太子刘盈代表他担任讨伐叛军的主帅。

太子门下"商山四皓①"听说这个消息后，心急如焚，聚在一起商议道："我们投到太子门下，是想保全太子；如果太子奉命担任讨伐叛军的主将，那可就危险了。"

他们找到太子的舅父吕释之，对他说："太子领兵与叛军作战，若立下战功，权位也不能再高到哪儿去；若无功而返，从此就要遭殃了。再说与太子一起出征的将领们过去曾经是和皇上一起平定天下的猛将，如今让太子去统领他们，等于让羊去领导狼，这些人是不会听从太子调遣的。这样一来，太子哪能立下战功呢？有人说'爱其母必抱其子'，如今戚夫人日夜侍奉皇上，赵王如意经常跟随戚夫人侍奉在皇上面前，皇上也说'终究不能让我那个不才的儿子位居于我所喜爱的儿子之上'，显然这是要以赵王来替代太子了。您为什么不尽快请吕后在皇上面前说说好话呢！"

吕释之闻言深以为然，连夜去见吕后，把四位门客的意思告诉给吕后。吕后赶紧找机会在刘邦面前一把鼻涕一把泪地哭诉一番，她说："黥布是天下猛将，善于用兵作战。诸将都是陛下过去的同辈，

---

① 商山四皓：秦末汉初四位隐居于陕西商山深处的隐士，分别是苏州太湖甪里先生周术、河南商丘东园公唐秉、湖北通城绮里季吴实和浙江宁波夏黄公崔广。

您让太子统领这些人，等于让羊去统领狼，不会有人甘心为太子卖命的。再说，如果让黥布知道了这一情况，他必定会大张旗鼓地向西进犯，威逼京师。所以，陛下就算有病，但为了刘氏江山，也应该勉力为之啊！"

刘邦也觉得吕后言之有理，又犹豫起来。这时，前线接连传来坏消息：黥布叛汉没有多久，荆王刘贾首先战败，荆国50余城很快被黥布夺去，刘贾败退到富陵（今江苏盱眙），又被赶到的叛军杀死。接着，黥布乘胜渡过淮河，西攻楚国，楚王刘交派军迎战，但所派将领极为无能，将楚军兵分三路，意在互为犄角。不料黥布骁勇善战，在徐县（今江苏泗洪南）与潼县（今江苏沭阳南）之间大破楚军中军，楚左、右二军不战自溃，楚将逃跑了，楚王刘交也慌忙逃到薛郡。

前线的局势让刘邦意识到派羸弱的太子去迎战枭雄黥布，一旦有所闪失，让黥布得逞，刘汉江山就危险了。他不得不再次决定亲征平叛。

由于连年内战，国家军力消耗严重，刘邦下令特赦全国所有死罪以下的囚犯入伍从军。军队整编完毕，他在灞上举行誓师仪式，太子率满朝文武官员为刘邦送行，就连一向称病在家的张良也到场了。张良对刘邦说："臣本应随从，无奈病得过重；楚人勇猛凶悍，希望皇上不要与楚人争锋。"之后，张良又趁机进言："应任命太子为将军，监领关中的部队。"刘邦应允。

在誓师仪式上，刘邦授予张良太子少傅之职，让他与太子太傅叔孙通一起辅佐太子。

刘邦亲率大军在蕲县（今安徽宿州）与齐相曹参率领的大军会师，而后与黥布决战于蕲县西郊的庸城。

黥布在谋反之初曾对自己的部下说皇上年迈，此次必定不会亲征，所以，当他在战场上看到刘邦时，心中暗自吃惊，或许是习惯使然，他竟然还向刘邦欠身施了个礼。

两军对垒，刘邦登高远眺黥布的营帐，心潮起伏，想起了十多年前与项羽争战的往事，心里很是厌恶。汉军壁垒与黥布的军阵相距很近，刘邦喝问黥布为何造反，黥布竟然呵呵一笑，答道："想做皇帝罢了。"

刘邦闻言大怒，一声令下，诸将一齐杀出。黥布立即转回阵中，令军士放箭，顿时箭如飞蝗。刘邦冒箭矢督战，不料被一箭射中前胸。为了稳定军心，他再次像当年在广武战场中箭那样，强忍疼痛，镇定自若地指挥军队进攻。

汉军将士见皇帝舍身督战，备受鼓舞，人人奋勇向前，前赴后继地冲击黥布的阵营。叛军固然善战，但看到汉军的攻势，也不禁胆寒，阵脚渐渐混乱，开始后退。汉军越战越勇，叛军终于不支，一败千里。

黥布在举兵反叛后，本已占有荆国、楚国，形势对他极其有利，但是随着战事发展，他完全没料到与刘邦所统领的大军一交锋就遭到如此惨重的失败。在这种情况下，黥布没有向荆国、楚国撤退，而是像薛公分析的那样，选择了向南退走的下策。他渡过淮河向南撤退，撤退中曾多次停下来仓促地与汉军交战，但一直无法取胜，而且他部下的将士也已损失殆尽，最后只带领百余人逃到长江以南。

长江毕竟是一道天堑，汉军追击到长江北岸，一时无法渡江继续追击。

黥布走投无路之际，果然去投奔长沙王，以为这是自己唯一的生路。黥布之所以做出这样的选择，是因为当年陈胜、吴广首倡反秦时，他曾投奔番君吴芮，两人共同起兵反秦。当时吴芮还将女儿嫁给他为妻。秦朝灭亡后，项羽封吴芮为衡山王，封黥布为九江王。楚汉战争爆发后，黥布叛楚归汉，项羽把黥布的妻子杀了。现在吴芮已经去世，嗣立的是长沙哀王吴回（长沙国第三代王）。

吴回对黥布并没有什么好感，双方关系也不密切。他见黥布带领百余人亡命而来，根本不愿为收留他而惹怒大汉皇帝，危害自身。因此，吴回让人欺骗黥布，假装和他一道逃跑，引诱他逃往南越。黥布不疑有他，跟随着这个人逃，被人在兹乡（今江西鄱阳境内）的一个农家田舍中杀死。这位在秦汉之际勇冠三军、立下不朽战功的一代枭将，就这样结束了自己的一生。

黥布死后，刘邦封皇子刘长为淮南王，封贲赫为期思侯，随同刘邦东征的将领们也都凭借战功获得了不同的封赏。

淮南王黥布身死国除，刘邦所分封的异姓诸侯王除了地处偏远、势力薄弱又一心向汉的长沙王以及南越王赵佗外，就只剩一个卢绾了，其余都被消灭。西汉王朝的异姓诸侯王势力，至此基本被铲除干净。

六、北破卢绾

卢绾是除韩信、彭越、黥布三位凭借战功封王的诸侯以外的另一位异姓王。

前文讲过，卢绾与刘邦同里，而且同一天出生。出生的时候，乡里因为他们两家的友情，生子同日，持羊酒贺之。他们长大后成了同学，又互相敬爱。刘邦还是平民的时候，因为吃了官司而躲躲藏藏，卢绾常常追随他。

后来刘邦起兵于沛，卢绾以宾客的身份相随。刘邦被封为汉王而入汉中，卢绾被任命为将军，并常常担任侍中。后来在楚汉战争中，卢绾官至太尉，封长安侯。卢绾与刘邦的密切关系，使他得以出入刘邦卧内。他的衣被、饮食、赏赐，都是群臣莫敢相望的。萧何、曹参等人虽然因为才能过人、忠于职事而得到刘邦的礼遇，但若论亲密关系和被宠信的程度，他们都比不上卢绾。

项羽兵败以后，刘邦委派卢绾和刘贾一起去攻打临江王，并获得了成功。后来，卢绾又马不停蹄地随刘邦去攻打燕王臧荼。刘邦平定天下以后，封卢绾为燕王。他一直对卢绾信任有加，但他万万没有料到，这位情同手足的好友,有一天竟然也会举起反叛的大旗。

这事还得从陈豨发动叛乱说起,当时刘邦传檄诸侯共击叛军,燕王卢绾第一个响应,他不仅派出军队向东北方向的陈豨叛军发动攻击,还派出一个名叫张胜的使臣前往匈奴,旨在劝说已经与汉帝国有和亲之约的冒顿单于不要与陈豨结盟。

张胜过去是臧荼的部下,一位地道的匈奴通。臧荼反叛被杀之后,他选择留在燕国效命新燕王卢绾。在张胜出使匈奴之际,臧荼的儿子臧衍恰好在匈奴逃亡。臧衍对汉朝廷怀有很深的仇恨,当他了解到张胜此行的目的之后,挑拨离间地说:"足下之所以在燕国受到重用,无非是因为您通晓匈奴的事情,知道胡人的风俗。而燕国之所以能够长久存在,是因为其他诸侯屡屡造反,天下征战不休,汉朝廷无暇他顾。如今足下奉命出使匈奴,无非是为了阻止匈奴与陈豨结盟,尽快消灭陈豨。殊不知,一旦陈豨灭亡,下一个被清除的对象就是燕王卢绾了。为今之计,卢绾宜联络匈奴保全陈豨。陈豨不灭,则燕国可以长存,就算汉朝廷发兵来攻,卢绾依赖陈豨、匈奴等的力量,也足以自保。"

张胜听了觉得颇有道理,于是暗中劝匈奴帮助陈豨攻打燕国,以牵制燕军对陈豨的进攻。

卢绾闻知张胜结交臧衍,擅改使命,不禁大怒,立即遣使向皇帝报告,称张胜谋反,请求皇帝诛灭张胜三族。不料报告刚刚送出,张胜就回来了。卢绾想治其死罪,张胜却从容地将自己擅自改变使命的原因向卢绾述说了一遍,并再三声明他这样做并不是为了自己,而是为燕王考虑。

卢绾听了备受感动,同时也认为张胜的做法很有道理,于是立即释放了张胜,并再次遣使上书皇帝,称勾结匈奴的人不是张胜,请求保全张胜全族。同时,卢绾私下派亲信范齐去见陈豨,向他表明自己的立场,说燕军这边就是做做样子给皇帝看而已,并不是真的要攻击他,让他全力御汉,力图共存。与此同时,卢绾命张胜作为自己的特使,再次前往匈奴与冒顿斡旋。

汉高祖十一年（前196）冬，汉军击败陈豨，韩王信被杀，到汉高祖十二年（前195）初，汉太尉周勃率军剿灭叛军残部，陈豨被杀。

随着陈豨的败亡，有关卢绾暗结陈豨、外联匈奴之事，被陈豨的部下揭发出来。由于事关重大，周勃立即将案情上奏给皇帝，刘邦虽然不信，但还是指示廷尉审理。廷尉通过对多名俘虏的审讯，认为燕王卢绾通敌谋逆证据确凿，并将审讯结果上报皇帝。

这个时候，刘邦仍心有疑虑，但不得不有所表示。由于年迈体衰，加上伤病缠身，他似乎意识到自己将不久于人世，心中非常想念这位情同手足的兄弟，于是派辟阳侯审食其、御史大夫赵尧为特使，前往燕国宣召燕王入朝。

赵尧是专管监察的御史大夫，年轻有为，与卢绾没有过多的交情；而审食其在刘邦起义后曾受命留守沛丰，保护吕雉、刘太公等人长达数年之久，后来还曾与吕雉、刘太公等人一起沦为项羽的俘虏，是吕雉的亲信。这两位身份特殊的人出使燕国，让卢绾心生恐惧，于是他称病不见，并对身边的心腹说："现在不是刘姓而做王的，只有我和长沙王吴芮了。朝廷族灭了淮阴侯韩信，又诛杀了彭越，都是出自吕后的计谋。现在皇帝有病，政事皆决于吕后。吕后专门找借口诛杀异姓诸王和大功臣。寡人今若入京，必遭其算计！所以，寡人等待日后陛下病愈，再前往京城向皇帝谢罪。"于是称病不往。他的手下都逃跑躲藏起来。卢绾的话终究被传到辟阳侯耳中。辟阳侯回来后，向刘邦做了详细禀报，刘邦大为恼火。

这时，刘邦又从匈奴降人那里，听到了张胜在匈奴为燕使者的消息，于是判定："卢绾果然造反了。"刘邦便下诏宣布废除卢绾王位，同时命令樊哙以相国的名义率军出征燕国，并令北方的齐、赵等国配合出兵，攻打卢绾。

其实卢绾并没有反叛的意思，只是因为刘邦、吕后大肆诛杀异姓诸侯王，在诸侯王中造成了严重的信任危机，以至于存留下来的异姓诸侯王如惊弓之鸟，进退维谷。卢绾采纳张胜的计策寻求自保，首鼠两端实乃无奈之举。

樊哙率军征讨的消息传来后，卢绾这才知道误会闹大了，一时后悔莫及，进退两难。

卢绾见汉军发动进攻，不顾群臣劝阻，带领家属弃国而逃，以避开汉军的兵锋，为日后向皇帝解释留下余地。卢绾出走后，燕国群龙无首，几乎没有进行任何抵抗，因此，汉军异常顺利地连下燕国六郡百余个县，继而收复了整个燕国。

卢绾早先就听说刘邦生病，于是带着家属、宫人、亲信等数千骑，在长城下等候，希望刘邦病愈之后，亲自到长安谢罪。然而时隔不久，传来了皇帝驾崩的消息，这对相亲相爱60余年的兄弟之间的误会便成了永恒。卢绾在悔恨、悲痛之余，只得逃往匈奴。匈奴封卢绾为东胡卢王，待遇甚厚，但卢绾一直郁郁寡欢，不久便在愁闷中死去，终年63岁。

卢绾的叛变让刘邦痛心不已，加上一年前征讨黥布时被流矢射伤，一直没有痊愈，这让本已年迈的刘邦着实吃不消。让刘邦更为忧心的是，自从诛杀韩信、彭越之后，吕氏的势力不断膨胀，刘邦绝对不能容忍刘氏江山落入他人之手，哪怕是同甘苦共患难的皇后也不行。于是，自知来日无多的刘邦决定采取订立盟誓的办法，来保证刘氏江山的长治久安。他选择了一个黄道吉日，诏令文武大臣来到太庙祭祀，皇后吕雉也在场。刘邦命人宰杀了一匹白马，将马血倾入酒坛，让文武大臣和皇后人手一杯。刘邦举杯庄严盟誓："此后非刘氏不得封王，非有功不得封侯，如违此约，天下共击之！"

据史料记载，当时的白马之盟有两方面的内容：第一，国以永存，施及苗裔；第二，非刘氏而王者，天下共击之，若无功上所不置而侯者，天下共诛之。

刘邦订立白马之盟原本是想巩固汉家天下，没想到后来却因为过于依赖同姓诸王而使其坐大。比如，汉文帝时先后发生了济北王和淮南王的叛变，汉景帝时更发生了七国之乱。不过，这些叛乱最后都被平定了，而汉景帝也乘胜收回了封国的官吏任免权，削弱了封国的实力。再后来，汉武帝采纳主父偃①的建议，颁行推恩令，刘姓王的实力被大幅削弱，最后变成了一种虚衔。而刘邦的白马之盟只作为训言被保留下来。

---

① 主父偃：临淄人，出身贫寒，早年学长短纵横之术，后学《易》《春秋》和百家之言。在各诸侯王国都未受到礼遇，后直接上书汉武帝，当天就被召见，与徐乐、严安同时拜为郎中；不久又迁为谒者、中郎、中大夫，一年中升迁4次，得到汉武帝的破格任用。他向汉武帝提出了"大一统"的政治主张。

第十章 晚年悲唱《大风歌》

一、易储风波

刘邦晚年成功剪除了异姓王，为刘氏江山的长治久安消除了一大隐患，然而，所有封建帝王都不得不面对的接班人问题，同样发生在他的身上。

众所周知，刘邦不拘小节、不守礼仪，一生阅女无数，在沛丰老家时，外有曹女，内有吕雉，并生有刘肥、刘盈及女儿鲁元3个子女；自沛县起兵后，刘邦步步高升，从沛公到汉王再到皇帝，随着身份的转变、势力的扩大，被他宠幸过的女人也一增再增，仅见诸史册的就有戚姬、薄姬、赵姬等人，未曾留下名姓的更不知有多少。这些女人为刘邦生下了刘如意、刘恢、刘友、刘恒、刘建、刘长6个儿子，连同刘肥、刘盈，刘邦一生在正史上有记载的儿子共有8个。

刘邦、项羽对峙于荥阳时，出于战略上的考虑，当时还是汉王的刘邦册立了吕雉所生的刘盈为太子，以此稳定关中大后方。后来，随着他最宠爱的妃子戚夫人所生的刘如意逐渐长大，刘邦渐生废长立幼的念头。

刘如意的母亲戚夫人是刘邦兵败彭城，逃到定陶时所纳，此女生得容貌俏丽，刘邦对她一见倾心，遂纳为姜室。

汉高祖六年（前201）初，刘邦称帝定陶。其间戚姬已生下刘如意，刘邦遂将其母子接入宫中。从此每次远征，他总是将戚姬带在身边，宠爱有加。对于戚姬的儿子刘如意，刘邦也是恩宠备至，先是册封他为代王；赵王张敖被废除后，又改封如意为赵王。刘如意形貌酷似刘邦，就连言行举止也与童年时期的刘邦十分相似，惹得刘邦对他更是爱怜有加，时常感叹："此儿类朕矣！"他对此子越看越喜欢，逐渐产生了改立如意为太子的想法。

戚姬经常跟随刘邦左右，怎会不知刘邦的心意。她深知吕后为人刚毅，其儿子刘盈又被立为太子，她自己深得刘邦宠爱，吕后肯定十分妒忌，刘邦健在时，她们母子可以无忧无虑；一旦刘邦驾崩，太子刘盈即位，自己这对孤儿寡母肯定没有好下场。想到这里，戚姬不由得不寒而栗。为了自己和儿子日后的命运，戚姬日夜在刘邦面前哭泣，请求改立如意为太子。久而久之，一向不按常理出牌的刘邦也动摇了立场，私下里竟真的答应了戚姬的请求。

刘邦之所以产生这个念头，一方面是出于对戚姬母子的喜爱，另一方面则出于对刘氏江山未来的担忧。太子是国之储君，其废立得当与否，关乎国家的兴衰存亡。刘邦认为嫡长子刘盈为人仁厚柔弱，不堪担当国家重任，只有性格与自己颇有几分相像的刘如意才能使汉室江山世代相传。

此外还有一个重要原因便是吕后。吕后为人刚毅果敢，而且她的背后还有一个庞大的吕氏家族。刘邦担心自己百年之后，他辛苦打下的刘氏江山会被吕氏所代替。反观戚姬，一无外戚，二从不干预朝政，不会出现外戚夺权的现象。几经权衡利弊之后，刘邦决定向群臣说出自己的想法。

群臣闻言皆大惊，而后便纷纷谏争，表达不同的意见。

汉室朝臣中有不少沛丰老臣，比如萧何、夏侯婴、审食其、灌婴、周昌、周勃等，他们是看着太子刘盈长大的，与吕雉母子的关系极为亲近，而与戚姬母子则相当疏远。再说，从宗法制度上讲，无端废长立幼乃是大忌。所以，大臣们纷纷反对皇帝的易储计划，其中以御史大夫周昌的谏争最具代表性。

周昌患有口吃的毛病，但为人正直刚强，敢于直言，萧何、曹参等人在这方面也比不上他，群臣对他均敬畏三分。有一次，周昌去向皇帝奏事，无意之中遇见刘邦搂抱着戚夫人亲热，周昌见此情景转身便跑，刘邦从后面追赶抓住周昌，骑在周昌的脖子上问道："你说说看，朕是哪类君王？"周昌扭头仰面看着刘邦，说："陛下是桀、纣一类的君王。"刘邦闻言放声大笑，放开了周昌，心中暗自佩服周昌的耿直。

这次见刘邦又要废立太子，群臣力争而不得，周昌结结巴巴地出班奏道："臣不善于讲话，然而臣期、期以为不不可！陛下欲、欲废太子，臣期、期不奉诏！""期"即"极"的意思，周昌因为口吃和正在气头上，急切之中在"期"字上出现了拖沓、重复。刘邦见他这种憨直忠诚的态度，不由得欣然而笑，群臣也跟着大笑起来。原本紧张严肃的气氛一下子变得轻松起来，于是大家七嘴八舌地辩论开了。刘邦见状，知道继续讨论下去于己不利，只得宣布退朝，废太子之事暂罢。

当时吕后在大厅两旁的侧室里偷听，皇上与大臣们的一番争辩，她听得一清二楚。散朝后，吕后见到周昌，欠身向周昌道谢："今天若不是您，太子几乎被废掉了。"

刘邦深知吕后的凶狠手段，眼看易储不成，他不禁开始担忧自己百年之后，戚姬母子的性命安危，但又苦无良策，郁闷之下，他经常独自悲歌，以排遣胸中之愁。

当时掌管皇帝符信印章的符玺御史赵尧年纪轻轻，赵地人方与公对御史大夫周昌说："你手下的符玺御史年纪虽轻，却是个奇才，您应当特别看待他。将来他会接替您的职务。"周昌不以为然，笑了笑说："赵尧年纪轻轻的，不过是个抄抄写写的小吏而已，何以能官至御史大夫！"

不久，赵尧侍奉皇帝。刘邦独自郁闷，继而悲歌，群臣都不知道皇上为什么这样，独有赵尧进前请问道："陛下之所以不开心大概是因为赵王年幼，而戚夫人与吕后不睦，担心自己万岁以后，赵王的安全没有保障吧？"

刘邦答道："朕正是为此事忧愁，但苦无良策。"

赵尧说："陛下何不为赵王配一良相，但此人必须是吕后、太子及群臣所敬畏者，如此便可保全赵王。"

刘邦说："这个主意不错，但是谁能担此重任呢？"

赵尧说："御史大夫周昌为人耿直、坚韧，威望也高，群臣乃至皇后、太子都对他心存敬畏，可担当此任。"

刘邦闻言，觉得此计可行，遂召见周昌谈及此事。周昌听了颇觉意外，流泪道："臣一直追随陛下，奈何中途弃臣，遣为赵相？"

刘邦屏退左右，向周昌坦露心迹："朕知道让你出任赵相有些委屈，可朕担忧赵王将来的安危，除你之外，再无他人能够保全赵王，你就权当为朕而行吧！"

周昌见皇帝已近乎哀求，只得答应下来。

周昌离开后，御史大夫一职暂时空缺下来。御史大夫本是国家监察机构的首脑，位居三公，但是由于汉初法律严酷，犯案作奸的官员很少，于是这个职位便兼及政务，相当于皇帝的秘书长，位置极其机要。

刘邦思索多日，难以确定新的御史大夫人选。一天，他又想到此事，下意识地把御史大夫的官印放在手中摸来摸去，口中念叨着："这印信该授予谁呢？"一转眼，他看到了在身边忙碌的掌玺御史赵尧，顿时眼前一亮："没有谁比赵尧更合适的了。"于是任命赵尧为御史大夫。

赵尧年纪尚轻，又素无战功，资历浅薄，仅凭一个建议便进入皇帝的视野，一跃成为位居三公之列的御史大夫，令满朝文武颇感意外。赵尧在担任御史大夫后，随刘邦讨伐陈豨有功，被封为江邑侯。

任命周昌为赵王相国后，刘邦仍未最终放弃易立太子的念头。后来，刘邦又想要以赵王如意代替太子刘盈。为此，太子太傅叔孙通劝谏道："当年晋献公因为宠幸骊姬的缘故，废太子申生，立骊姬所生的奚齐为太子，在晋国造成数十年的混乱，受到天下人的嘲笑。秦朝因为不早定扶苏为太子，使赵高得以用欺诈手段立胡亥为皇帝，自取灭亡，这是陛下亲眼所见的。如今太子仁慈孝顺，天下无人不知；皇后与陛下经历过千辛万苦,吃过粗茶淡饭,这难道是可以背弃的吗?陛下如果一定要废嫡长子而立少子,臣甘愿服罪而死,用脖子里流出来的满腔鲜血来染红地面。"

叔孙通说出了群臣们的心声,只不过他引经据典、谈古论今,把道理说得更为透彻。刘邦对此不是不懂,只是对太子仁弱一事耿耿于怀。他见叔孙通以死力争,便笑着说:"你不要再讲了,朕刚才只是说句玩笑话而已。"

叔孙通却严肃地说:"太子是天下的根本,根本一动摇,天下便会震动,怎么可以拿天下来开玩笑呢!"

话说到这里,刘邦不得不郑重起来,对叔孙通说:"朕听你的就是了。"

说归说,做归做,刘邦虽然向大臣们表示不再改立太子,但他内心还是想易储,这让吕后深感惶恐。为了保住刘盈的太子之位,她四处找人活动,但也没有什么好办法。这时,有人给吕后出主意说:"留侯张良多谋善断,而且深得皇帝信任,您不如去向他问计。"吕后闻言茅塞顿开,遂派其兄建成侯吕释之速速去拜访张良。

自汉高祖五年(前202)刘邦称帝以来,张良便以身体不好为由,闭门不出,在家中辟谷绝食,修炼道行,不问政事。其实,他这样做只是想明哲保身。眼下皇帝欲废皇太子,这等大事他无法置身事外。吕释之找到张良,直接说明来意:"先生是皇帝最信任的谋臣,如今皇帝欲易太子,先生怎能在家高枕无忧?"

张良推辞道:"过去皇帝处于危急之中,幸用臣计。而今天下已定,皇帝以情感缘故而欲废立太子,这是皇室家事,涉及骨肉之情,即使有一百个张良,也没有办法呀!"

吕释之见张良不肯为此事出谋划策,颇为生气,但他又不愿放过这个难得的机会,便斩钉截铁地向张良摊牌说:"我受皇后所托,向先生讨教,请先生万勿推辞。"

张良深知吕后的为人和当时的形势,更知道得罪了吕后,自己的明哲保身之策将化为泡影。此外，他不仅懂得叔孙通所讲的那番古往今来的大道理，更深知皇上坚持改立太子的根本原因在于太子为人仁弱，担心他没有能力治理国家。所以，张良认为要想打消皇上改立太子的念头，必须从医治皇上的"心病"入手。他思考良久，对吕释之说："皇帝易储之心坚决，仅靠口舌之辩是难以奏效的。如果想阻止皇帝易储，非'商山四皓'不可！先前皇帝曾下诏求贤，此四人因皇帝待人欠礼，相继隐匿于商山（今陕西境内）之中。皇帝对他们仰慕已久，但'四皓'却誓不为汉臣。如今可让太子亲笔修书，派能言善辩之士携金玉布帛，前往商山好言相聘。等他们出山之后，让他们充当太子的宾客，并随太子入朝，皇帝得知辅佐太子的是'商山四皓'，必感吃惊，那时事情就有转机了。"

吕释之受计，辞别张良，回报吕后。吕后依计而行，果然请来了"商山四皓"。他们来到长安后，被暂时安置在建成侯吕释之家中。

时值黥布举兵造反，刘邦准备让太子刘盈统领诸将前去平叛，"商山四皓"认为太子不足以担此重任，将领们不会听从他的调遣，容易导致失败，危及太子地位。于是，他们让建成侯立即到吕后那里，让吕后向刘邦哭诉太子不能统军出征的理由。建成侯与吕后依计行事，刘邦果然亲自统兵出征。太子刘盈得以平安度过了这次危机。

刘邦东征黥布归来后，病情日重，愈发想在临终之前易立太子，了却这桩心事。留侯张良极力劝谏，刘邦不听；太子太傅叔孙通引经据典以死相争，刘邦表面上装作答应，心里还是想改立太子。后来，等到宴会设置酒席时，太子刘盈侍奉皇上，"商山四皓"随从。这四位贤人都已年过80，须发雪白，高冠博带，状貌奇特，宛若仙人。刘邦见了感到很奇怪，便问："这几位长者是何方人士？"

"商山四皓"闻言，主动上前各报名号，刘邦更是惊奇："朕访求你们这么多年，你们总是躲着我，今天你们为什么伴随太子左右？"

"商山四皓"说："陛下轻视士人，喜欢侮辱詈骂，我们无法忍受侮辱，所以惶恐地躲避起来。我们听说太子为人仁义孝顺，礼贤下士，天下士人无不引颈延项，争相为太子拼死效力，所以我们来侍奉太子。"

刘邦笑了笑说："那就烦劳你们善始善终地关心保护太子吧。"

"商山四皓"向皇帝敬酒祝寿之后，告辞离去。刘邦目送四位老人离席，同时召唤戚夫人，对她说："朕想改立太子，但太子有那四个人辅佐，如今羽翼已丰，难以动摇了。日后吕后真要做你的主人了。"

戚夫人悲痛而绝望，外加恐惧，浑身发抖，刘邦心中也有着说不出的悲凉。他对戚夫人说："你为朕跳支楚舞吧，朕给你唱一首咱们家乡的歌！"戚夫人满脸泪水，慢慢起身，袅袅婷婷地舞起来。刘邦忍住涌上心头的悲伤，放开嗓门，唱起自己即兴创作的歌来：

鸿鹄高飞，一举千里。羽翮（翼）已（以）就，横绝四海。
横绝四海，当（又）可奈何！虽有缯（矰）缴，尚安所施！

刘邦唱了一遍又一遍，几曲下来，戚夫人抽噎流泪，已然是歌不成曲，舞不成形。刘邦觉得自己的泪水马上就要流下来了，遽然起身离去。

纵观刘邦欲易储的前前后后，诸多事实证明，他想易立太子，无非是为大汉江山着想，当然也有顾念戚夫人母子日后境遇的私情。众朝臣反对易立太子的理由，则是出于古代惯例，所以不足以打消刘邦易立太子的念头。留侯张良从医治皇帝的"心病"入手，为太子刘盈招来了"商山四皓"，使公理向刘盈倾斜。从此，易立太子一事在刘邦头脑中画上了一个句号，但他这一始终没有排解的心事，最终变成了无尽的寂寞与荒凉。

二、萧何下狱

从前文的诸多史实，可以看出刘邦自从取得天下后，猜忌之心日渐显露出来，即使对跟随自己多年的老臣也一样，连萧何也难以幸免。

萧何是刘邦的同乡，刘邦任亭长时，萧何曾以沛县主吏的身份多次袒护他。刘邦在沛县起兵后，萧何一直辅佐他争夺天下，在还定三秦、楚汉战争中立有大功。萧何拥戴刘邦，为刘邦成就帝业可谓呕心沥血，然而，由于萧何功高震主，也多次受到刘邦的怀疑。

刘邦与项羽在京、索一带相持期间①，曾多次派人从前线回到关中，向丞相萧何表示慰劳。萧何没有多想，但有位姓鲍的先生却提醒萧何说："汉王在前线风餐露宿，却多次派人来对您表示慰劳，这是对您有疑心呀。为您着想，不如把您的子孙兄弟凡是能手持兵器作战的，一律送到前线，如此汉王必定更加相信您。"

萧何采纳了这一建议，遂送子弟上前线，刘邦果然十分高兴。

刘邦在外亲征陈豨时，吕后接到韩信谋反的举报，召萧何谋划并由萧何亲自行动，骗韩信来长乐宫。待韩信一进宫，吕后立即命武士擒住韩信，送往钟室处决。

刘邦在洛阳闻听吕后用萧何计诛淮阴侯，立即派使节驰回长安，拜萧何为相国，又加封食邑五千户，并派五百士兵、一位都尉作为相国的卫队。这是无上的荣耀。

消息传出后，诸多同僚都羡慕不已，纷纷前来祝贺。相国府一时熙熙攘攘，车水马龙，热闹非凡。

一天，相国府突然来了一个身穿缟素之人，说是来给相爷吊丧的。此人名叫召平。召平原是秦朝时的东陵侯。秦朝灭亡后，他沦为平民，在长安城东种瓜谋生。他所种的瓜香甜可口，被人们称为东陵瓜，用他原来的封号为香瓜命名。这次，当官员们都来向萧何祝贺的时候，召平却对萧何说："您的祸患就要到来了。皇帝日夜在外露宿风餐，而您没有蒙受战争风险，却受到如此丰厚的封赏，还增加了卫队，您难道没有想想这是为什么吗？"

萧何没有说话。召平接着说："这是皇上对您有疑心啊。淮阴侯刚

---

① 这里指彭城之战后的京索之战，汉军大败楚军。——编者注

刚反叛，您又一向与淮阴侯友善，皇上自然会怀疑您。您怎么还能高枕而卧呢？五百卫士，您以为真的是保卫您的吗？依我看，您还是赶紧辞谢封赏，再把您的全部家产资财捐出来佐助军费，这样皇上才会高兴。"

萧何采纳了召平的建议，刘邦果然大悦。

后来，黥布反叛，刘邦亲率大军东征，期间多次从前线派使者回京询问相国在做些什么。萧何因为皇上统兵在外作战，自己便尽力地劝勉抚恤百姓，将所有家财都捐献出来资助军费，就像讨伐陈豨时所做的那样。这时，有位门客进言道："相爷，您被灭族的日子不远了。"萧何闻言大惊，忙问其故。门客说："您从当初入关就辅佐皇上，至今也有十多年了，深得民心，可您不但不知自制，反而继续勤勤恳恳地办事，得到百姓的爱戴亲附。您位居相国，功劳第一，还有可能再加功吗？皇上之所以多次派人打听您的情况，是怕您以关中为基摇撼汉室啊！为了以后着想，您为什么不多买些田地，发放一些低利息贷款来玷污自己的声誉，以表明自己只想做一个富家翁，而不是想要争取民心、攫取更大的权力呢？如此皇上对您就放心了。"

萧何采纳了门客的建议。刘邦征讨完黥布，回军长安途中，多次被民众拦住去路告御状，说萧相国贱价强买老百姓的田地、房屋。刘邦让手下算了算，竟然价值数千万。看着这些状纸，刘邦不怒反笑，心里越发轻松。回到长安，萧何前来朝见，刘邦笑着说："萧相国，你真是有利民的本事哪！"说着把百姓的状纸全都摔给他，"你自己去向老百姓请罪吧。"

萧何强买民田，是听从了那位门客的劝告，是为了使刘邦消除猜疑而违心这样做的。如今刘邦责怪下来，他并不感到委屈，反而为刘邦如此关心百姓疾苦而感到高兴。关心百姓疾苦，是萧何一直以来的心愿，从不曾有过懈怠。如今刘邦既然以与民争利责怪自己，何不趁机请皇上开放上林苑呢。于是，萧何进言道："长安土地狭窄，上林苑中有很多空闲的土地，大都布满芦苇。望陛下下令允许百姓入苑耕种，只收粮食，留下禾、麦秸作为饲养皇家禽兽的饲料。"

刘邦闻言暴怒："相国是接受了商人的多少财物，为他们请求我的上林苑！"吼完即刻下令把萧何交给廷尉审理，给他戴上刑具，囚禁起来。

劳苦功高的萧何，一言不慎便被投入狱中，满朝官员知道后都震惊不已。

过了几天，一位姓王的卫尉侍奉皇帝，进言道："陛下，相国犯了什么罪，被陛下拘禁？"

刘邦说："朕听说李斯做宰相辅佐秦始皇，有了成绩归功于主上，有了差错自己承担。如今萧何贪图奸商的贿赂，竟然来要朕的上林苑，收买民心，所以朕才把他囚禁治罪。"

王卫尉说："职责在身，一旦有便于民就要为他们请求，这才是相国分内之事，陛下怎么可以疑心萧相国受贿呢？况且，当初陛下在关东和西楚国对战，相持数年，陈豨、黥布反叛，陛下亲自出征讨伐，相国镇守关中，那个时候，相国一跺脚则关中摇撼，那就不是陛下您的关中了。相国不在那个时候称王于关中，为己谋利，难道会贪图商人的金钱来为自己谋私吗？秦始皇正是因为听不到自己的过错而失去天下，李斯替皇帝分担过错，致使皇帝无错可担，又有什么值得效法的呢？陛下为什么在怀疑相国的时候会如此浅薄呢？"

刘邦闻言，心中觉得惭愧。他一向不放心萧何独自坐镇朝廷，但萧何从来没有过反叛的表现甚至意图，显然，这一次萧何被冤屈了。当天，刘邦就派使者手持符节，来到牢狱中赦免并释放了萧何。

萧何看到使者后百感交集，觉得自己好像真的犯了罪，或者是遇到了意外的灭顶之灾，而使者恰是天子派来拯救他出地狱的。因此，他被赦免后便不管不顾地直向宫中奔去。

此时萧何早已年过60，两鬓苍白，经历了几天的牢狱生活，更是苍老了几分，加上衣冠不整，活像个乡下贫贱潦倒的老者。

刘邦见平日里从来都是谦恭谨慎、衣冠整齐的相国，如今竟成这个样子，白发散乱、面容憔悴、脚步蹒跚地直扑殿上，向自己谢罪，顿感一阵心酸，连忙向前扶起萧何，眼含泪水地向他认错："相国快快平身，这事就算过去了。相国为百姓请求上林苑，朕不允许，朕不过是桀、纣那样的君主，而相国却是位贤相。朕把你囚禁起来，不过是为了让百姓知道朕的过错。"

萧何口中无言以对，心里却明白皇帝此举的用意之深，从此愈发低调行事。仅数月后，刘邦驾崩；两年后，萧何也与世长辞。

萧何是中国历史上的一代名相，明人李贽称其为结主大臣。他忠于刘邦及其事业，刘邦也极其依赖他、倚重他。司马迁在《史记》中记载了刘邦对萧何的怀疑及囚禁，还有萧何为解除刘邦的疑虑以及他在别人劝说下所采取的一些小动作，纵然果有其事，也是无奈之举。对于萧何与刘邦这种拥戴与信赖的整体关系而言，那不过是一些小小的插曲罢了。也正因为有这些小小的插曲，刘邦与萧何的关系才是完整的、真实的、动人的，也是令人信服的，也是让后世之人仰慕和称道的。

三、樊哙见疑

和萧何类似，樊哙自刘邦沛丰起义起，就跟随刘邦左右，为西汉的建立立下了不朽的功绩，但是在刘邦执政后期，他也遭到了刘邦的怀疑。

西汉建立之后，樊哙曾跟随刘邦从事削平异姓诸侯王的战争：随刘邦征伐反叛的燕王臧荼，平定燕地；随刘邦伪游云梦，在陈生擒楚王韩信，因功赐爵舞阳侯；汉高祖七年（前200）十月，随刘邦征伐韩王信，与周勃共同平定云中等郡；率兵进击反叛的代相陈豨，又在参合陂（今山西阳高）与韩王信一军激战，所部士兵击杀叛汉降匈奴的韩王信。之后，樊哙又在横谷打败陈豨指挥的匈奴骑兵，斩杀其部将赵既，生俘代国丞相冯梁、郡守孙奋、大将王黄、太仆解福等10余人，平定代国73个乡邑。

黥布反叛后，刘邦亲率大军征伐，班师回朝不久便创伤发作病倒，之后又听说燕王卢绾叛变，于是派樊哙以相国的身份前去讨伐。樊哙在蓟南（今北京南）一战打败燕国丞相指挥的军队，夺取燕地 18 个县。

正当樊哙督军乘胜与燕兵激战的时候，有人对刘邦说："樊哙跟吕后串通一气，想等皇上百年之后图谋不轨。皇上不能不早加提防。"刘邦对吕后干预朝政早有不满，听说吕后又跟她妹夫樊哙串通一气，顿时气得火冒三丈，怒骂道："他见朕生病，就希望朕早些去死啊！"他决意临阵换将，便召来陈平问计，陈平对皇帝谈了自己对当前形势的主张。刘邦听了深以为然，便以陈平的名义前往樊哙军中传诏，在车中暗载大将周勃，等到了军营才宣布立斩樊哙，由周勃夺印代替。刘邦要求陈平尽快把樊哙的头取来，让他检验。

陈平和周勃昼夜兼程地奔赴前线，途中边走边细心合计。陈平说："樊哙是皇帝的老部下，劳苦功高。况且他又是吕后的妹夫，可以说是皇亲国戚，位高爵显。眼下皇帝正在气头上，万一他以后后悔了，我们怎么办？再说皇帝病得这么厉害，而且樊哙是吕后的妹夫，吕后姐妹二人必然会在皇帝身边搬弄是非，到时难免会归罪于我们。"周勃一时没有了主张，便问："难道把樊哙放了？"陈平说："放是不能放的，不如把他绑上囚车，送到长安，让皇上自己定夺。"

周勃听了觉得颇有道理。到了樊哙的军营前，陈平命人筑起一座高台作为传旨的地方，另外又派人持节去叫樊哙。樊哙得知只有文官陈平一个人前来，认为只是传达平常的敕令，也没多想，立即独自骑马赶来接诏。不料，台后忽然冲出武将周勃，当即将樊哙拿下，关入囚车。随后，周勃赶到中军大帐代替樊哙，陈平则押解囚车返回长安。

陈平押着樊哙行至中途，听说皇帝驾崩，心想：现在朝中必然由吕后主持政事，这下可糟了。唯一可喜的是，幸亏先前未斩樊哙，还好向吕后交待。但即便如此，也怕夜长梦多，他担心会有人在吕后面前说他的坏话，所以一定要先赶到长安，把事情解释清楚。陈平立即策马赶往长安，路上遇到使者传诏，让他屯戍荥阳。陈平又生一计，跌跌撞撞地跑入宫中，跪倒在刘邦灵前，放声大哭，边哭边说："您让我就地斩决樊哙，我不敢轻易处置大臣，现在已经把樊哙押解回来了。"这明明是说给活人听的，是在向吕后表功。吕后姐妹听说樊哙没死，不由得松了一口气，遂释放了樊哙，并恢复了他的爵位和封邑。

樊哙本来没有什么罪过，被赦是理所当然的。但是刘邦死后，樊哙并未受到重用。推测其中的原因，或是樊哙与吕后意见相左，吕后故意不用；或是樊哙厌弃官场生活，追求家居的恬静；或是身体有病，不胜公务繁忙。总之，此后6年，西汉政治舞台上再也见不到樊哙的身影。汉惠帝六年（前189），樊哙去世，谥号为武侯。

樊哙一生对刘邦和汉王朝忠心耿耿，他当过刘邦多年的卫士长，为刘邦的安危能够毅然置自己的生命于不顾，比如鸿门宴上的表现。樊哙疾恶如仇，直言劝谏，对于有损或妨碍汉室大业的任何人任何事，即使是刘邦本人也决不通融，而是与之进行坚决的斗争，比如刘邦进入咸阳宫被美女珠宝吸引而不能自拔时，樊哙挺身而出，对刘邦疾言厉色地劝诫，表现了远大的政治目光和异常清醒的头脑。

正是因为樊哙之类的臣子将相的存在，才使刘邦在许多关键时刻避免了失误，比较顺利地创建了汉王朝并在较短时间内使其得到巩固和发展。

四、衣锦还乡

刘邦率领大军在蕲县大败黥布后，便把追击残敌的任务交给麾下诸将，他自己则在夏侯婴等人的陪同下，取道沛丰返回长安。

自汉高祖三年（前204）刘邦彭城兵败期间为了接家眷曾回过一次故乡沛丰，转眼已近10年光阴。不同的是，上一次回乡时他仓皇如丧家之犬，而这次却是以帝王之尊衣锦还乡。

自刘邦即皇帝位之后，沛县早已按照萧何的指令为皇帝建筑了离宫别馆，盼望着刘邦早日光临故乡。当沛县父老乡亲得知皇上的车驾已光临沛县，住进沛宫，全城男女老少无不奔走相告，欢呼雀跃。不难理解，沛县的百姓们谁不为家乡出了个开国皇帝而感到荣幸万分呢！

刘邦到达沛县后，命人在沛宫大摆酒席，将县中的父老以及自己的故旧乡亲全部召来，一起饮酒叙话。

当年的那些邻居旧识都身穿褐衣，三五成群地聚集徘徊于沛宫门外，轮流等待皇帝召见。眼见往日乡里的无赖混混，如今已成为位极天下的帝王，父老乡亲们心中既兴奋又紧张，及至被传唤进见，皆诚惶诚恐，伏地不起。刘邦见此情景，十分感慨，对所有熟人一概厚赐金币。

当地官吏素知皇帝有唱歌跳舞的嗜好，已经提前找来120个儿童教以歌舞，在宴会上演唱助兴。刘邦沉浸在浓浓的乡情之中，听着童子们稚嫩的乡音，心中既高兴又感动，对乡亲们的敬酒一概不拒，喝得酩酊大醉。

酒醉后的刘邦仿佛又回到了过去，他踉跄着离席，且舞且歌起来：

> 大风起兮云飞扬，
> 威加海内兮归故乡，
> 安得猛士兮守四方！

他边唱边舞，多年征战建立丰功伟绩的自豪与喜悦、夺取天下的胜利者的踌躇满志、烈士暮年不已的壮志、对天下安然的希冀、渴求有更多猛士为自己镇守天下四方的强烈愿望，以及掩在豪迈后面的苍凉、悲怆、寂寞和沉重的担忧，全都融化在这气魄雄壮、豪放苍凉的歌声和舞蹈之中。正所谓乐极生悲，刘邦在高歌起舞之时想起当年的往事，不禁暗自伤怀，落下泪来。

宴会结束后，他的情绪久久不能平静，怀着一片深情对沛县父老们说："远行外地的游子，总是怀念故乡的。朕虽定都关中，但是百年之后，朕的魂魄还是想回到故乡。况且朕自从被立为沛公，讨伐暴君逆贼，如今终于取得天下，现在就以沛县作为朕的汤沐邑，世世代代免除沛县的赋税徭役。"

父老乡亲闻言顿时跪拜叩首，三呼万岁，满堂欢声笑语。

接下来的日子，刘邦每天与父老乡亲开怀畅饮，谈论往事，十分高兴。多年的征战,尤其是这几年的杀伐征讨,保不住爱姬幼子的无奈,使他的心情极其落寞悲凉;年老多病,更常常使他连生的欲望都漠然了。这次回到家乡,他得到了极大的欢畅与幸福。十几天过去后,他准备回长安了,但是沛县的父老乡亲执意要他多留几日,他不得不婉拒道:"朕的随从人员太多,父老兄弟们负担不起。"

启程当天,沛县城中的男女老少倾城出动,都赶到郊外来向皇上进献酒食物品。寒风中,男女老幼手捧酒食,满含热泪,依依不舍。此情此景,使刘邦大为感动,于是他又留了下来,在郊外搭起帐篷,与乡亲父老痛饮了3天,这才离乡。

临行前,沛县的父老们一起向刘邦叩头,说:"沛县有幸世代免除赋税徭役,可是丰邑的乡亲却未享此恩典,请陛下也怜悯一下他们吧。"

此时丰邑已升级为县制,和沛县一样,沛县永免赋税徭役的政策无法惠及丰邑。因此,沛县乡亲们才有这个请求。刘邦回答说:"丰邑是朕生长的地方,朕何尝有一日忘怀?只因为先前丰邑人跟随雍齿背叛朕,故一直难以释怀!"沛县的父老们又再三为丰邑人求情,最后刘邦长叹一声,说:"好吧,比照沛县,永远免除徭役!"顿时,万岁呼声震天撼地。

刘邦在沛县与父老乡亲饮酒10多天,表明他虽然做了天下的皇帝,但他的心还是和家乡父老子弟们连在一起的。这和项羽的"富贵不归故乡,如衣锦夜行"异曲同工,却又不可相提并论。而刘邦在家乡所作的《大风歌》,第一句中的"风""云"回顾了他争夺天下、安定天下的往事;第二句中的"威加海内",说的是他所成就的帝业;"回故乡"三字是用来抒发他对父老乡亲的思念之情;第三句中的"安得猛士兮守四方"表明了他希望自己所成就的帝业能够传之久远的深谋远虑。

刘邦北上来到鲁城(今山东曲阜),用最高的祭祀礼仪太牢①祭祀儒家学派的始祖孔子。下马治天下,正是儒学给了他精神营养,汉武帝"罢黜百家,独尊儒术",也是在他的曾祖父肯定了儒家学术地位的基

---

① 太牢:古代帝王祭祀社稷时,牛、羊、豕三牲全备为"太牢"。

础上发展起来的。刘邦之祭孔，开了后世帝王祭孔之先，从此以后，地方官也总是祭孔之后才去处理政务。

此外，刘邦还发布诏令："秦始皇、楚隐王陈涉、魏安釐王、齐湣王、赵悼襄王等都绝了后代，秦始皇帝墓拨给20户人家看守，其余各拨给10户人家，魏公子无忌拨5户。"这便是著名的"守冢令"，反映了刘邦对秦始皇、陈胜等人的悼念和崇敬的心情，也是他希望后代不忘先辈创业之艰难，要他们坚守他的事业的示意。

五、病榻绸缪

刘邦一生以事业为重，并不像秦始皇晚年那样幻想长生不老，年过60之后，他健康状况日渐不佳。

前文说过，刘邦为了争夺天下，多次死里逃生，身负创伤。比如刘邦在楚汉两军阵前数说项羽十大罪状，项羽大怒，伏弩射中刘邦的胸口，伤势甚重，所幸后来得以痊愈。

汉高祖十一年（前196），刘邦已年过60。这一年黥布举兵反叛，朝廷震动。当时刘邦正患病在身，深感难以亲征，想派太子统领诸将前去平定叛乱。而被易立太子一事所困扰的吕后，作为刘邦的结发妻子，再也不像当年前往芒砀山为丈夫送饭、送衣那样，以丈夫的一切为重。为了自己和儿子日后的命运，她不顾丈夫身体有病，竟然采纳"商山四皓"的计策，哭泣着劝皇上亲自出征。就这样，刘邦为着汉王朝的利益，终于拖着病体亲自出征了。

很不幸，在与叛军作战时，刘邦再次被流矢射中。这次箭伤虽不比8年前所受的箭伤严重，但他毕竟不再年轻，又因身患疾病，箭伤不容乐观。不过，刘邦对这次箭伤不甚在意，因为战事比意料中的要顺利得多。作为胜利者，刘邦兴奋得忘记了箭伤。

在东征归途中，刘邦回到故乡，在沛县与父老乡亲们饮酒叙旧，起舞高歌，兴奋异常，全然没有感受到身上的箭伤，然而，当他离开故乡踏上西行的旅途时，一直未得到休息的病体终于发作了，箭伤的阵痛时时向他袭来，使他感到一种从未体验过的烦恼。这条秦始皇时修筑的东西驰道，当年他为沛县押送到咸阳服役的民夫和刑徒时曾走过多次。这次乘车西行，箭伤的疼痛与往事的回忆，使他一路上的心情很不佳，待回到长安，他便病倒了，伤势愈来愈重。

吕后见皇上病重，心里十分着急，特地请来名医为皇上诊治。医生进去看病，刘邦问及自己的病情，医生回答说："陛下的病是可以治好的。"刘邦认为医生是特意安慰自己，便骂医生道："朕以平民的身份，手提三尺宝剑夺取天下，这难道不是天命吗？人的命运是上天安排的，虽有扁鹊那样的名医，又有什么益处！"

于是，他不再请医生治病，赏给那位医生50斤黄金，将其打发走了。

刘邦知道自己时日不多了，也正是在这段时间，他对自己一生奋战夺得的天下，格外担忧，所以才衍生出对朝臣的不放心，对吕氏家族势力的忧虑，对戚姬和刘如意命运的担忧，特别是对在外割据、拥兵自重的封国国王们的不放心。他知道，这一切自己已经没有能力去彻底解决了，但是在最后的日子里，他还要尽一切可能去阻止将来的一切反叛。

汉高祖十二年（前195）三月，刘邦下了一道诏书说：

吾立为天子，帝有天下，十二年于今矣。与天下之豪士贤大夫共定天下，同安辑之。其有功者，上致之王，次为彻侯，下乃食邑。而重臣之亲，或为彻侯，皆令自置吏，得赋敛；女子公主，为彻侯食邑者，皆佩之印，赐大第室；吏二千石，徙之长安，受小第室。入蜀汉定三秦者，皆世世复。吾于天下贤士功臣，可谓亡负矣。其有不义背天子擅起兵者，与天下共伐诛之。布告天下，使明知朕意。

吕后见刘邦的病情日渐严重，便向刘邦问道："陛下百年之后，如果萧相国也死了，丞相的职务由谁来接替呢？"丞相辅佐皇帝，总揽中央大权，于国家安危举足轻重，对她本人也极为重要，她不能不问。

刘邦说："曹参可以继任。"曹参从刘邦起事就一直忠心耿耿，辅佐刘邦夺取天下，经受过严峻的考验，是刘邦的肱股之臣，也是刘邦最信任的人中最应该担任此职的人。

吕后又问："曹参之后哪个合适？"

刘邦回答："王陵可以继任。但王陵有些莽撞，过于刚直，陈平可以帮助他。陈平才智有余，但是他的魄力不够，难以独当一面。周勃称重厚道，就是缺乏点文才，但是将来安定刘氏天下的一定是他，可以让他担任太尉。"

吕后又问以后的人选，刘邦叹息道："以后的事，也不是你所能知道的了。"

汉高祖十二年（前195）四月甲辰这一天清晨，刘邦告别了这个纷争的世界，告别了一生的文治武功，告别了他的权势、地位和财富，还有他念念不忘、挂忧不已的大汉帝国，在长乐宫中溘然离世。

刘邦在病榻之上就相国继任者所提到的几位人物，如曹参、王陵、陈平、周勃等，都是跟随他多年、久经考验的国家栋梁之才，刘邦对他们的才能、品德和个性了如指掌。后来的历史发展表明，刘邦所提出的几位相国人选，后来无不为安定刘氏政权发挥了重要作用。

吕后对这几个人选也是相当了解的，并且完全遵照刘邦的遗嘱行事，萧何死后由曹参继任相国；曹参死后则由王陵、陈平分别担任右丞相、左丞相，以周勃为太尉。而周勃、陈平等人终于在吕后死后平定诸吕叛乱，使刘氏王朝转危为安。

历史表明，刘邦临终前对相国接班人的一系列安排，确实是安定汉王朝的一项重要措施，真可谓未雨绸缪、深谋远虑。

第十一章 开国帝王身后事

一、吕后专权

刘邦去世后，吕后决定秘不发丧。因为刘邦临终前曾诏令诛杀樊哙，令周勃接替樊哙任北疆军事长官，并令灌婴、陈平陈兵荥阳，这一系列安排无不令吕后感到恐慌，所以她出于本能将消息封锁起来，然后与兄长吕释之、亲信审食其等人商谋对策。

吕后说："朝廷任用的大将们过去都和皇帝一样，出身于普通百姓家庭。大伙一块南征北战这么多年，共同打下了大汉江山。之后，皇帝南面为君，而诸将北面称臣，看得出来，他们心里都是很不乐意的。如今皇帝去世了，再让他们继续侍奉少主，恐怕不会服服帖帖。如果不采取一些非常措施，把他们统统除掉，天下就不会得到安宁。"

审食其听了连连点头，忙问吕后怎么办。吕后继续说道："不说皇帝去世，只说病危，召集诸将进宫议事。宫内埋伏好士兵，他们进来一个就杀一个，务必斩草除根，不留后患。"随即命令审食其去具体落实。吕释之也让儿子吕禄去找一些可靠的人帮助审食其。

一场血腥的大屠杀眼看就要发生，在这个紧要关头，郦食其之弟曲周侯郦商为平定这场政治风波立下了大功。

刘邦驾崩后，吕后封锁消息，秘不发丧，同时与其亲信紧张密谋，准备谋杀一批他们认为不易驯服的元老重臣。郦商的儿子郦寄与吕禄是好友，吕禄想拉郦寄参与这场阴谋，但郦寄胆小，就把这个消息告诉了父亲郦商。郦商听了大吃一惊，立即找到审食其，申明利害关系，他说："我听说皇帝已经驾崩4天了，而皇后秘不发丧，我猜是想借这个机会把功臣老将们一并斩尽杀绝。如果真是如此，恐怕天下就要大乱了，而您和皇后的生命也危在旦夕。"

审食其用狡诈的目光盯着郦商，问道："为什么呢？"

郦商语气坚定地继续说道："道理是明摆着的，现在陈平、灌婴带领10万军队驻守在荥阳，周勃代替樊哙统帅着20万大军北巡燕代。他们一旦知道皇帝升天，而朝中将领遇到劫难，必定会联手杀进关中。那个时候，大臣内叛，诸侯外反，国家必然陷入动乱，而参与这件事的人，恐怕一个也活不成。"

审食其听了顿时吓出了一身冷汗，赶紧驱车赶入宫中，一五一十地把这些情况告知吕后。吕后见计划已经泄露，只好叹气说："既然如此，那就明天发丧，大赦天下，先扶立太子即位再说吧。"

与此同时，陈平奉刘邦诏令，前往北疆执行"立诛樊哙"的任务，走在路上，他觉得樊哙是吕后的妹夫，杀之则后患无穷。经与周勃商量，决定暂由陈平将樊哙押回京城，再由皇帝处置。

陈平在押送樊哙回长安的路上，听到刘邦去世的消息，不由得暗自庆幸没有奉诏立诛樊哙。他料定皇帝驾崩后，朝政大权必然掌握在吕后手中，为了防止樊哙的妻子向吕后进谗言，陈平令手下的卫士与樊哙慢慢走，自己则搭乘快马，先行入京，途中正好碰见了朝廷的使者。

原来，刘邦在去世前，考虑到荥阳是关东重要的军事重镇，而灌婴自己在那里力量单薄，于是又派使者通知陈平，让陈平处理完樊哙的事情后不必回长安，直接去荥阳协助灌婴。

陈平接过诏令后，仍然赶回了长安，在刘邦的灵堂前失声痛哭，哀切之情使在场之人无不深受感动。接着，陈平向吕后奏报了他对樊哙问题的处理结果。吕后见陈平刻意保护樊哙，说明他的心是向着自己的，不仅没有怪罪的意思，还劝慰了陈平几句，仍让他去荥阳任职。陈平担心离京后樊哙夫妇会诽谤自己，便坚决要求留下来。他说："臣受先帝的大恩大德很深，理应赤胆忠心地报答才行。现在太子刚刚即位，需要有人帮忙。请让臣留在宫中当个小卫士，伺候皇后与少主，略尽臣的一片心意。"吕后见陈平说得如此诚恳，便点头答应，任命陈平为郎中令，负责宫廷的警卫。陈平小心谨慎，一天到晚不离开皇宫门口，樊哙的妻子几次想鼓动吕后杀掉陈平，但始终得不到机会。

刘邦下葬3天之后，太子刘盈即皇帝位，为汉惠帝。吕后自动升级为皇太后。她下诏将原来负责宫廷保卫工作的王卫尉撤换成妹妹的女婿，以此将性命攸关的宫廷警备保卫权牢牢抓在自己人手中。

在权力逐渐巩固后，吕后开始整治自己的仇家，她采取先易后难的办法，首先从刘邦生前宠爱的那些姬妾下手。这些女人曾以美貌受宠于刘邦，她们的子女都还很小，毫无背景，刘邦驾崩后，这些人马上沦落为一群无助的羔羊，任凭吕后宰割。其中下场最惨的当数戚姬。因为易储事件，吕雉对她恨之入骨。所以，刘邦驾崩没多久，吕雉就令人将戚姬废为官奴：剃成光头、穿上囚衣、项套铁圈、押往永巷——西汉初期的皇家监狱——舂米为役。

戚姬身为先帝宠姬，曾享尽荣华，受人敬畏。如今，她在监吏的看管下，终日举石为舂，既累又羞，想起远在赵国做诸侯王的儿子刘如意，她不禁悲从中来，边舂边歌：

子为王，母为虏！终日舂薄暮，常与死为伍！相离三千里，当谁使告汝？

戚姬此歌意在向儿子诉说委屈，期望得到救助。然而她万万没有想到，这首歌不但没有将自己救出苦海，反而给儿子惹来了杀身之祸。

监吏将情况汇报给吕雉，吕雉勃然大怒，决定斩草除根，于是派使者前往赵国，召赵王刘如意进京。刘邦生前曾特意嘱咐周昌要好生保护赵王。周昌很机警，知道吕太后不会轻易放过戚夫人母子，便假托赵王有病，拒绝远赴京城。吕雉接连派去三拨使者，都被周昌挡了回来。最后一次，周昌干脆打开天窗说亮话："先帝把赵王托付于臣，令臣保护。今闻太后怨恨戚夫人，已囚永巷，现欲召赵王一起加害，故臣决不奉诏。"

吕雉得知情况后十分恼怒，但念在周昌曾坚决力谏先帝不易储的情分上，也不便问罪周昌。一计不成，吕雉又想了一计，先召周昌入京述职，待周昌到达长安后，立即又派使者召赵王进京。

周昌进京本想当面劝吕雉改变主意，结果一进京师就遭到了软禁。赵王失去了保护，只好应召来到长安。

汉惠帝刘盈曾受父皇"善待如意母子"的遗命，正为戚夫人被囚之事而愧疚不安，又听说赵王如意奉太后之诏进京。他深知自己母亲不怀好意，于是亲赴灞上迎接赵王，一同拜谒太后。随后又将赵王带回未央宫，与自己同吃同住。吕雉见儿子防范甚严，一时难以下手，只好命人严密监视赵王的一举一动。

可是，一天早晨，刘盈要出去练习射箭。他见弟弟睡得正酣，不忍心喊醒他，便悄悄离开了卧室。他心想自己一会儿就回来，出不了什么事。哪知吕后早已在汉惠帝身边安排了奸细。刘盈刚一离开，吕后就派人带着毒酒，强迫赵王服下。等他回来时，赵王早已七窍流血而亡。汉惠帝抚着弟弟的尸体号啕大哭，连连埋怨母亲做事过于残忍。随后，汉惠帝将赵王如意以王礼殓葬，谥号为"隐王"。

周昌得知赵王被害，痛哭流涕，自愧有负先帝重托，从此称病不朝，于汉惠帝三年（前192）郁郁而终。

赵王如意死后，吕太后将淮阳王刘友改封为赵王。接下来，她又对戚姬痛下狠手。惨无人道地砍掉其四肢，挖去双眼，熏聋两耳，灌以哑药，然后扔进厕所，治成所谓的"人彘"。

处置了戚夫人母子后，吕太后又将目光投向了齐王刘肥。

刘肥是刘邦的外室曹氏所生。汉惠帝二年（前193）十月，齐王刘肥回长安省亲，刘盈设宴招待他，并请吕后作陪。因为是家庭宴会，刘盈让刘肥坐了上位，兄弟二人畅叙别后情怀，非常亲热。吕后心里却非常不舒服，认为庶出的刘肥没有资格坐在自己儿子的上位，于是偷偷叫人端来两杯毒酒，一杯放在自己面前，一杯放在刘肥面前，示意刘肥向自己祝寿。刘肥站起身来，两只手恭恭敬敬地高举毒酒，要与吕后碰杯共饮。吕后却推托身体不适，坐着不动。刘盈生怕怠慢了哥哥，便端过吕后面前的那杯毒酒，要替她喝。吕后急了，急忙打翻刘盈手中的酒杯。刘肥立即明白酒中有毒，也没敢动那杯酒，酒宴不欢而散。

刘肥回宫后打听出事情的真相，十分害怕，担心吕后不会轻易放过自己。一个侍从出主意说："太后只生了皇帝和鲁元公主，这两个子女是她的命根子。您的封邑有70多座城，鲁元公主的封邑才几座城，比起您来差远了！您要是能割让一部分土地献给鲁元公主，必能讨得太后欢心，也许就不会找您的麻烦了。"刘肥一听立马主动上表从齐国割出最富庶的城阳郡给鲁元公主做汤沐邑，还尊奉比自己小几岁的妹妹鲁元为"王太后"，事以母亲之礼。吕后见刘肥这么孝顺，也就网开一面，放刘肥回国了。刘肥连羞带气，没过多久便死在了自己的封邑。

汉惠帝即位后，实行仁政，减轻农民的田租，恢复"十五税一"的制度，普遍"赐民爵一级"。他让各郡县推举孝顺父母、尊敬兄长而又努力耕种土地的人，免除其徭役负担，以资鼓励；又诏令废除秦朝私藏诗书就灭门的规矩，允许民间收藏诗书，研习文化。

汉惠帝非常看不惯吕后的专横和淫逸作风，找机会拘禁了受吕后宠幸的审食其。审食其是刘邦的同乡，刘邦起兵离开沛县，审食其以舍人的身份照顾刘邦的家小，据说不久他便与吕雉私通，此后二人一直打得火热。刘邦去世后，审食其倚仗吕后宠信，有恃无恐，横行无忌，汉惠帝下令诛杀他，因朋友相助他方才逃过一劫。

吕后为了惩罚自己的儿子，命人将汉惠帝带到关押戚夫人的大牢之中，汉惠帝见到被母亲用惨无人道的手段折磨得不成人形、血肉模糊的戚夫人，当场吓晕过去了。从此他心情抑郁，不问朝政，日日纵情淫乐，醉生梦死。

二、张良隐逸

西汉初期出现了三位令后世称道的"人杰",史称"汉初三杰",包括萧何、韩信、张良,其中韩信被诛杀,萧何也曾被下狱,只有张良在功成名就之后隐退,不失其谋士本色。

刘敬建议定都关中时,群臣都表示反对。刘邦只好询问张良的意见,张良发表了一通高论,十分赞成刘敬的建议,于是刘邦当日便起驾西行,定都于关中。

张良跟随刘邦一起西行,然而自从这次入函谷关后,他便以身体多病为理由,从政坛引退,学习道家养生的方法,呼吸俯仰,屈伸手足,以此谋求血气充足,身体轻举,增进健康,同时采取"辟谷"的方式,不吃食物而服用药物,以此养生。到达关中后,张良有一年多闭门不出,也不接待宾客。

张良之所以在功成名就之后急流勇退,在于他深谙"飞鸟尽,良弓藏;狡兔死,走狗烹;敌国破,谋臣亡"的道理。

他隐退后,曾奉刘邦之命与韩信一道整理各家兵书;在易立太子的问题上,他受吕家所迫而献策,建议请出"商山四皓";刘邦征讨陈豨时,他曾随军前往,献计于马邑城下;刘邦东征黥布时,他相送于郊外灞上,劝告刘邦"无与楚人争锋""令太子为将军,监关中兵",谋高而意重。但总的来说,张良在汉王朝建立后,除以上几决献计外基本上就告别了政治舞台。

司马迁在《史记·留侯世家》中记载,自从萧何被立为相国后,张良曾与刘邦闲谈天下之事,涉及了很多问题。因为与天下兴亡无关,《史记》未予记载,却记录了张良的一段自我表白。

我家世代为韩相,待到秦军灭亡韩国,我不爱惜万金家财,破产谋求勇士为韩国报仇,致使天下震动(指博浪沙行刺未遂,秦始皇下令天下大搜捕十日）。如今又以三寸舌为帝王军师，封万户，位列侯，这是布衣百姓所能得到的最高地位，对于我来说，可谓心满而意足了。我甘愿从此抛弃人间的事情，想要随从赤松子（传说中的仙人）遨游去了。

汉高祖十二年（前195），刘邦驾崩，太子刘盈即皇帝位，实际上是吕后当权。吕后对张良设计保住太子地位的功劳感激不尽，同时对张良的学道之举很不以为然，她说："人生一世，如白驹过隙，何至自苦如此乎！"以张良的聪明洞达，他当然能够看出因吕后专权而引起的汉朝统治集团内部矛盾的微妙变化，所以不愿意被卷进去。因而，不管吕后怎样苦口相劝，他也不愿意担任什么重要官职。此后，张良又悠游6年之久，于汉惠帝六年（前189）病逝[①]，其子张不疑承袭留侯爵位。

据《史记》记载，当年在下邳桥上授给张良《太公兵法》的那位老人告诉他："13年后见到济北谷城山下的黄石，便是我的化身。"13年后，张良随从高祖征战，路过济北，果然见到谷城山下的黄石，于是将黄石取回，作为圣物供奉起来，按时祭祀。他死后，黄石也一同随葬，后人祭祀张良时，也同时祭祀黄石。

司马迁在《史记·留侯世家》中评论说："学者大多认为没有鬼神，然而却承认有怪物，像留侯所遇到的老人授给他兵书，也算是一件令人奇怪的事情了。高帝曾多次处于困境，而留侯常在这种时候为他建功，难道可以说这不是天意吗？皇上称'夫运筹帷幄之中，决胜千里外，吾不如子房'。我以为他这个人一定身材魁梧、相貌非凡，然而看到他的画像，容貌却像位妇人美女。无怪乎孔子说'用相貌取人，我失误于子羽'，我对于留侯也是这样吧。"

也许是张良淡于名利的缘故，在"汉初三杰"之中，他的遗迹是最少的。他的封地留城，在沛县城东南15里处，如今已淹没在烟波浩渺的微山湖中。其余几处张良祠庙也大都倾圮，只有地处陕西城固城东

[①] 一说公元前190年去世。

北30里的白云山上的"留侯辟谷处",仍然以其特有的静谧和清幽,供后人凭吊。

总的来说,张良以自己具有神秘色彩的一生树立了封建社会帝王师的一个典型,将超人的智慧与参透生死的明哲结合在一起,既能施展才智,建功立业;又能进退自如,防患避祸,因而对后世产生了深远的影响。

三、萧规曹随

刘邦去世后,汉王朝陷入动荡不安之中。这段时间最辛苦的便是相国萧何。他一方面要用尽各种方法,阻止吕后过分损害刘氏政权,避免吕氏势力扩大;另一方面又要疏导功臣们对吕后的不满,避免强烈内部纷争,造成王朝崩溃。

萧何个性温和审慎,加上他在关中地区声望甚高,吕后再强悍,在朝廷政事上也不得不尊重萧何的意见。吕氏一党虽然在吕后的支持和指使下,全力夺权,但有萧何的掌舵,其张狂程度非常有限。但萧何毕竟年老体衰,加上操劳过度,精力、体力很快便跟不上了。所幸刘邦深谋远虑,在去世时留下遗言,让曹参接替萧何的相国之位。

前文已经说过,曹参也是刘邦在沛县当亭长时的上司,他和萧何一样,曾大力支持刘邦起义,是刘邦最早期的班底兼亲密伙伴。

曹参和萧何早年感情很好。楚汉相争期间,萧何在关中负责兵员和粮秣的经营,曹参则在外面负责指挥作战。从出陈仓、定关中开始,曹参一直附属于韩信军团,黄河以北的战事,他几乎每战必参与,并担当相当重要的角色。在韩信军团中,除了直属部队外,最主要的两支附属军团便是灌婴领导的骑兵部队和曹参领导的步兵部队。这不仅是因为他们独立作战能力强,对韩信这支主动攻击黄河以北地区的军团有实质性的帮助,也因为他们是刘邦用来监督、牵制韩信的主要棋子。

骑兵负责冲锋和追击,但真正攻城略地、击溃敌人、占领城池的是曹参的步兵军团。曹参个性勇猛,勇于负责,常在前线指挥,据说他全身受创达 70 余处。在论功时，曹参的功劳仅次于萧何，排名第二。而在诸朝臣与将领眼中，曹参的功劳更甚于萧何。因此，封爵时，曹参不但最早被封，而且食邑万户，高于萧何起初的八千户。张良虽也封为万户，但受封时间仍在曹参之后。

在汉初分封的异姓、同姓诸侯王国中，齐国有 70 余城，封地最大，人口最多，又十分富饶，有"东秦"之说。所以，刘邦封庶出的长子刘肥为齐王后，任命心腹大臣曹参为齐王的相国，把确保东方安定的重任寄托在曹参的身上。鉴于天下初定、齐王年轻，曹参到任后便召集当地长老、儒生询问安定百姓的办法。齐地原有的儒生数以百计，每个人都有自己的看法，曹参一时间也确定不了要采纳何种建议。后来他听说胶西有一位被称为盖公的长老，精通黄帝、老子的黄老学说，便派人带着贵重的礼物把他请到齐国的都城。盖公来到后，向曹参献策，认为治国之道应以"贵清静而民自定"为总方针，其他政策均可围绕这个总方针来确定。

曹参听了盖公的分析，恍然大悟，于是派人为盖公修建住所，之后经常向他请教。从此，曹参按照盖公建议的黄老之术治理齐国，推行一系列以轻徭、薄赋、节俭、省刑为主的政治和经济政策，提倡与民休息，不过多干预人民的生产和生活，这对恢复战时被破坏的社会经济有很大好处，并很快收到了成效。黄老之术的实行对曹参来说是个转折点，对他日后继萧何之后出任相国，治理整个国家也有很大影响。

刘邦去世两年后，相国萧何患病不能起身，汉惠帝亲自到萧何家中探视，见相国病重，便向他请教身后之事："相国百年以后，谁可接替？"

"知臣莫如主啊！"萧何并没有直接回答。

"曹参如何？"汉惠帝又问。

"陛下得到胜任的人才，臣虽死也无憾了！"萧何回答道。

萧何的功劳是不言而喻的，他是西汉王朝的首任丞相，并在刘邦建立和巩固汉王朝的过程中立下了汗马功劳。他对刘邦和汉王朝的忠心令人敬佩，他的贤明更令人称赞。反秦战争历时3年，萧何跟随刘邦左右，为他筹措军需，帮助他打入咸阳，立足汉中。萧何本人虽然从不领军作战，不善于谋略，但他善于识别人才，韩信就是个很好的例子。

萧何还有很强的行政管理和后勤管理能力，并富有政治远见。在长达4年的楚汉之争中，刘邦在前线打拼，萧何在后方压阵，两人配合得十分默契。刘邦很放心地把"家"交给萧何，因为萧何总能把大后方安排妥帖。好几次汉军处于兵尽粮绝的危难时期，都是萧何及时将粮草送到才得以转危为安，这对刘邦取得最终的胜利起了重要作用。因此，刘邦得天下后，对萧何的赏赐最多，萧何的食邑也是最多的。但萧何生活十分节俭，不贪图享乐，对百姓也体恤有加。刘邦的胜利和汉王朝日后的强大，萧何的作用是任何人都无可比拟的。刘邦有如此得力的贤臣，不得不说是一种福气。

曹参得知萧何逝世的消息后，在悲痛之余立即告诉左右人赶快整理行装，说道："我要到朝廷当相国去了。"

曹参并不知道刘邦的临终遗嘱，但他的预料果然没错，几天后，朝廷派使者持节前来召曹参入宫。临行前，曹参对接任的齐国丞相说："要把齐国的狱市作为奸人寄寓的场所，狱是那些教唆犯罪、包揽诉讼的地方；市是那些投机倒把、欺骗顾客的场所。对这两个地方要谨慎一些，不要去干扰。"

继任者不解地问道："治理国家没有比这更重要的吗？"

"不能这样看，狱与市这两个地方，是好人与坏人并存的场所。现在你去干扰他们，那些奸人去哪里容身？所以我才把这两件事作为治国首先要慎重对待的问题。"

曹参把黄老清静无为作为治国之本，在狱与市的问题上不能不持这种态度，目的是把经济犯罪和刑事犯罪限制在一定的范围之内，不去做那些激化矛盾的事。

继任中央政府的相国后，曹参仍然按照治理齐国的方法行事，采取无为而治、与民休息的方针政策，一切朝中大事基本上仍然按照萧何原来的处理方式来办，这就是"萧规曹随"的由来。

曹参的具体做法是：从各郡国的官吏中选择那些质朴而不善言辞的长者，任命他们为丞相史，作为自己的助手。对于那些善于文辞、苛求深究、追逐名声的人，一律将他们请出相国府。他自己则日夜痛饮美酒。卿大夫以下的官吏以及他门下的宾客们，见他不处理政务，到他这里来的都想为此向他进言。曹参也深知这些人的来意，当客人到来后，他便十分热情地请他们喝酒，把来人想说的话给堵回去。对于那些想要劝谏他的人，他一直这样对待，并习以为常。

曹参住宅的后园与官吏的宿舍相邻，在曹参的影响下，宿舍里的官吏们也日夜饮酒，大声喧哗呼叫。曹参的随从官吏很讨厌这些人狂呼乱叫，但也无可奈何。随从官员请曹参到后花园游玩，想让他听听官吏宿舍中酒醉后的呼叫声，并制止他们。谁知曹参听到后，反而让人取酒在后园痛饮起来，也大声呼叫高歌，与官吏宿舍中的酒后呼喊声遥相呼应。

曹参见人犯有细小的过失，总是隐瞒遮盖，因而相国府中平安无事。

曹参的言行举止逐渐传到汉惠帝耳中，惠帝对此极为不满。恰好曹参的儿子曹窋在朝廷中任中大夫，惠帝便对曹窋说："你回去试探着私下从容而自然地问问你父亲，就说'先帝刚刚离开群臣，皇上又年轻，你身为相国，整日饮酒，也不向皇帝请示，用什么表示忧虑天下呀？'不要讲这是朕让你说的。"

曹窋回家后把皇帝的不满告诉了父亲，曹参闻言大怒，当场抽打了他一顿，并训斥道："赶快给我回宫侍奉皇上去，天下之事不是你应当说的。"

汉惠帝听说曹参不仅不听自己的话，还打人，更加气愤，于是在朝堂上责问曹参道："曹卿为什么要抽打你的儿子，那是朕让他劝谏你的。"

曹参脱下帽子，向皇上请罪道："陛下认为您的才能比起先帝如何？"

汉惠帝说:"朕当然不及先帝了!"

曹参又问:"那陛下认为臣和萧何比,谁更有能力?"

汉惠帝回答:"你好像比不上萧何。"

曹参回答说:"陛下说得非常对。先帝和萧相国既然已经安定了天下,也制定了行之有效的法令,我们照着做就可以了。陛下只要无为而治,群臣坚守本职,保证没有大的过失,不就可以了吗?"

汉惠帝恍然大悟,说:"朕明白了。"从此就按照曹参说的做。

3年后,曹参过世,他无为而治的治国之道被百姓们大加赞颂。民间有一首赞扬曹参的歌谣:

> 萧何为法,讲若画一;
> 曹参代之,守而勿失;
> 载其清静,民以守一。

曹参果然没有辜负刘邦对他的信任,我们在称赞曹参的能力之余,又会不由自主地佩服刘邦的慧眼识人。曹参、萧何固然是千里马,但是如果没有刘邦这个伯乐,他们的才能又怎么会有用武之地呢?

四、大封诸吕

汉惠帝在位期间,张良、樊哙、傅宽、周昌等一批老臣相继去世。为了便于辅佐皇室,防止一人独揽朝政大权,吕后宣布废去相国称号,设左、右丞相,并遵照刘邦的遗嘱,任命王陵为右丞相、陈平为左丞相,周勃为太尉。

王陵是一介武夫,不善治理政务;陈平处世圆滑,从不做出头的椽子,而是学着曹参的样子"无为而治"。左右丞相都无建树,正好遂了吕后专权之意。

汉惠帝因为看了戚夫人的惨状,心灰意冷,日日纵情,没过几年就离开了人世，时为汉惠帝七年（前 188）八月。

惠帝死后，吕雉在灵堂里呼天喊地，却不流一滴眼泪，而且满脸杀机。当时年仅 15 岁的侍中、张良的儿子张辟强在旁边看出了原因，便找到左丞相陈平，说："太后只有惠帝一个儿子，年纪轻轻便死了，她却哭不出眼泪，你知道是为什么吗？"

陈平摇摇头，张辟强说："皇帝驾崩了，没有留下壮年的儿子，太后担忧君等老臣另有他谋，无法安心发丧，所以才会哭而无泪。如今为大臣们的身家性命着想，不如奏请太后先把吕台、吕产、吕禄等几个侄子封为将军，让他们统率京城的卫戍部队，然后再引太后的其他亲人进宫，都委以重任。这样太后放心了，朝中的大臣们也能躲开一场杀身之祸。"

其实，朝中大权本来就由吕雉一人掌握，张辟强的建议无非是想借一班老臣之口，让吕氏子弟堂而皇之地占据国家要害部门的职务而已。陈平是个聪明人，马上将张辟强的意见转告其他同僚，大家都不敢反对，便一起奏请太后。吕雉果然十分高兴，于是"其哭乃痛"。

吕雉痛痛快快地"恩准"了众臣的奏请，下旨安葬了惠帝，一场危机就这样过去了。

汉惠帝生前被迫与年幼的小外甥女（即鲁元公主之女）成婚，双方没有感情，也就没有留下子嗣。惠帝驾崩后，吕雉让张皇后装成怀孕的样子，暗地里把后宫一个美人生的孩子抱过来，说是张皇后生的，起名刘恭，并立为太子。为防止泄露风声，吕后又让人杀了孩子的亲生母亲。汉惠帝死了，两三岁的孩子即位，但他哪能处理国家大事？于是吕雉当仁不让，自己坐在金殿行使皇帝的职权，人们把这种做法叫"临朝称制"。吕雉成为中国历史上第一个事实上的女皇帝。

少帝即位，吕雉专权，但她内心并不踏实，因为四方戍守将官如灌婴等人，多为跟随刘邦多年的旧臣，与吕氏并不是一条心。加上刘氏宗室封王者众多，几乎占据了汉王朝的大半江山，一旦刘氏一起发难，后果不堪设想。为了与刘氏力量相抗衡，吕雉决定大封吕氏为王。

不过，要把这个决定付诸实施颇有难度，因为刘邦当年在白马之盟时，曾与诸侯群臣有过盟约："非刘氏不得为王！"为了实施自己的计划，吕雉小心谨慎，步步为营。她先是翻出陈年旧账，将御史大夫赵尧以"高祖时定赵王如意为计"的罪名，革除职务，废为庶人，赶出京城，然后让自己的亲信广阿侯任敖接替御史大夫之职。随后，吕雉又接连废除柏至侯、棘丘侯、深泽侯、赤泉侯四人的封邑和爵位。这四人都是追随刘邦打天下的老臣。吕雉这样大废功臣，旨在挑战白马盟约中"非功臣不得为侯"的底线，杀鸡儆猴，向老臣示威，以此试探老臣们的反应。

此时的众老臣已经被吕雉的诛杀行为所震慑，谁也不敢表现出太大的抵触情绪。吕雉见状内心窃喜，便在一次朝会上试探性地向王陵、陈平、周勃等老臣提出封立诸吕为王。王陵性格耿直，直接回道："当初高帝刑白马盟约'非刘氏而王，天下共诛之'，现在如果立吕氏为王，有违盟约。"

吕雉听了甚为不悦，板着脸问陈平、周勃等人怎么看。此时的周勃已经变成了一个见风使舵的政客，便抢着说："高帝定天下，封刘氏子弟为王。如今太后称制，封昆弟诸吕为王，也是可行的。"吕雉闻言十分高兴。

罢朝后，王陵气呼呼地责问陈平、周勃："当初与高帝歃血盟誓，诸君难道不在场吗？而今高帝驾崩，太后做了女主，欲封吕氏为王，诸位为讨好太后而违背盟约，他日有何面目见高帝于地下？"

周勃与陈平说："眼下与太后当面争论，我们不如阁下；日后保全汉家社稷，佐助刘氏安定天下，阁下却不如我们。"王陵无言以对。

吕雉对王陵当场反对诸吕封王甚为不满，可是王陵位居"元功十八人"之列，是刘邦极其尊敬的人，在刘邦彭城兵败之际又曾拼死保护鲁元、惠帝姐弟脱险，有恩于吕雉；而且他现在还担任汉朝第一丞相之职，位高权重，不能轻易撼动。吕雉为报此仇，便心生一计，下诏改拜王陵为少帝太傅，其右丞相之职由陈平接任；左丞相之职则由心腹审食其接任，陈平名为汉朝第一丞相，但丞相一职的实权却由左丞相审食其把控。吕雉通过审食其之手，把相府的大权也抓到了自己手中，陈平成了摆设。

当时，少帝还只是一个不会说话的幼童，所以王陵的少帝太傅就成了一个空衔。王陵一气之下托病辞职，闭门不出，至死不再朝见吕雉。

王陵一去，朝中几乎再无人公然反对吕雉封王诸吕的计划。于是，吕雉先从已故的父亲入手，追封父亲为吕宣王，追封其兄吕泽为悼武王。高后元年（前187）四月，鲁元公主病故，吕雉赐谥鲁元太后，鲁元公主之子张偃被封为鲁王，就国当年齐王刘肥献出的城阳郡。

为了掩人耳目，吕雉在分封诸吕之前先广封刘氏宗室，先是将汉惠帝与其他嫔妃所生的孩子一一分封：刘强封淮阳王，刘不疑封常山王，刘山封襄城侯，刘朝封轵侯，刘武封壶关侯。完成一系列的铺垫后，吕雉授意陈平、审食其、周勃、郦商等老臣联名上书，请封吕泽的长子、郦侯吕台为吕王，就国原属齐国的济南郡。至此，刘邦当年订立的"非刘氏不得为王"的盟约彻底宣告失效。

有了开端之后，吕雉便没有了顾忌，开始大肆分封诸吕宗室。到吕雉去世时，吕氏家族封王者包括：吕雉的侄子吕产、吕种、吕禄分别受封梁王、吕王、赵王，侄孙吕通受封燕王。

除了封吕氏为王外，吕雉还封了不少吕氏为侯，其中包括：吕媭封临光侯，吕更始封赘其侯，吕忿封吕城侯。另外，吕媭的儿子樊伉承袭舞阳侯封爵，女婿刘泽先是被封为营陵侯，后改封琅琊王；张敖与原配夫人的两个儿子张侈、张寿分别受封新都侯、乐昌侯。这真是一人得道，鸡犬升天，吕雉的亲戚都靠着她得以飞黄腾达。

吕雉害死赵王如意后，将淮阳王刘友徙为赵王，并把吕氏宗族的一个女儿配为其王后。刘友不喜欢这位吕氏王后，而宠爱其他后宫美人。这位王后便向吕雉告状，称刘友妄言"待吕太后百年之后将消灭吕氏宗族"等。吕雉信以为真，愤怒之下将刘友召至京城，围困于赵邸，将其活活饿死，最后草葬于民冢。刘友死前作了一首歌，自己唱道：

> 诸吕专政啊，刘氏临危；
> 胁迫王侯啊，强授我妃。
> 我妃妒忌啊，诬我以罪；
> 谗女乱国啊，上竟不悟。
> 我无忠臣啊，何故失国？
> 自杀荒野啊，苍天可鉴！
> 不早自裁啊，后悔莫及；
> 为王饿死啊，有谁哀怜！
> 吕氏绝理啊，托天报仇！

刘友死后，吕雉徙梁王刘恢为赵王，将吕产封为梁王。刘恢也在吕雉的主持下娶了吕氏家族之女为王后，和刘友的情况一样，刘恢也偏宠其他爱姬，结果爱姬被吕家王后所杀，刘恢悲愤之余自杀了。吕雉闻报，以刘恢因女人而废宗庙为由，废除其王位。

刘邦的幼子故燕王刘建死于疾病，吕雉教唆自己安插在燕国的亲信杀掉刘建的儿子，然后以燕国王位没有继承人为由，封吕通为燕王。

刘氏诸侯王没有一个落得好下场，那么，楚、吴、齐、代、淮南5个刘姓诸侯国又怎样了呢？楚王刘交与吕雉的关系向来不错，而且刘交出身儒生，处事中庸，对吕雉的野心没有多大妨碍，所以吕雉算是额外开恩，没有对刘交下毒手。吴王刘濞是刘邦二哥的儿子，在沛丰老家时与吕雉的关系还算不错，所以吕雉也容忍了这位侄子。

齐王刘肥在汉惠帝二年（前193）差点被吕雉害死，后靠割城才得以脱险回国。刘肥死后，其长子刘襄继位，凭着小心防范，虽性命无虞，但齐国七郡先后被吕雉划走四郡，以作为新封吕氏诸王的封国，损失颇为惨重。

代王刘恒在赵王刘恢自杀后，吕雉曾想迁他为赵王。刘恒坚决请辞，说愿为大汉守卫北疆，吕雉这才以吕禄为赵王。刘恒为人相当谨慎，鉴于赵国前后三位兄弟的悲惨结局，他选择留在代国，以便在非常情况出现时，能够远逃匈奴避祸。

淮南王刘长的母亲是当年刘邦北征匈奴，路过赵地东垣时临幸的赵姬，赵姬受贯高谋逆案牵连，被关入大牢，因为怀有身孕，赵姬几次申诉都无答复，在生产后便自杀了。狱吏将婴儿交给刘邦，刘邦为其取名刘长，并托付给吕雉抚养。吕雉对刘长视为己出，母子感情不错，所以也没有迫害刘长。

铲除了刘氏异己后，吕雉并未收敛，又将矛头指向了小皇帝。此时少帝只有五六岁，他偶然听说自己不是张皇后所生，而自己的亲生母亲早已被太皇太后杀害。小孩子口无遮拦，便对身边的人说："太皇太后怎能杀害我母亲并且欺骗我呢，等我长大后一定要报这个仇。"

这话很快传到了吕雉耳中，她担心少帝长大后报仇，于是决定先发制人，将少帝关进永巷牢中，对外宣称皇帝得了重病，不能与外界接触；然后又在朝会上对群臣说："自古以来，凡主宰天下者皆奉天承命，使百姓欢心，方能天下大治。如今皇帝染疾在身，精神错乱，无法继嗣宗庙，统治天下，应该换掉他。"

群臣迫于吕雉的威严，只得出声拥护："太皇太后为天下百姓着想，为宗庙社稷负责，臣等顿首奉诏！"于是，吕雉宣布废除少帝名号，不久，又寻机派人将少帝暗杀了。

吕雉又立汉惠帝刘盈的另一个儿子常山王刘义为皇帝，并将其更名为刘弘。梁王吕产因为一直未赴梁国就国，吕雉便任命他为太傅，位居三公之上。赵王吕禄也没有赴国就藩，吕雉命他在京城长安典军。

经过吕雉大刀阔斧分封吕氏宗室，并铲除异己，吕氏诸侯藩国的数量及势力范围，与刘氏诸侯藩国基本相当，不过，京城长安的重要职位和军事力量全都掌握在诸吕手中，大汉刘氏江山几欲易主。

五、计诛吕党

公元前180年，太皇太后吕雉的身体日渐衰弱。是年三月，春回大地，万物复苏。一天，吕雉按照民间风俗到郊外水滨祭祀鬼魂，祓除不祥。在回途经过轵道亭时，吕雉恍惚间感到有一状如白狗的怪物，朝她腋窝处击打了一下，之后忽然不见了踪影。吕雉心中疑惑，回宫后召来方士占卜，卜筮的结果是"赵王如意为祟"。自此以后，吕雉"遂病腋伤"。

吕雉染病的消息一经传开，刘氏宗室及一些对吕党不满的人开始蠢蠢欲动。在此期间，留在长安的诸刘子弟中，最具有威信的要数故齐王刘肥的儿子朱虚侯刘章。刘章有威信，主要在于他生得孔武有力，而且敢作敢为，曾经在宴会监酒时杀掉一个因醉酒而逃席的吕氏子弟，这件事令他声名远扬，而刘章也成为一些仇视吕党人士的主心骨。吕雉生病期间，人们不时聚集在刘章身边，谋划对策。

同年（前180）七月，吕雉的病情越来越严重，她自知将不久于人世，便着手安排身后之事。她发布调令：任命赵王吕禄为上将军，统率北军；梁王吕产统率南军，以牢牢掌握京城的卫戍部队。同时，任命吕产为相国，将吕禄的女儿嫁给皇帝，立为皇后；审食其当太傅。此外，她还封了一大批吕氏亲族，由他们掌握各个要害部门的职权。末了，吕雉又叮嘱吕产和吕禄说："封吕氏子弟为王，违背了高皇帝的盟誓，大臣们心里肯定不服气。我死了以后，你们一定要据兵守住皇宫，保护好皇帝，以防他们趁机变天。千万不要葬送了吕家的大业。"吕产、吕禄连连表示谨遵教诲。

同年七月辛巳，吕雉在长乐宫驾崩，与刘邦合葬于长陵。

遵照吕雉生前的嘱咐，吕禄、吕产坐镇南北军中，没能参加吕雉的葬礼。葬礼由右丞相陈平、左丞相审食其、太尉周勃、大将军灌婴等一干老臣辅佐皇帝刘弘主持。

吕雉死了，许多大汉王朝的功臣元勋不胜欢喜，他们觉得恢复汉家天下的时机终于到了，不过，其中也有一个人不胜恐慌，他便是陈平。

当年陈平担心因"立斩樊哙"之事遭到吕媭报复，于是匆忙投奔了吕雉。吕雉专政期间，陈平多次向吕雉进献抑刘扬吕的政策，所以，刘氏宗室和许多老臣都觉得陈平是个背叛先帝的败类。不过，陈平从吕氏手中也没得到什么便宜，樊哙的妻子吕媭始终对他心怀怨恨，只是因为吕雉的压制才没有动手。如今吕雉死了，吕媭必定会找陈平算旧账。

所以，吕雉病重期间，陈平就开始为自己思谋出路。他知道天下早晚要回归刘室，要想保全自己，必须设法消灭吕党，自己再次建功于刘氏才是上策。这边陈平刚打定主意，陆贾便登门拜访了，正好给了陈平一个施展计策的机会。

陆贾见到陈平，直截了当地点明了陈平当下的尴尬处境，称其是"极富贵无欲矣。然有忧念，不过患诸吕、少主耳"！然后提出自己的观点："国家风调雨顺，一切走上正轨，需要以宰相为首的文官集团来调理阴阳，行使政令；国家一旦政局危急，陷入瘫痪，拿笔杆子的文官就不顶用了，只能靠枪杆子——大将。如果大将和丞相配合默契，那么士人就会归附；士人归附，那么天下即使有意外的事情发生，国家的大权也不会分散。"

陆贾表明观点后，与陈平共同商讨了日后对付吕党的一些设想，并建议陈平在这个关键时期主动去结交太尉周勃。

正所谓英雄所见略同，其实陈平早有结交周勃之意，只是自从他背楚投汉起，包括周勃、灌婴在内的这些沛丰老将都看不起他。刘邦在世时，这些老将便经常告他的状。吕雉专权后，老将们对这个见风使舵的"阴谋家"更是鄙视至极。正因为如此，陈平担心即使自己有心结交，周勃也不一定会理睬他。如今听了陆贾的开导，他终于恍然大悟：在大敌当前之际，正需要诸臣的团结，太尉是不会计较前嫌的。

陆贾走后，陈平马上备了厚礼，置下盛宴，请周勃前来把盏言欢。果然如陆贾所说，周勃其实也早想与陈平和解，如今见陈平主动示好，便也投桃报李。几番往来，二人遂成深交，并交换了剪除吕党的想法。

这边刘氏宗室及诸将老臣蠢蠢欲动，那边吕氏子弟则惶恐不安，双方的矛盾终于被激化了。吕氏子弟决定利用手中的军权,尽诛残存的刘氏宗室和朝中的元老旧臣,准备由吕家人登基做皇帝。

阴谋在紧锣密鼓地进行着。吕禄的女儿怕自己的丈夫刘章受到牵连,偷偷向丈夫透露了诸吕的计划,劝丈夫赶快回齐国去避一避风头。刘章不愿自己逃命,他先稳住妻子,连夜给哥哥刘襄写了一封急信说:"诸吕要在京师发难造反,尽除刘氏宗室,请哥哥赶快联合诸侯国军队,讨灭叛逆,我在京城里接应。"

齐相召平是吕氏安置在齐国的代理人。为了阻止齐王起兵反吕,他带领卫队包围了齐王宫。就在双方僵持不下时,中尉魏勃求见召平,假装气愤地说:"齐王没有拿到朝廷的虎符就调动军队,这是犯上作乱。我愿帮着您一起去捉拿他。"魏勃是吕雉生前派到齐国监军的军官,所以召平对他深信不疑,便放心地把兵权交给他,自己回相府处理其他事情。谁知魏勃早已被齐王策反,等兵权一到手,魏勃立即下令解除对齐王宫殿的围困,并包围了召平的相府。召平这才得知上当,悔恨不已,于是拔剑自杀了。齐王刘襄见除去了召平,随即封驷均为丞相、魏勃为大将军,并下令集结全国军队,择日西征。

刘襄下达战争动员令之后,考虑到仅以齐国之兵讨吕不占优势,便心生一计,派内史祝午去邻近的琅琊国诱骗刘泽说:"吕党欲尽诛刘氏宗室,齐王准备发兵征讨叛党,但他不习兵革之事。大王自高帝时就做将军,德高望重,齐王愿将军队托付于您,请大王前往齐都共商大计。"

刘泽是刘邦的族弟,同时又是吕媭与樊哙的女婿,深受吕雉器重。刘、吕两党相斗时,刘泽便想做个骑墙派,从中取势。现在双方的斗争刚刚拉开帷幕,胜负难料,刘泽一时间也无从选择,但他转念一想,眼下将齐国的军队抓到自己手上总归是一件好事,于是便高兴地跟随祝午来到齐国国都。

刘泽一到临淄便被齐王软禁了,并被迫交出琅琊国的兵符。祝午拿到兵符后,急忙赶到琅琊国召集军队,让琅琊国军队全部听从齐王号令。

上当受骗的刘泽没有气馁，反而开始忽悠刘襄："大王是高帝的嫡长孙，理应承继帝位。如今京师大臣狐疑不定，本王是刘氏宗室长辈，愿进关与群臣协商，为大王早定大计。"

刘襄软禁刘泽，只是为了夺取他的兵权，充实齐军的力量，目的达到后，再继续扣留他也没什么意义。刘襄思量一番后，决定顺水推舟，放走刘泽。为了消除此事造成的不愉快，刘襄为刘泽准备好车马行装，并以隆重的礼仪欢送他起程。

高后八年（前180）八月下旬，刘襄向各地诸侯发出一道讨吕檄文，檄文说：

"高祖皇帝立下盟誓'非刘氏而王者，天下共击之'，太皇太后公然背弃先帝之盟约，封王诸吕，残杀宗室，天下臣民无不切齿痛恨。如今诸吕又变本加厉，拥兵京师，挟持皇帝，阴谋假传圣旨，内灭室亲，外诛功臣，形势万分危急。齐王刘襄乃高皇帝的嫡孙，今首倡义师，挥戈入京，救刘氏于倾危之际，灭朝中不当为王之人。"

檄文一出，海内震动，天下群起而响应。刘襄首先收复了济南郡，灭掉吕国，随即向长安挺进。齐军一路势如破竹，很快就打到了荥阳。

战报传到长安，吕党大惊，相国吕产立即命大将军灌婴速去荥阳，领兵平叛。灌婴来到荥阳后，对属下心腹说："诸吕专权关中，是想窃取刘氏江山，如今我若破齐，那是助纣为虐！"于是按兵不动，私下派人联络齐王以及其他诸侯，相约静观吕氏之变，等时机成熟共灭诸吕。将士们一致拥护灌婴。楚王刘交也主动加入联盟。反吕大军屯驻荥阳，枕戈待命，随时准备进攻长安。

然而，当时刘氏阵营的军事实力并不能对吕党形成压倒之势，而且吕禄、吕产还分别掌控着京城的南、北军队。所以，京城中的彻侯群臣虽然心向刘氏，却迫于形势不得不暂时明哲保身。当然，吕党的形势也不容乐观，他们有心发难关中，但内惮太尉周勃、朱虚侯刘章等人，外畏齐、楚大军。同时，灌婴的按兵不动更让诸吕担心不已，一时陷入了两难之境。

值此僵持之际，陈平和周勃的联络更加频繁。他们经过商议决定，由周勃出面，将老病在家的曲周侯郦商诓骗出来作为人质，再迫使其子郦寄游说吕禄将兵权交还周勃，等兵权在手，再视事态发展处置吕党。

郦寄与赵王吕禄的交情十分深厚，但眼下父亲成了人质，郦寄只得出卖朋友了。他按照陈平和周勃的指示，代表父亲郦商前去游说吕禄。郦商是位列"元功十八人"之一，当年刘邦驾崩，吕雉秘不发丧，险些引发一场宫廷动荡，幸好郦商及时调和，才化解冲突。从此，吕氏便把郦商当成自己人。所以，吕禄听了郦寄的游说，认为此言出自郦商之意，是在替吕氏着想，决定采纳郦寄的建议。

为慎重起见，吕禄派人将此事汇报吕产及诸吕长辈，让大家共同商议。吕氏族人中，有人认为这是化解当前矛盾的大好机会，有人认为兵权是身家性命的保障，不可轻易放弃。两种意见相左，各有道理，吕党一时犹豫不决。

郦寄见状，便按照陈平、周勃的授意，不时邀请吕禄离开北军驻地外出打猎，尽量为老臣们夺取兵权创造机遇。

吕禄本来就是一个不干正事的公子哥儿，对于打猎这种事是有请必应。这天，吕禄与郦寄打猎归来，路过吕媭府第，二人顺便进去给老人家请安。吕媭见到侄儿一副悠闲无事的样子，心中的火气就噌噌直冒，骂道："你身为将军却离开部队，吕氏将无法再立于世间了！"吕媭骂得兴起，随手将家里的珠玉宝器摔得满地都是，而且边摔边骂："这些东西早晚都被别人拿走，我干吗要替人家守着？"吕禄、郦寄吓得面面相觑，悻悻而归。

高后八年（前180）九月的一天早上，代理御史大夫之职的曹参之子曹窋来到南军驻地找相国吕产议事。吕产和吕禄一样，没有一点儿政治头脑，谈完公事后，他竟然毫无城府地和曹窋探讨起郦寄的建议来。

二人正说话间，吕党亲信、郎中令贾寿出使齐国归来，听了吕产二人的议论，便数落起吕产来："大王早不赴国就藩，如今即使想去，形势还能允许吗？"贾寿把沿途所见所闻以及灌婴已与齐楚联合欲诛诸吕的情报告诉吕产，并建议吕产马上进宫，将皇帝控制起来。

曹窋是吕雉提拔起来的，平时与吕党走得颇近，所以吕产和贾寿都没把他当外人，但他们忽略了曹窋是曹参的儿子这一事实，他骨子里还是倾向于刘氏宗室及丰沛老臣的。因此，吕产、贾寿刚离开，曹窋就急驰丞相府，将听到的情况告诉丞相和太尉。

陈平、周勃闻报，马上商议对策，他们认为吕产尚在进宫途中，而坐镇北军的吕禄还不知道吕产这边发生的变故，正好趁南、北两军无法相互响应的机会立即动手。于是，二人决定由周勃赶到北军驻地，利用其太尉职务及在军中的威望，先把北军军权抓到手中；同时让曹窋抢在吕产之前赶到未央宫，阻止吕产进入未央宫。

商量之后，大家分头行动，周勃虽名为国家最高军事长官，却被北军卫兵挡在了门外，无法入内。当时掌管皇帝符节印信的是襄平侯纪通，他是老将纪城之子。周勃凭着自己的面子和威望，令纪通立刻伪造"皇帝诏令太尉镇守北军"的符节；同时还制订了一个方案：令郦寄与典客刘揭先行驰入北军，诓骗吕禄交出兵权。

郦寄和刘揭到达北军大营之后，郦寄对吕禄说："皇帝诏令太尉接管北军，令足下赴国就藩。请赶紧缴出印绶离开，不然将灾祸临头。"吕禄认为郦寄身为自己的好友不会欺骗自己，加上皇帝身边主管藩国事务的典客就在旁边，一切看起来都毫无破绽，不疑其中有诈，于是解下上将军印绶及统领北军的中尉绶印，交给典客刘揭，然后在郦寄的陪同下离开北军。

吕禄一走，周勃便手持伪造的符节进入北军大营，刘揭当即将印绶交给周勃。就这样，周勃夺回了北军控制权。

这时，南军仍然掌握在相国吕产手里。吕产早就想废掉皇帝，自己登上九五之尊的宝座。但是他一怕陈平、周勃等朝中大臣不服，二怕齐、楚等诸侯国联兵，所以一直举棋不定，坐在府里等候灌婴的"好消息"。

周勃夺取北军指挥权时，陈平派曹窋通知未央宫卫尉：非常时期，不许放吕产进入未央宫。卫尉是曹窋的好朋友，马上点头答应。曹窋安排好这边，又直奔吕产府中，与吕产叙旧，目的是稳住他。

大半天过去了，曹窋刚想告辞，被吕产派到前线探查军情的贾寿满头大汗地赶了进来，报告说灌婴已和齐、楚军队联合，要诛灭吕氏宗族。吕产惊得从座席上弹起来，扔下曹窋，直奔未央宫，想挟持皇帝，孤注一掷发动政变。

吕产到了未央宫门口，任凭怎么说，卫尉就是不许他越雷池一步。吕产急了，调集府中家丁向宫门发动进攻，双方激烈地展开交战。刘章率军赶来，适逢狂风大作、飞沙走石，似乎千军万马从天而降。吕府家丁乱作一团，扔下兵器四处逃窜。吕产躲进附近的一个厕所，被刘章搜出，一剑斩杀。

长乐宫的卫尉是吕氏死党吕更始，他一点儿都不知道外面发生的情况，看见来人持皇帝的符节，赶紧出来迎接。刘章乘其不备，一刀将其砍死，轻而易举地控制了长乐宫的卫队。

周勃得知这一消息后，赞扬刘章立了大功，高兴地说："这样，天下大势就成定局了。"随即传令抓回吕禄，缉捕吕党余孽。吕禄和吕氏家族大大小小数百人被押赴闹市斩首。周勃又派人杀掉燕王，废除鲁元王张偃。至此，不可一世的吕氏势力彻底被消灭了。

吕氏势力被铲除后，齐王刘襄起兵的理由也不存在了，于是息兵返回故国，灌婴也率大军回到长安。

至于后续事宜，经陈平和周勃商量：皇帝刘弘是吕氏策立的，且来路不明，不是正宗，应予废黜；代王刘恒宽仁敦厚，应由他继承帝位，以恢复刘氏正统，他就是历史上有名的汉文帝。

刘邦开创的事业，从此进入了一个新的发展时期。